조용한 회복

조용한 회복
: 삶의 균열 앞에서 나를 돌보는 연습

초판 발행 2025년 9월 10일
3쇄 발행 2025년 10월 30일

지은이 박재연 / **펴낸이** 김태헌
기획/편집 총괄 임규근 / **책임편집** 권형숙 / **교정교열** 김소영 / **디자인** [★]규
영업/마케팅 총괄 신우섭 / **영업** 문윤식, 김선아 / **마케팅** 손희정, 박수미, 송수현 / **제작** 박성우, 김정우

펴낸곳 한빛라이프 / **주소** 서울시 서대문구 연희로2길 62
전화 02-336-7129 / **팩스** 02-325-6300
등록 2013년 11월 14일 제25100-2017-000059호 / **ISBN** 979-11-94725-20-6 03180

한빛라이프는 한빛미디어(주)의 실용 브랜드로 우리의 일상을 환히 비추는 책을 펴냅니다.

이 책에 대한 의견이나 오탈자 및 잘못된 내용에 대한 수정 정보는 한빛미디어(주)의 홈페이지나 아래 이메일로
알려주십시오. 잘못된 책은 구입하신 서점에서 교환해드립니다. 책값은 뒤표지에 표시되어 있습니다.
한빛미디어 홈페이지 www.hanbit.co.kr / 이메일 ask_life@hanbit.co.kr / 인스타그램 @hanbit.pub

Published by HANBIT Media, Inc. Printed in Korea
Copyright ⓒ 2025 박재연&HANBIT Media, Inc.
이 책의 저작권은 박재연과 한빛미디어(주)에 있습니다.
저작권법에 의해 보호를 받는 저작물이므로 무단 복제 및 무단 전재를 금합니다.

지금 하지 않으면 할 수 없는 일이 있습니다.
책으로 펴내고 싶은 아이디어나 원고를 메일(writer@hanbit.co.kr)로 보내주세요.
한빛라이프는 여러분의 소중한 경험과 지식을 기다리고 있습니다.

조용한 회복

삶의 균열 앞에서
나를 돌보는 연습

박재연 지음

한빛라이프

Prologue

고통을 홀로
감당해야 한다고 느낄 때
삶은 가장
가혹해진다

~~~~~

정확히 어디가 가려운지 알 수 없는 불편함 때문에 양손으로 이곳저곳을 긁었는데, 여전히 '딱 거기'에 닿지 않았다. 옆에 있던 아들이 말없이 내 등을 긁기 시작했고, 순간 입에서 헛웃음이 새어 나왔다.

가려움은 때때로 우리 마음과 같다. 딱히 어디에서, 어떻게 시작됐는지 알 수 없다. 스치는 작은 가려움은 점점 커져 온 신경을 그쪽으로 몰리게 만드는 불편함이 된다. 타인의 손을 빌리면 이렇게 간단한데, 혼자선 해결할 수 없는 일도 있음을 새삼스레 느끼게 된다. 아니, 어쩌면 이 간단한 일이 진짜 간단한 게 아니라는 것을 깨닫기도 한다. 그런 순간에 누군가 다가와 손을 얹어주는 것만으로도, 삶이 잠시 시원해지는 느낌이 든다.

몸과 마찬가지로 마음에도 '내 손이 닿지 않는 곳'이 있다. 그럴 때 우리는 누군가의 다정한 손길을 간절히 기다리고 있는지도 모른다. 그런 의미에서 인생의 가장 고통스러운 순간은, 자신이 겪는 아픔을 온전히 혼자서 감당해야 한다고 생각하는 순간이 아닐까.

"너도 어릴 때 고통스럽고 힘겹게 자랐는데, 왜 사람들의 갈등과 아픔에 귀를 기울이니? 안 지겨워?"

나를 아끼는 주변 사람들이 가끔 내게 묻곤 한다. 20여 년이 되도록 나는 직업적으로 사람들의 이야기를 듣는 것이 좋았다. 어떤 이는 너무나 힘겨운 고통 속에서도 흐릿하게나마 진정한 희망의 온도를 느끼고, 어떤 이는 희망에 대해 힘주어 말하지만 막연한 정의조차 내리지 못한다. 사람들의 이야기는 대개 아픔으로 시작하지만 점차 회복과 치유의 과정을 밟아간다. 그중에는 끝끝내, 상실의 아픔을 자신의 숙명으로 받아들이고 살아가겠다는 체념과 비슷한 수용을 한 사람들도 있었다. 그간 만나온 수많은 이들은 부모가 돌아가시거나, 사랑하는 사람과 이별하는 등의 비슷한 사건을 경험하더라도 저마다 다른 마음을 간직했고, 자신만의 고유한 언어적 표현으로 그 상처를 드러냈다. 이를 통해, 우리가 같은 경험을 했다는 이유로 상대가 느끼는 고통의 깊이를 안다고 착각하며 타인을 대하는 것이 얼마나 큰 실례인지 알게 되었다. 판단을 내려두고 그저 마음을 열고 그들 곁에 머물러 있는 시간만으로도 그들의 회복에 도움이 된다는 경험은 실로 감사하고 경이로웠다. 그러나 그들이 고통으로부터 편안해졌다고 하여 서둘러 치유되었다고 명명하고 회복을 축하하려 하지 않는 자세는 중요했다. 또한 그들의 삶은 있는 그대로 존중받아 마땅하다는 태도를 유지하는 것이 무엇보다 중요한 마음가짐이었다.

그랬다. 나의 상실과 아픔, 고통이 그러했듯, 누군가의 상실과 아픔을 함께 느끼고 애도하는 시간을 '대화 훈련'이라는 이름 아래 안내하는 일을 하며, 나는 상실이 완전히 극복되거나 종결되는 일이 결코 당연하지 않다는 것을 배웠다. 이 배움은 내 삶에서도 "상처는 극복되어야 하는 것"이라는 명제를 다시 해석해야 한다는 점을 깨닫게 해주었다.

―― **비탄을 바로 보고 상실을 통과하여,
삶으로 나아가는 여정**

왜 누군가는 삶 속에서 죽음^{thanatos}을 향해 걸어가고, 또 어떤 이는 죽음 속에서도 삶이라는 본능^{eros}을 향해 나아가는 것일까? 누군가에게 밤은 하루를 마감하는 평온한 휴식이지만, 또 누군가에게는 불안하고 두려운 시간이다. 어떤 이에게 아침은 희망의 시작이지만, 또 다른 이에게는 고통의 시작이기도 하다. 누군가에게 관계는 기쁨이지만, 또 다른 누군가에게는 지옥이 되기도 한다. 이런 차이를 과연 하나의 이론으로 설명할 수 있을까.

우리는 모두 각자의 삶에 일어나는 다양한 사건들로 인해서 저마다 상실을 겪고, 상처를 입고, 그 자리에 주저앉는다. 손쉬운 '무너짐' 속에서 단단한 '온전성'을 찾아가는 여정을 돕고 싶었고, 지난 시간 동안 많은 사람들이 경험했던 상실-비탄-애도의 여정이, 결국 내 삶과도 다르지 않았다는 깨달음이 이 책을 쓴 또 다른 이유다. 이 여정은 해피엔딩, 희망찬 이야기만은 아니다. 삶에서 마주하는 많은 사건들은 고통에서 희망으로 옮겨가기도 하지만, 때로는 슬픔은 슬픔으로, 기쁨은 기쁨으로 남기도 한다. 그런 모습들이 오히려 삶을 있는 그대로 이해하게 하고, 더 선명하게 바라보게 한다.

상실이라 하면 대개 죽음이나 이별을 떠올리지만, 우리가 살면서 겪는 상실은 그보다 더 다양한 모습으로 존재한다. 사랑하는 사람과의 갑작스러운 이별, 죽음처럼 명료한 상실이 있는가 하면, 학창 시절에 겪은 지독한 소외감과 폭력의 두려움 같은 상징적 상실도 있다. 또한 갑작스레 찾아온 사고나 질병과 같은 외상적 상실, 부모의 이혼이나 실종 같은 정의 내리기 어려운 모호한 상실이 있다. 짧은 문자, 장시간의 침묵, 슬쩍 스치는 비웃음에서도 자기존재의 상실감을 경험하는 사람도 있다. 우리는 어떤 결과를 통해 상실을 하나의

'사건'으로 정의하고 결론 지으려 하지만, 상실이라는 것은 아주 복잡하고 모호하게 사람의 마음에 파고든다.

이 책에서는 살아가며 마주하는 다양한 상실의 사건 앞에서 "누구의 잘못인가. 누가 더 나쁜 사람인가. 누가 이 비참한 사건의 주범인가"를 넘어서 관계와 맥락 속에서의 진짜 상실을 다루고 싶었다. 그 깊은 비탄을 온전히 느끼고, 다시 새로운 삶을 향한 한 발을 내딛는 애도의 과정을 책에 녹여내고 싶었다. 그리고 그 여정을 독자에게도 전하고, 동시에 나 자신에게도 잊지 않도록 상기시키고 싶었다.

타인의 평가를 내려놓고
온전히 자신의 고통을 바라보는 일.
누군가에게 그 일은,
세상에서 가장 힘든 일이라는 것을 알게 된 지금,
내가 꼭 하고 싶은 말은 이것이다.

부디,
삶의 절망이 깃든 사건으로 인해
남몰래 힘겨운 시간을 견디고 있는 분들이,
다시 삶의 방향을 선회하여
묵묵히, 그리고 조금은 가볍게

남아있는 시간들을 향해 걸어갈 힘을
다시 가슴에 품을 수 있기를 진심으로 소망한다.

Contents

Prologue 고통을 홀로 감당해야 한다고 느낄 때 삶은 가장 가혹해진다   4

Chapter 1   가족이 그리울 때, 가족이 힘들 때

매로 다스려야 하는 사람은 없다	17
우리는 서로에게 문제가 아닌 존재가 되어야 한다	25
바르게 큰다는 것에 대해	31
부모 따돌림과 외면으로 아파하는 자녀	36
동생의 상심이 가장 기뻤던 언니	43
감추어두었던 눈물이 흐르는 날	51
작은 일상에 깃든 위대한 사랑	58
아이의 마음에도 깊은 사랑이 존재한다	65
미안하다는 부모의 고백	72
갈 곳 잃은 아이에게 안식처는 어디인가	84
아이에게 배울 수 있는 어른이 되길	93

Chapter 2 주기만 해도 행복하다 생각했는데,
       사랑이 고플 때

사랑의 끝이 수치가 아닌 희망이기를	101
상처받고 싶지 않아서 먼저 떠나는 사람들	109
내 아픔을 잊지 않고 아낌없이 베푸는 사랑	116
사랑받은 사람의 배움	121
숨기고픈 내 모습을 다루는 것	129
죄책감이 사랑으로 변하기까지	137
아버지도 잘하고 싶었을 것이다	145
사랑의 첫 얼굴, 그 이후의 이야기	150
모두가 친구라 할 순 없다	158
연민, 깊은 우정의 자원	167
우정을 가장한 거짓 관계에서 벗어나기	175
사과하지 못해 끝내 가슴에 남겨둔 마음	182
외로웠어, 그것뿐이야	189

Chapter 3 일도 삶도 어긋났다 느낄 때

지금 하는 일이 만족스럽지 않은 당신에게	199
일터에서의 참을 수 없던 눈물	208
일터에서 필요한 존중과 배움	216
우리, 오늘 하루도 참 수고했다	224
낙인을 넘어서야 가능한 이해의 길	229
불편한 상황에서의 대화 연습	238
존중받고 싶은 우리, 존중해야 할 우리	250
내 품위를 지키는 방법	258
비난의 언어를 넘어, 마음의 언어로	265
인정받고 싶은 마음	274
가장 중요한 인정은 나 자신에 대한 인정	281
불안과 시기심에 휩싸일 때	287

Chapter 4 삶의 유한함을 깨닫게 될 때

결코 죽음이 끝이 아니다	299
세상을 떠난 이에게도 유효한 인간의 권리	305
죽음은 희망이 사라진 곳에서 시작된다	313
꺼져가는 눈빛을 살리는 힘	320
누구에게나 소중한 이를 애도할 권리가 있다	327
심리적 공간을 품고 살아가기	336
죽은 후에도 남는 이름, 엄마	343
누군가를 살고 싶게 하는 세상	350
늘 말없이 곁을 지켜주는 나의 반려동물	356
언젠가 나를 떠날 소중한 사람에게	361

Epilogue 상처받은 마음도 다시 살아간다   368

참고문헌   372

Chapter 1

가족이
그리울 때,

가족이
힘들 때

매로
다스려야 하는

사람은
없다

성인 남녀 두 사람이 만나 결혼을 하고, 자녀를 낳아 '가족'이라는 공동체가 된다. 그것은 생물학적으로 연결되어 한 집에서 함께 먹고 자며 살아간다는 의미를 넘어선다. 부모는 단순히 양육자가 아니라 자녀의 내면을 구성하는 핵심 대상이다. 즉, 아이에게 의식주와 교육을 제공하는 이상의 의미가 있다. 부모가 된다는 것은, 자녀에게 사랑을 바탕으로 한 공감적 관계를 경험하게 하고, 아이들의 정서를 돌보며, 지지적인 환경을 제공하는 일이다. 그런데 아이러니하게도 부모가 아이에게 가장 큰 상처를 주는 일을 흔하게 볼 수 있다.

생존을 위해 부모의 눈치를 먼저 살펴야 하는 환경에 놓인 자녀들이 생각보다 많다는 사실은 참으로 슬픈 일이다. 나도 어릴 때 아빠의 기분을 살피는 일이 그 어떤 것보다 먼저였다. 아빠는 자주 담배 심부름을 시키셨다. 결코 행복한 심부름이라 할 수 없지만, 가게로 가는 길은 잠시나마 해방감을 느끼게 해주었다. 집으로 돌아갈 때면 그 편안한 감정이 이내 불안으로 바뀌곤 했다. 집은 어린 나에게 세상의 전부였다. 그런데도 집을 나설 때면 해방된 마음으로 뛰어나갔고, 집으로 돌아올 때는 마음이 무거웠다. 그 작은 소녀에게 '집'이라는 공간은 왜 그래야만 했을까.

엄마와 따로 살게 된 그 즈음, 한번은 오빠와 달고나를 해 먹다가 국자를 태운 적이 있었다. 퇴근 후 설거지를 하다가 검게 그을린 국자를 본 아빠는 그 국자로 불과 여덟 살이었던 나를 때리기 시작했다. 울며 잘못했다고 비는 것 외에 내가 할 수 있는 일은 없었다. 어른이 되어 그날을 가끔 생각한다. 국자를 태운 일이 그토록 맞을 일이었는지, 아이를 키울 때 '때릴 만한 일'이 정말 있는지, 부모는 자녀를 교육적으로 바르게 키운다는 이유로 매를 들어도 되는지에 대해서.

다른 방법은 없었을까? 가스불 사용에 대해 주의를 주고, 다치지 않아 다행이라고 하며 앞으로 먹고 싶으면 만들어주겠다고 말할 수는 없었을까. 왜 그때 그 30대의 부모는 맞지 않기 위해 애써 웃고 애교와 재롱을 부리며 생존하고자 눈치를 보던 어린아이의 힘겨운 노력을 외면하고, 화가 풀릴 때까지 매를 휘둘렀을까.

─── 아이를 안아주는
단 한 사람의 힘

그때 1층에서 일하다 말고 젖은 손으로 뛰어 올라오신 주인집 도우미 할머니가 나를 안아주었다. 할머니의 손은 차갑고 축축했지만 전혀 불쾌하지 않았다. 그 차가운 축축함이 내가 절대 놓을 수 없는 유일한 동아줄이었다. 할머니는 나를 안은 채 아빠에게 소리치셨다.
"애가 무슨 잘못이 있어요. 이제 좀 그만해요. 부부가 이혼했다고 아무것도 모르는 애한테 이러면 되나. 이제 그만해요. 애 죽겠어요."
그 소리에 아빠는 멈춰 섰다. 아빠는 나를 때릴 구실을 찾는 사람 같았지만, 동시에 누군가 자신을 말려주기를 바라는 사람 같기도 했다. 아빠는 그렇게도 내가 미웠던 걸까, 아니면 그 지옥 같은 삶을 살아가야 하는 자신을 미워하고 부정하고 싶었던 걸까?
어린아이였던 나는, 아빠의 폭력적인 행동을 이혼 때문이라고 생각하며 스스로를 위로했다. 다정하고 착했던 우리 아빠가 엄마와 이혼을 해서 저렇게 괴물이 되었다고. 상황이 사람을 폭력적으로 만들었을 뿐, 나쁜 사람은 아니라고 믿고 싶었다. 그리고 그 모든 원인은, 아빠의 말대로 늘 말썽을 부리고, 달고나를 해 먹다가 국자를 태운 커다란 잘못을 한 나 때문이라고 믿었다. 그러나 이혼은 부모가 폭력적으로 행동할 수 있는 원인이 되지 못한다는 사실을 한 사건을 통해 알게 되었다.

내가 다니던 여고는 야간자율학습이 의무였다. 어느 날, 48명 정원인 각 반에서 약 10~20명의 학생들이 야간자율학습을 하지 않고 도망가는 일이 발생했다. 다음 날 담임 선생님들은 도망간 학생들을 찾아내어 벌을 주었다. 그중 두 선생님이 같은 사건을 전혀 다른 방식으로 해결하였다. 한 선생님은 학생들을 때리고 벌을 주셨다. 두려움과 협박을 통해 재발을 방지하려는 것이었다. 그러나 또 다른 선생님은 학생들에게 '구멍 난 학습'을 어떻게 보충할 것인지 계획을 세워 제출하라고 하셨다. 물론 체벌은 없었다. 같은 사건을 한 사람은 폭력적으로, 한 사람은 비폭력적으로 행동하여 처리한 것이다.

그날, 이혼이라는 사건 때문에 아빠가 폭력적으로 변했다고 믿었던 내 신념은 모조리 무너졌다. 인간의 폭력성이, 상황이나 사건 때문에 생기는 현상이라고 생각하며 스스로를 위로하고, 아빠를 사랑하고 싶었던 내 마음은 강렬한 분노로 바뀌고 말았다. 이혼이라는 사건에도 불구하고 상처받은 아이의 회복을 위해 노력하는 부모도 있었을 거라는 생각은, 그토록 무섭게 나를 때렸던 아빠를 합리적으로 마음껏 미워할 수 있는 이유가 되었다. 나를 때린 이유가 아빠의 미성숙함 때문이라고 생각하니 그제야 이해가 되었지만, 한편으로는 눈물이 꾸덕꾸덕 말라붙을 만큼 아팠던 모든 기억들이 떠올랐다. 눈물, 콧물을 삼키며 비난과 폭력을 먹으며 자라왔던 어린 시절의 내가 서럽고 안쓰러웠다.

── 부모는 아이의 거울이 된다

아주 오래전, 한 지역의 쉼터에 갔을 때 일이었다. 이제 불과 아홉 살밖에 되지 않은 남자아이가 그 작은 손에 약을 가득 받아 들고 익숙하게 입에 털어 넣는 모습이 머릿속에서 떠나지 않았다. 특별했던 어느 날 그 아이를 데리고 영화를 보러 갈 수 있었다. 내 손을 꼭 잡고 차에 탄 아이는 뒷자리에 조용히 앉아 있다가 건조하게 한마디를 뱉었다.

"저는 나중에 칼로 사람을 찌를 수도 있어요."

몹시 놀랐지만 애써 담담하게 물었다.

"왜 그런 생각이 들었는지 들어볼 수 있을까?"

"아빠가 엄마랑 싸울 때 칼을 들었어요. 저도 그렇게 될 거예요."

아홉 살 아이가 내뱉은 그 말이 과연 우연에 불과한 말이었을까. 극장에 가서 같이 영화를 보고 밥을 먹은 뒤, 아이를 쉼터에 들여보내고 나서도 그 아이가 마음에서 영 사라지지 않았다. 아동학대 신고로 부모에게서 분리 조치된 아이를 보호 중이던 쉼터 선생님의 협조 덕분에 나는 가끔 그 아이를 찾아갔고, 아이는 어느 순간부터 나를 환대해주기 시작했다. 숙제를 봐주고, 함께 게임도 했다. 나들이 하는 어느 날, 아이가 내 손을 잡고 걸으며 이런 말을 했다.

"저는 쉼터 선생님이 좋아요. 그리고 선생님도 좋아요."

"선생님도 네가 정말 좋아."

"왜요?"

"아마도 네가 너무 사랑스러워서일 거야."

"제가요? 모두 이상하다고 하는데?"

"아니, 선생님은 네가 사랑스러운데? 선생님은 너를 계속 그렇게 기억할 거야."

"저도요. 저 착한 사람이 될 거예요."

쉼터 선생님은 유독 그 아이를 마음에 두었다. 그 쉼터에 있는 몇 개월 동안 아이를 품고 사랑으로 대해주었다. 나는 가끔 그곳에 가며, 건강한 어른의 표상 덕분에 아이가 어떻게 회복되어 가는지를 볼 수 있었다. 보호자의 힘이 아이들에게 얼마나 강렬하게 자신의 표상으로 자리하는지를 다시금 경험한 일이다.

부모는 아이가 자신과 타인을 어떻게 인식하는지를 결정짓는 절대적 거울이 된다. 부모로부터 사랑받은 아이들이 자신을 더 사랑하고 외부 세상을 긍정적으로 인식한다는 것은 이제 상식 수준의 정보다. 그러나 그 반대의 경우, 즉 부모가 폭력이나 언어 학대로 아이에게 아픔을 주면, 그 아이는 '나쁜 대상'의 경험을 하게 된다. 그 경험은 자기 자신을 부정적으로 생각하게 하고, 타인 역시 부정적이고 위협적인 존재로 인식하게 만든다. 이런 경우, 삶은 너무나 지난한 고통의 여정이 되곤 한다. 아동기 시절의 학대를 경험하지 않은 사람들은 이 여정을 이해하기 어려울지 모른다.

부모의 기본 역할은 자녀에게 심리적 안전 기반을 제공하는 것이다. 심리학자 존 볼비John Bowlby 역시 건강한 애착 경험이 부재했던 자신의 어린 시절을 반추하며, 부모가 아이의 애착 대상attachment figure으로서 안정적인 정서 기반을 제공해야 한다는 점을 이론과 임상을 통해 지속적으로 강조했다. 볼비가 애착이론의 개념적 틀을 만들었다면, 메리 에인스워스Mary Ainsworth는 애착 유형을 연구하고 실험적으로 검증함으로써 애착의 중요성을 널리 알린 학자다. 이 두 학자는 아동기의 불안정 애착이 훗날 타인과의 관계에서 불신과 두려움, 공격성으로 나타날 수 있음을 미리 경고해준 고마운 이들이다. 나는 한동안 불안정 애착을 경험한 사람이 대인관계에서 저지를 수 있는 문제와 그로 인한 아픔을 고스란히 경험했다. 이런 경향은 유년 시절에 나와 비슷한 경험을 한 상당수의 교육생들에게서도 나타났다. 큰 문제 없이 무탈하게 자란 것처럼 보이는 사람들 중에도 늘 무언가 채워지지 않는 기분을 느끼는 이들이 있다. 그들은 자기 자신에 대해 긍정적인 개념을 형성하지 못하며, 타인을 진심으로 사랑하는 법도 잘 알지 못한다. 나는 이런 사람들을 꽤 많이 만나왔다.

"저요? 소중한 사람이죠. 당연히 알고 있어요."

무미건조하게 읊어대는 텅 빈 영혼의 소유자들, 이들을 어떻게 설명할 수 있을까? 자신을 소중하게 여기는 법도, 타자를 존중하는 것도 모르는 수많은 '나이 든 아이'를 어떻게 설명할 수 있을까? 부모는 자녀가 긍정적인 자기 표상을 형성할 수 있도록 노력해야 한다. 부모는 책임감을 갖고, 배우고, 자녀에게 서로가 어떻게 말하고 행동해야 더 서로를 보듬고, 보호하고, 사랑할 수 있는지 가르쳐야 할 의무가 있다. 이것이 부모의 역할이고, 가족의 소명이다. 가족이 된다고 저절로 사랑의 공동체가 될 수는 없다. 사랑을 어떻게 실천해야 하는지를 끊임없이 배워갈 때 비로소 우리가 바라는 가정이 될 수 있다.

생각 나누기

- 당신은 아이들에게 어떤 표상을 심어주고 있나요?
- 당신은 어떤 자기상을 가지고 오늘을 살아가고 있나요?

우리는
서로에게 문제가 아닌

존재가
되어야 한다

"아, 씨!! 내 머리 건드리지 말랬지!"

한 여고생이 담임 선생님한테 한 말이다. 십수 년 전쯤 나는 지방의 한 교육 기관에서 8주간 〈연결의 대화〉 수업을 했다. 담임 선생님은 모자를 눌러쓰고 엎드려 있던 아이에게 모자를 벗고 반듯하게 앉기를 요청했다. 아이는 아무런 미동이 없었고 결국 담임 선생님은 조심스럽게 아이를 앉히려 했다. 그때 아이가 버럭 소리를 지르며 한 말이다.

그 아이들과 8주간, 그것도 매회 세 시간씩 만나는 것은 나에게도 무척 긴장되는 일이었다. 워낙 폭력적인 문제를 일으켜 오게 된 보호관찰 아이들이었기에 겁이 났다. 아마도 내 판단이 앞서 그 아이들을 존재로 보지 못했기 때문이리라.

아이들은 쉬는 시간이 되면 내 눈치를 고맙게도(?) 조금은 봐주면서 조심스럽게 담배를 들고 나갔다. 그러나 담배를 피우다 걸리면 고교 졸업장을 딸 수 없다는 것을 알았던 나는 어떻게든 그것만큼은 막고 싶었다.

그다음 주 수업에 떡을 한 말 준비했다. 검정 깨떡과 인절미였다. 쉬는 시간이 되자 아이들은 다시 슬금슬금 일어나 서랍에서 담배를 꺼내 나가려고 했다. 그때까지만 해도 나는 아이들에게 결코 반말을 하지 못했다.

"여러분, 쉬는 시간에 매번 담배를 갖고 나가는 것 같은데, 맞나요?"

아이들은 키득거리며 웃었고 머뭇거리며 내 표정을 살폈다. 나는 조금 더 용기를 내어 말했다.

"이쯤이면 배도 출출하고, 대화도 나누고, 쉬고 싶어서 그런 것 같은데, 담배 피다 걸리면 문제가 생기잖아요. 여러분을 좀 돕고 싶습니다. 그래서 떡을 준비해왔어요. 제가 교무실에 가있을 테니 여러분은 담배 대신 이곳에서 떡을 먹으면서 대화도 나누고, 안전하게 쉬면 어떨까요?"

그 말을 뒤로하고 나는 교무실로 갔다. 쉬는 시간이 끝나 살짝 긴장한 채 교실에 들어왔을 때 대부분의 아이들이 모여 앉아 떡을 먹고 있었다. 나는 그 순간을 잊지 못한다. 다양한 폭력을 행사하고, 규칙을 어기고, 온몸에 문신이 가득했던 아이들이지만, 그 순간 그들이 '아이들'로 보이기 시작했기 때문이다. 나 역시 아들을 키우던 엄마여서 그런지 떡을 먹는 아이들이 그저 예쁘게만 보였다. 이때가 우리의 관계가 변하기 시작한 순간이고, 드디어 아이들과 내가 연결되기 시작한 순간이다.

마르틴 부버Martin Buber는 그의 저서 《나와 너》를 통해 인간관계에 존재하는 두 가지 방식을 설명했다. 하나는 "나와 그것I-It-나와 상대를 '대상'으로 바라보는 관계"였고, 다른 하나는 "나와 당신I-Thou-상대를 온전한 존재로 마주하는 관계"다. 떡을 먹고 있는 아이들을 보기 전까지 나는 아이들을 "나-그것의 관계"로 보았다. 왜 문제 행동을 하는지, 이 아이들을 변하게 할 방법이 무엇인지 고민하고, 이 아이들은 변할 수 없는 '문제'인지, 아니면 변화할 '가능성'인지만을 생각했다. 즉, 나에게 그들은 하나의 존재가 아니라 해결해야 할 과제였던 것이다.

── 상대를 온전히
　　한 존재로 대하는 순간

대부분의 아이들이 교실에 앉아 있었지만, 여전히 담배를 선택한 아이들도 있었다. 그중 한 아이가 교실 문을 열고 머쓱하게 들어왔다. 그런데 신기하게도 그 아이가 더 이상 문제 학생으로 보이지 않았다. 들어오는 그 아이를 환대하고 싶었다. 그 아이는 내 마음을 알았을까? '나와 너'의 관계가 가져온 변화는 무엇이었을까?

나 스스로 내 시선과 태도가 변했음을 분명하게 느꼈다. 드디어 나에게도 새로운 시각이 열린 것이다. 두려움 대신 용기로, 미움 대신 호기심으로, 의무 대신 열정이 내 가슴에 싹트고 있었다. 아이들은 해결해야 할 문제의 대상이 아니라 있는 그대로의 존재다. 교정해야 할 대상이 아니라, 함께 문제를 해결할 상생의 관계인 것이다. 부버의 말처럼 '나-너' 관계는 서로가 진정한 존재로 만날 때 시작된다. 아이들은 신기하게도 내가 그들을 문제가 아닌 존재로 바라보기 시작했다는 것을 느낀 듯했다. 자신들끼리 쉬는 시간을 정하고, 원하는 것을 칠판에 적어 제안하기 시작했다.

쉬는 시간, 몇몇 아이들이 칠판에 요청을 썼다.

"다음에는 이에 끼지 않는 떡으로 사주세요. 꿀떡이나 과자가 좋아요."

'그래. 애들아. 그게 뭐든 사오마. 기쁘다'라고 소리치고 싶었던 내 마음을 차마 그 순간에는 솔직하게 다 말하지 못했다. 그러나 나는 아이들에게 다정하게 다가갈 수 있는 용기를 얻었다. '외부 강사와 문제아'가 아닌 '나와 너'로 존재하기 시작하면서 우리 관계에는 조금씩 변화가 일어났다. 아이들이 자기 이야기를 하기 시작했다는 것은 기적과 같은 일이었고, 나에게는 벅찬 감동이었다. 그리고 드디어 나도 아이들에게 존댓말이 아닌 '다정한 반말'을 할 수 있게 되었다.

—— 부모와 자녀도 '나와 너'로 만날 수 있는가

많은 부모는 어린 자녀들을 문제 해결의 대상으로 바라본다. 성적이 바닥이면 한심한 아이라고 생각하고, 늦잠을 자면 게으른 아이라고 여기고, 어울리지 않으면 내성적이라고 판단하고, 혼잣말을 하면 이상한 아이라고 문제시한다. 아이를 온전한 존재로 보지 못하고 '문제'로만 인식한 것이다.

그러나 아이는 내 소유물이 아니며, 내 기대를 충족시키기 위해 살아가는 존재도 아니다. 아이는 그저 '존재 자체로서 존중받아야 할 사람'이다. 자녀가 힘들어할 때 부모의 시선이 평가가 아닌 공감이 되면 아이는 비로소 부모를 두려움 없이 찾아와 "나 지금 힘들어"라고 말한다. '나-너'의 관계는 부모가 아이에게 해주어야 하는 가장 중요한 선물이다. 평가보다 이해를, 간섭보다 경청을, 명령보다 부탁을 선택할 때, 아이는 자신을 온전한 존재로 느끼며 살아갈 힘을 얻는다.

나는 부모가 자녀를 바라볼 때, "너는 나에게 무엇을 해줄 수 있느냐"가 아니라, "나는 너를 있는 그대로 보고 있어"라고 말해주어야 한다고 믿는다. 그 한마디를 담은 시선이 부모가 자녀를 대하는 태도가 되어야 함을 배운다.

- 당신이 현재 '나-그것' 관계로 대하고 있는 사람은 누구인가요? 그 사람을 '나-너' 관계로 다시 바라본다면 무엇이 달라질 수 있을까요?
- 당신이 자녀 또는 가까운 사람에게 더 많이 보여주어야 할 것은 '지적'인가요, '환대'인가요? 당신은 어떤 태도로 사랑을 전하고 있나요?

바르게 큰다는 것에 대해

내 제안을 거부하고 혼자 담배를 피우러 나갔던 민수라는 아이가 말했다.

"담배 피우다 걸려서 졸업 못 해도 상관없어요. 졸업식에 올 사람도 없고."

민수는 엄마와 살고 있었다. 민수가 기억하는 엄마는 늘 열심히 일하셨고, 밝은 모습을 보이려 애쓰던 안쓰러운 분이셨다. 민수는 씩씩해지기로 결심한 자신의 배경에, 숨죽여 울던 엄마의 모습이 있었음을 고백했다. 어느 날, 민수는 자신의 이야기를 털어놓았다. 민수는 엄마의 고생을 알면서도 자신 또한 힘들었기에 어떻게든 자기 고통을 해결하고 싶었다고 한다. 어느 날부터인가 하교를 하고 집에

와도 불이 꺼져있고, 저녁을 함께 먹던 부모가 부재하기 시작했다. 부모는 서로를 비난했고, 결국 헤어졌다. 불 꺼진 집에 혼자 들어와 불을 켜고 엄마를 기다리던 초등학생 민수는 더 이상 엄마를 기다리지 않는 고등학생이 되었다. 그렇게 방황이 시작되고, 친구들과 어울려 다니며 술과 담배를 하게 되었다. 잠시나마 현실을 잊을 수 있는 그 순간이 큰 매력이었다고 한다. 돈은 없는데 술은 마시고 싶어 수단과 방법을 가리지 않고 돈을 구했고, 그렇게 주먹을 쥐었다. 처음에는 손이 떨리고 죄책감이 들었지만, 나중에는 누군가의 돈을 뺏어도 그리 양심의 가책을 느끼지 못하게 되었다는 안타까운 고백을 했다.

아이들은 적절한 애정과 보호를 받을 권리가 있다. 그러나 모든 아이들이 그 기본적 권리를 누리는 것은 아니다. 애정과 보호의 부재는 아이들에게 감정적 공허를 낳는다. 아이들은 공허를 채우기 위한 하나의 방법으로 자극적인 행동(술, 담배, 폭력)을 찾기도 한다. 모든 아이들이 그런 행동을 선택하는 것은 아니지만, 애정과 보호의 부재가 그 원인 중 하나인 것은 명백하다.

── 아이에게는 믿고 따라갈
   어른이 필요하다

앨버트 반두라^{Albert Bandura}의 사회학습이론에 따르면, 아이들은 주변에서 본 행동을 따라하며 중요한 학습을 경험한다. 만약 부모가 폭력을 휘두르며 갈등을 해결하는 모습을 보인다면, 아이 역시 문제를 해결할 때 힘의 논리로 세상을 이해하고, 폭력을 정당한 수단이라고 여기는 것은 그리 놀라운 일이 아니다. 적절한 교육과 따뜻한 돌봄이 부재하다면, '타인을 때려서 돈을 얻은 경험'은 이후에도 같은 방식의 행동을 반복하게 만들 가능성이 높다. 물론 저런 행동이 옳다고 옹호하거나 합리화하는 것이 아니다. 반드시 고쳐야 하는 잘못된 행동임이 분명하다. 그러나 아이들의 도덕성도 발달 과정의 단계를 거쳐야 한다는 것은 엄연한 사실이다.

아이가 어려서부터 가정 내에서 적절하게 도덕적인 행동을 교육받지 못했다면, 어떤 아이들은 낮은 도덕성을 유지하는 단계에 멈춰 있을 가능성이 높다. 인간의 도덕성 발달이론을 연구해온 로렌스 콜버그^{Lawrence Kohlberg}에 따르면, 도덕성의 발달에도 단계가 있음을 알 수 있다. 첫 번째 단계는 "처벌과 복종 지향"으로, 행동의 옳고 그름을 처벌의 유무로 판단하는 특징이 있다. 실제로 많은 이들이 "옳은 일"을 그저 옳기에 하는 것이 아니라, 옳은 일을 하지 않았을 때의 처벌이 두려워서 하기도 한다. 두 번째 단계는 "개인적 이익"이다. 이는 도덕적으로 옳은 일을 하면 결국 자신에게도 이득이 된다는 믿음에서 행한다는 것이다. 나는 민수의 이야기를 들으면서, 민수에게는 자신의 행동에 대한 옳고 그름의 판단 기준이 '내가 처벌받을 것인가'에 달려있었고, 도덕적 내면화(외부의 규칙이나 도덕 기준을 단순히 외부의 강요에 의해 지키는 것이 아닌, 개인의 내면에 깊이 자리 잡아 스스로 지키게 되는 상태)가 이루어지지 않은 상황에서 '들키지만 않으면 된다'라는 생각이 박혀있음을 이해할 수 있었다. 시간이 지날수록 민수는 다른 사람들의 감정을 고려하지 않았고, 처벌만 피하면 나쁜 행동을 해도 된다고 생각하게 되었음을 털어놓았다.

도덕성이 낮은 단계에서 멈추어버린 민수에게는 어떤 문제가 발생했을까? 민수는 옳지 않은 행동을 했을 때의 결과에 대해서는 교육을 받았지만, 옳은 일을 했을 때 그것이 자신에게도 유익한 일이 되는 경험을 하지 못했다. 민수는 도덕적 가치를 추구하는 방식으로 교육받지 못했고, 처벌 회피에만 집중해왔다. 그 결과, 도덕적 내면화가 이루어지지 않은 채 폭력, 거짓말, 도둑질 등을 쉽게 정당화하면서 반복해왔던 것이다.

민수와 깊은 이야기를 나누면서 나는 민수가 환경에 따른 자신의 행동을 합리화하고 있는 모습도 엿볼 수 있었지만, 마음 깊은 곳에서는 자신의 변화를 이끌어줄 누군가의 도움을 원한다는 것을 느낄 수 있었다. 민수가 지속적인 따뜻한 대상을 만나 도움을 받을 수 있다면, 어떤 희망적 결과를 마주할 수 있을까. 민수 역시 내면 깊은 곳에서 진정한 인간관계를 원하고 있다는 진실이 변화의 가장 중요한 열쇠가 된다. 폭력을 통해 자신이 원하는 수단을 얻는 것이 아니라, 누군가와의 진실한 관계를 통해 얻어지는 관계적 경험 말이다.

나는 아이들을 만나면서 통제가 비교적 용이한 성인 교육과 다른 경험을 하게 되었다. 아이들의 도덕성을 키우기 위해서는, 아이들이 바르게 성장할 수 있는 환경을 만들어야 한다고 생각하게 되었다. 즉, 도덕적 행동이 그저 벌을 피하기 위함이나 유익이 따르기 때문만이 아니라, "규칙과 법을 지키는 것은 중요하다"→"규칙과 법이 왜 우리 인생에 필요한지에 대한 질문을 갖자"→"보편적 가치란 무엇인가?"로 발전시켜야 한다. 그리고 아이들을 변화시키기 위해서는 단순한 강화와 보상, 처벌을 내리는 것이 아니라, 도덕적 고민을 스스로 할 수 있게 만드는 교육과 환경이 필요하다는 사실을 새삼 깨닫게 되었다.

마르틴 부버의 존재론적인 관계의 관점과 콜버그의 바른 도덕적 교육의 방향성은 어린 시절의 나와 민수가 가장 필요로 했던 방식의 가르침이 아니었을까. 바르게 행동하고자 하는 욕구는, 처벌을 피하기 위한 수단으로 생기는 것이 아니다. '바름'에 대한 욕구는 아이들 스스로 도덕적 가치를 내면화할 때 자리 잡는다. 이것이 정말 실현 가능하다는 사실을 아이들과의 수업을 통해 배웠다.

부모 따돌림과

외면으로 아파하는 자녀

민수 어머니는 양육비를 제대로 보내지 않는 민수 아버지와 자주 다퉜고, 매일 몸이 으스러지게 일했다. 그러다 보니 민수 아버지를 무척 원망했고, 민수의 생일, 입학식, 졸업식 같은 특별한 날에도 아버지를 초대하지 않았다. 긴장감이 팽팽해진 상태에서 민수는 늘 눈치를 봐야 했고, 결국 민수는 졸업식에 가지 않았다. 8주 과정이 끝나고 마지막 만남 때, 민수는 눈물을 왈칵 쏟을 수밖에 없는 조언을 나에게 남겼다.

"선생님. 아들이 초등 고학년이라고 했죠?"

"응."

"근데 이제 밖에서는 엄마 손을 안 잡는다고 했죠?"

"응. 그래서 고민이었지. 섭섭하기도 하고."

"선생님. 그래도 그 손 잡아요. 포기하지 말고 아들 손 잡으세요. 그러면 저처럼 나이가 더 들어도 엄마 손 잡을 거예요. 지금 안 잡기 시작하면 앞으로 계속 안 잡아요."

"고맙다. 꼭 네 말대로 할게, 민수야."

민수가 하고자 했던 또 다른 진심은 무엇이었을지, 집에 돌아오며 한참을 생각했다. "저는 제 자신을 포기하고 싶던 순간에도 우리 엄마 아빠가 저를 포기하지 않기를 기대했어요"라는 말이 아니었을까. 많은 아이들은 부모가 자신을 포기한다고 생각되면, 자신을 포기하고 만다.

민수처럼 나의 졸업식도 사연이 많다. 그날은 중학교 졸업식 전날이었다. 아빠와 엄마는 서로 졸업식에 참석해야 한다며 다투었다. 나는 전화기를 통해 고함을 지르는 아빠를 봐야 했고, 수화기 너머로 들리는 엄마의 날카로운 절규를 어쩔 줄 모르는 마음으로 들어야만 했다. 졸업식은 자녀를 위한 자리인데, 왜 자녀 중심으로 사고하지 못하고 '둘 중 누가 부모로서 자격이 있는지'를 증명하려 들며 싸우는 걸까?

그날 밤, 베개에 얼굴을 묻고 밤새워 울었다. 졸업식 당일, 퉁퉁 부은 눈을 안경으로 가리고 엄마가 오기로 한 졸업식에 참석했다. 엄마는 꽃을 주며 나를 안아주었고, 우리는 사진 몇 장을 찍었다. 그날의 사진은 몇 안 되는 내 졸업식 사진 중 하나였다.

── 부모의 갈등 속에서
   길을 잃는 자녀

부모가 자녀를 중심에 두고 서로를 따돌릴 때, 자녀는 어디에 있어야 할까? 임상 연구들의 결과에 따르면, 이혼하더라도 부모로서 의식적으로 '공동 양육 파트너십'의 역할을 성실히 수행한다면 자녀는 비교적 건강하게 성장할 수 있다. 그러나 많은 부모는 자신의 감정에 압도되어 자녀를 사이에 두고 편 가르기 싸움을 시작한다. 이런 현상을 심리학에서는 '부모 따돌림 증후군$^{PAS,\ Parental\ Alienation\ Syndrome}$' 이라고 한다. 유치하고 안타깝기 그지없는 현상이지만, 수많은 가정에서 크고 작게 일어나는 왜곡된 소통의 현상이기도 하다. 이 현상은 특히 부모가 이혼하거나 그에 준하는 갈등에 처할 때, 자신의 감정적 상처를 극복하지 못하고 자녀를 이용해 상대방을 밀어내고 고립시키려 하면서 발생한다. 부모가 꼭 이혼하지 않았더라도, 서로가 미워하고 원망하기 시작하면 이러한 비극적인 방식의 대화가 일어난다. 자녀를 사이에 두고 자녀 앞에서 한쪽 배우자를 비난, 경멸, 깎아내리는 것이 대표적인 현상이다. 그것도 여전히 그 배우자를 사랑하고 싶어 하는 자녀에게 말이다. "네 아빠는 너한테 신경도 안 써",

"네 엄마는 결국 너를 버린 거야", "너는 우리 편이야. 저 사람이 얼마나 나쁜지 알겠지?" 이런 말들이 오가면서, 자녀는 선택을 강요받는다.

'나는 누구 편에 서야 할까?'

'만약 한쪽 부모에게 가면, 다른 부모는 상처받지 않을까?'

'나는 엄마도 아빠도 다 사랑하는데, 왜 나에게 선택하라고 하지?'

이런 상황은 부모의 이혼이 단순한 '부모의 갈등'이 아니라 자녀에게도 심리적 트라우마가 될 가능성을 시사한다. 부모 따돌림 증후군을 겪는 아이들은 졸업식, 생일, 입학식을 넘어 성인이 되어서는 자신의 '결혼식'까지 인생의 중요한 순간마다 '어느 부모가 나와 함께할 것인가?'를 고민해야 한다. 졸업식이나 입학식이 가족들의 축하를 받는 자리가 아니라 고통스러운 선택의 날이 되는 것이다.

부모가 각자 자신의 감정을 지혜롭게 다스리지 못하면, 아이들은 인생의 중요한 기쁨의 순간에서조차 누군가를 배신하는 듯한 죄책감을 느껴야 한다. "나는 누구 편에 서야 할까?"에 대한 질문은 자녀를 심리적으로 소진시키고, 점점 더 부모와의 관계를 거리두게 만든다. 부모의 갈등이 계속될수록, 아이들은 관계에서 점점 자신의 감정을 억누르고, 관계를 최소화하며 중립을 유지하려고 애쓰는 '소극적인 방어기제'를 선택하게 된다. 또한 어느 한쪽 부모에게 감정을 드러내는 것을 두려워한다. 부모가 부부 사이의 갈등을 해결하지 못하면, 결국 아이들은 자신을 보호하기 위해 감정을 닫아버린다. 이를 '정서적 철회emotional withdrawal'라고 한다. 외부의 감정적 상처를 피하려, 스스로 감정을 억누르고 정서적 교류 자체를 차단하는 것이다. 이렇게 자라다 보면, 대인관계에서 감정 표현의 어려움을 겪고, 갈등을 피하려고 하는 관계 패턴이 형성될 수 있다. 소중한 관계에서도 자신의 감정을 표현하는 것이 위험한 행동이라고 학습되었기 때문에, 점점 더 자신을 보호하기 위해 감정을 억제하게 되는 것이다. 이처럼 슬픈 일이 또 있을까.

── 부모가 지켜야 할 약속

부부 사이가 멀어지고, 분리하기로 결심했을 때 부모가 반드시 알아야 할 것이 있다. 바로 자녀를 위한 공동 양육 파트너십이다.

부모의 감정과 자녀의 감정을 분리해야 한다.
  ㄴ "내가 상대를 미워한다고 해서, 아이도 그 사람을 미워해야 하는 것은 아니다."

자녀를 중립적인 위치에 두어야 한다.

ㄴ, "아이는 어느 한쪽 편에 서야 하는 존재가 아니라, 부모 모두와 관계를 맺어야 한다."

중요한 날에는 자녀가 원하는 방식을 존중해야 한다.
ㄴ, "졸업식이나 생일 등 중요한 날에는 부모가 아니라, 자녀가 주인공임을 기억한다."

이혼이 자녀에게 정말 상처가 되는 순간은 부모의 이혼 자체가 아니라, 이혼 후에도 자녀를 자신의 감정을 해소하는 수단으로 삼을 때다. 나는 아이를 키우며 좀 더 분명히 알게 된 것들이 있는데, 그중 하나가 입학식이나 졸업식, 생일 같은 중요한 날은 자녀를 위한 날이어야 한다는 사실이다. 그러나 여전히 고통 속에 있는 많은 부모들은 서로 다투느라 그날이 누구를 위한 날인지조차 잊는 실수를 반복한다. 나는 그런 상황에서 자란 아이들이 부디 성인이 되어서는 더 이상 관계에서 눈치를 보지 않아도 된다는 걸 배울 수 있기를 희망한다. 한때 우리를 자신들의 감정적 동일시의 대상으로 사용했던 미숙했던 부모를 용서하는 동시에, 양쪽 부모를 다 사랑하고 싶었던 마음에 대해 더 이상 어떤 죄책감도 느끼지 않기를 바란다.

- 당신의 감정이 자녀의 감정과 관계에 어떤 영향을 미치고 있는지 충분히 자각하고 있나요? 혹시 당신의 상처나 분노가 아이에게 특정한 관계를 선택하도록 강요하고 있지는 않나요?

- 당신은 자녀의 중요한 날(졸업식, 생일, 입학식 등)에 자녀가 '편안하게 주인공이 될 수 있는 환경'을 만들어주고 있나요? 아니면 자신도 모르게 그날을 '내 감정의 연장선'으로 삼고 있지는 않나요?

동생의 상심이

가장 기뻤던 언니

"소장님, 제가 아이를 낳고 보니 우리 엄마가 얼마나 힘들었을지 알 것 같아요. 그리고 아빠가 우리를 얼마나 사랑해주셨는지도요. 이래서 부모가 되어야 부모 마음을 안다고 하나봐요."

몇 해 전 12월 25일에 귀여운 아들을 출산한 우리 연구소 팀원이 했던 말이다. 많은 사람들은 자식을 키우면서 비로소 부모의 마음을 알 것 같다고 고백한다. 어린 시절 섭섭하고 서러웠던 기억들을 끝내 부모에게 털어놓지 못하고 가슴 한 켠에 남겨둔 채 어른이 되지만 부모가 되고 나서야 그때 부모님 마음을 이해하게 되고, 가슴 속 응어리가 녹아내렸다고 이야기하곤 한다. 그러나 한편으로는 부모가 되어보니 부모를 더 이해하지 못하고, 섭섭함과 원망이 커지는 경험을 하는 이들도 있다. 대한민국에서 최고의 대학을 나와 입시 학원에서 수학을 가르치는 선생이자 두 아들의 엄마로 최선을 다해 살아온 지 20년이 다 되어가는 중년의 선미 씨도 예외는 아니었다.

── 말하지 못한 마음은 어디로 갔을까

"엄마가 나를 사랑하긴 했어? 엄마 눈에 내가 보이긴 했어? 했냐고!"

선미 씨가 친정엄마와 함께 거실에 누워 드라마를 보고 있을 때였다. 적당히 따뜻한 햇살도 좋았고, 맛있게 익은 가을 홍시도 달콤했다. 드라마 주인공이 엄마를 향해 악을 쓰며 오열하기 전까지는.

"당연히 이 모든 건 다 엄마 탓이야. 잘못했다고 해, 나한테! 잘못했다고 말해!"

드라마 〈디어 마이 프렌드〉의 한 장면이었다. 선미 씨는 당시 딸 역할을 하던 고현정 배우의 연기에 감정적으로 동일시되면서 심장이 마구 뛰기 시작하고 몸에 열기가 오르고 있음을 느꼈다. 그 장면은 선미 씨가 마음속 어딘가에 꼭꼭 숨겨둔 아픈 기억을 자극했고, 그녀의 교감신경은 과활성화되고 있었다.

"자식 키워봐야 못 해준 것만 기억하지."

애써 진정하려는 선미 씨의 마음도 모르고, 친정엄마는 다 먹은 홍시 껍질을 접시에 툭 던지듯 놓으며 무심하게 말을 뱉었다.

"엄마! 부모가 못했으니 자식이 저러는 거야. 그 생각은 못해? 부모가 잘했어 봐. 저런 걸 기억하나!"

그녀는 엄마를 향해 어린 시절의 서러움을 쏟아내며 엄마의 마음을 할퀴었다. 소리를 치며 드라마 속 딸을 옹호하면 자신도 이해받을 수 있을 거라 믿었을까? 어린 시절, 빠듯한 살림에 힘들어하는 엄마를 보면서 선미 씨는 늘 마음이 아팠다. 철이 일찍 들어버린 어린 딸은 자신이 필요한 것을 잘 표현하지 못했던 반면, 나이 차가 있었던 어린 여동생은 원하는 것들을 자유롭게 표현하고 요구했다.

"야, 너는 어떻게 네가 필요한 걸 다 말하냐? 엄마 아빠 힘든 거 안 보이니?"

"그럼, 언니도 말해! 왜 나한테 그래?"

"너는 정말 이기적이다. 어떻게 너만 알아!"

선미 씨는 그런 동생이 부러우면서도 못마땅해 자주 다투기도 했다. 대학을 다닐 때에도 선미 씨는 학비와 생활비를 스스로 벌었고, 대학을 졸업할 무렵에는 졸업과 취업 사이의 틈이 없길 바라면서 취업 준비에 여념이 없었다. 그런데 동생은 아르바이트도 하지 않았고, 각종 동아리 활동을 하며 대학을 다녔다. 심지어 2학년을 마칠 무렵에는 부모님을 졸라서 유학도 다녀왔다. 유학까지 다녀온 동생은 번번이 취업에 실패했다. 선미 씨는 동생이 첫 번째 시도했던 취업에 실패하던 날이 자신에게는 가장 짜릿하고 기뻤던 순간이자 동시에 그런 자신이 너무나 한심하고 부끄러웠던 날이라고 털어놓았다. 설명할 수 없는 이 양가감정을 어떻게 이해할 수 있을까.

선미 씨 자매처럼 너무 다른 형제자매 사이의 경우, 반복적인 상호작용 패턴으로 인한 갈등이 꽤 흔하게 일어난다. 많은 아이들은 부모를 중심에 두고 사랑의 쟁탈전을 무의식 안에서 주고받는다. 자기 욕구를 모두 표현하는 아이와 삶이 피곤해 보이는 부모를 보며 스스로 모범적으로 행동하려는 아이는, 여느 가정에서 흔히 볼 수 있는 관계 패턴이다. 선미 씨도 이런 과정을 통해 정체성이 형성되었을 것이다. 선미 씨는 아이로서 자신의 욕구와 감정을 억압하고, 고생하는 어머니의 부담을 덜어주려 노력했다. 어리광도 부리면서 사랑받고, 돌봄받고 싶은 욕구가 아이 선미에게도 있었을 텐데, 그 어린아이는 그것을 정반대로 표현하며 오히려 부모님을 돌보려는 반동형성reaction formation의 방어기제를 사용했다. 그러다 보니 점점 뭐든지 알아서 잘하는 딸을 믿고 맡기는 부모의 기대에 부합하기 위해, 자기 자신을 희생하는 패턴을 습득하며 자기의 초자아를 과도하게 발달시켰을 것이다. 선미 씨의 어린 시절이 얼마나 고단했을지 충분히 느껴졌다.

"사이좋게 지내."
귀에 딱지가 앉도록 듣고 자라는 조언을 뒤로 하고, 우리는 부모를 사이에 두고 서로를 경계하고 비교하며 더 우위를 선점하고자 노력하곤 했다. 동생의 좌절에 같이 슬퍼해주지 못하고, 그 모습을 보며 통쾌해하고 후련해했던 선미 씨의 마음은 얼마나 많은 상처로 얼룩져 있었을까.

"엄마는 늘 나보다 동생이었어요. 저는 이 집안에서 조용히, 문제를 일으키지 않으려고 애를 썼기에 어떤 것도 가급적 요구하지 않으려 했지요. 어느새 엄마도 그걸 당연하게 여기셨어요. 그렇지만 동생은 늘 원하는 게 많았고 주목받는 사람이었어요. 엄마도 그건 받아주셨고, 그걸 다 채워주지 못하면 미안해하셨지요. 그게 억울해요. 그렇다 해도 제가 언니인데 동생의 실패에 그렇게 통쾌해하고 기뻐하다니. 너무 수치스럽고 부끄러워요."

선미 씨는 자기 욕구를 말하지 못하고 우물쭈물 속내를 숨겨온 지나치게 부모화된 어린아이로서의 오열과, 쉰 살이 된 중년의 한숨을 오가며 감정적으로 힘겨운 싸움을 하고 있었다. 물론 누구도 알아주지 않는 자신의 서글픔을 그녀는 그저 바라볼 수밖에 없었다. 선미 씨의 내면에는 어떤 아이가 자리하고 있는 걸까?

─ 누구나
사랑받고 싶다

부모의 사랑은 도대체 얼마나 대단한 힘을 갖고 있는가. 그 사랑이 아이들에게는 얼마나 필요하고 절실한 것이기에, 중년에 이른 선미 씨는 여전히 가슴속에 그 정서와 아픔을 간직하고 있는 걸까?

나는 어른이 되어가면서 스스로에게 묻곤 했다. 많은 부모들이 자녀를 잘 양육하기 위해 알게 모르게 했던 형제간의 편애와 차별, 암묵적 비교와 평가가 정말 필요한 것이었는지를. 때때로 자녀들의 능력을 저울질하고 조건적인 사랑을 내세우는 것을 자녀에게 자극을 줘서 잘 키우고 싶은 부모들의 단순한 교육 방식이라고 봐야 하는 걸까? 각각의 자녀들을 각각의 방식대로 사랑하는 방법이 없었던 걸까? 아니면 끝내 그 방법을 찾지 못했던 걸까?

"너는 왜 동생만도 못해? 동생이 형 해야겠네."

"형 반만 따라가 봐라. 형 그림자만큼이라도 해봐."

많은 부모들은 자녀들을 늘 비교하며 평가했다. 또한 아이들이 감지하지 못할 것이라고 착각하며, 한 자녀를 바라보며 인상을 쓰다가도 다른 자녀에게는 미소를 짓기도 했다. 아마도 그 찰나의 눈빛을 놓치지 않고 포착한 아이의 가슴에 생긴 멍울을, 부모는 상상조차 하지 못할 것이다. 그 찰나의 눈빛은 아이의 가슴에 영원히 기억되는 것은 물론, 깊고 견고한 아픔으로 자리한다.

달콤했던 홍시는 여전히 접시에 있었지만, 선미 씨 모녀는 더 이상 홍시를 먹을 수 없었다. 달콤한 홍시 대신 짜디짠 눈물이 선미 씨의 볼을 타고 흘러내렸다.

"너는 왜 그때 말을 안 했어! 너도 엄마한테 말을 하지 그랬어, 내가 언제 하지 말라고 그랬니?"

선미 씨는 왜 그토록 부모의 눈치를 보았을까? 떠오르는 것을 떠오르는 대로 말할 수 있는 용기가 왜 선미 씨에게는 허락되지 않았을까? 동생의 자유로움이 왜 선미 씨에게는 허락되지 못했을까? 왜 선미 씨는 수많은 날을 책상에 머리를 파묻고 혼자 숨죽여 울었을까? 그 누구도 참으라 하지 않았는데 왜 스스로 말과 행동을 조심하며 주변을 살폈을까? 왜 부모화된 많은 아이들은 선미 씨처럼 스스로 가슴에 '억압'이라는 무게를 쌓아올리고 '책임'이라는 숙제를 하느라 그토록 많은 시간 '눈물'을 삼켰을까? 가족은 왜 늘 '자기만의 방식'으로 상대를 대하는 걸까?

각자가 원하고 바라는 것을 좀 더 솔직하게 말하고, 부모는 자녀들을 조금 더 평등하게 대하려고 노력했다면 노모에게 퍼붓고 돌아서 후회하는 중년의 딸은 없었을지도 모르겠다. 부모는 자신도 모르게 무의식적으로 자녀들에게 역할을 분배하기도 한다. '착한 아이 역할'을 하려는 첫째와 '자유로운 역할'을 하려는 둘째의 관계 패턴을 조금 일찍 알아차리고, 첫째에게는 조금 더 자신을 표현할 수 있도록 해주고, 둘째에게는 가족 관계 속에서 균형을 맞출 수 있도록 지도했더라면 어땠을까. 어쩌면 선미 씨에게는, 자신의 욕구와 필요를 억압해야 한다는 믿음을 내려놓고 자신을 표현하는 연습이 남은 삶의 숙제일지도 모르겠다.

"엄마, 저도 하고 싶은 게 많았어요. 저도 원하는 게 많았어요. 그렇지만 엄마가 사시는 모습이 너무 힘겨워 보여서 말하지 못했어요. 저도 동생처럼 맘껏 표현하고 응석도 부리고 싶었어요."

"딸아, 몰랐다. 네 마음에 그렇게 큰 응어리가 있었는지. 엄마가 이렇게 약하고 나이 들었지만, 지금이라도 엄마한테 와봐. 앞으로 남은 시간 동안이라도 더 깊이 사랑해주마."

모녀의 대화가 이렇게 마무리되는 걸 상상해본다. 어머니가 눈을 감으실 때 좀 더 편안하시기를, 중년의 딸인 선미 씨의 가슴에 아쉬움과 죄책감이 가벼워지기를 바란다.

- 부모님에게 당신이 필요로 했던 것을 편하게 말할 수 있었나요?
- 가슴속에 감추어둔 어린 시절의 말이 있나요?

감추어두었던

눈물이
흐르는 날

"여기 2층에 놀이터가 있어요. 모르셨어요?"
 "정말? 가봐야겠네. 고마워."
 "저 따라오실래요? 알려드릴게요."
 가끔 만나는 아이인데, 나를 볼 때마다 웃으면서 인사를 건네는 아이의 '해맑음'이 늘 나의 호기심을 불러일으켰다.
 '저 아이는 부모와 어떤 대화를 할까.'
 '그 부모는 어떤 눈으로 아이를 바라보고 반응해주는 걸까?'
 어느 날 우연히 엘리베이터에서 만난 그 아이를 따라 2층 구름다리로 연결된 놀이터를 간 적이 있다. 아이들 몇몇이 까르르 소리 내어 웃으며 놀고 있었다. 그 아이는 나를 두고 친구들과 신나게 놀기 시작했고, 나는 놀이터 가장자리를 돌며 잠시 걷다가 벤치에 앉아 아이들을 물끄러미 바라보고 있었다. 의자에 앉아 아이들의 노는 모습을 흐뭇하게 바라보던 나는 분명 성인 여성이었는데, 어느새 흙먼지가 자욱한 오래된 놀이터에서 녹이 슨 그네에 앉아 다른 아이들을 물끄러미 바라보던 여덟 살 아이로 변해 있었다.

10년도 넘은 일이다. 내가 수년간 대화 교육 봉사를 해오던 한 입양원의 연말 행사 자리가 떠오른다. 연말이면 입양 가족들과 후원자들을 초대해서 한 해를 마무리하는 축하 행사다. 나는 가장 앞 열에 앉아 하얀 옷을 입은 열 살 남짓한 소녀들의 합창을 관람하고 있었다. 너무나 해맑고 아름다운 목소리로 합창하는 아이들을 바라보는데, 갑자기 눈물이 터져 나왔다. 내 마음의 눈에, 하얀 원피스와 해맑은 아이들 옆에 초라하고 낡은 옷을 입고 두려움에 떨고 있는 한 아이가 보였기 때문이다.

'아이들이 참 예쁘구나. 나는 저 나이 때 저렇게 해맑지 못했는데…'라는 생각이 눈물을 자극했다. 마음에 보이던 내 어린 시절의 그 아이가 너무나도 가엾어서 주책없이 펑펑 흐르는 눈물을 멈추지 못했던 그날의 기억처럼, 놀이터에서 노는 아이들의 모습을 보니 가엾은 그 아이가 떠올라 이내 콧등이 시려오기 시작했다.

—— 우리가 멈춰 서게 되는 뜻밖의 순간들

나는 가끔 우리가 사는 '지금'이라는 물리적 시간만이 진실인지를 생각한다. 만약 그렇다고 하면, 우리의 정서가 기억하는 곳에서 멈춰버린 우리의 그 시간은 어떻게 설명할 수 있을까. 애도되지 못한 상실은, 그 시절의 정서와 함께 타임캡슐처럼 갇혀 있다가 언제든, 어디서든 자신을 꺼내 달라며 소리친다.

어린 시절의 상실이 '문득' 떠올라 운 사실은 과거의 상실이 완전히 애도되지 않았음을 의미하는지도 모른다. 오래전 학교 도서관에서 읽은 프로이트$^{Sigmund\ Freud}$의 논문 〈애도와 멜랑콜리$^{Trauer\ und\ Melancholie,\ 1917}$〉에 따르면 애도 과정이 원활하게 진행되지 못하고 상실의 아픔을 그대로 무의식에 가두어두면 상실한 대상과 우리 자신을 동일시하여 자기를 비난하면서 지나친 죄책감 내지는 우울감에 빠질 수 있다고 한다. 어릴 때 그 당시의 상실을 충분히 이해하거나 표현할 능력이 부족할 수 있기에 그 감정이 억압되어 있거나 미해결 상태로 남아있었을 가능성이 크다. 프로이트의 관점에서 본다면, 우리는 성인이 되어서야 불현듯 그때의 상실을 인식하고 감정을 경험하게 된다. 그렇게 우리는 '지연된 애도$^{delayed\ mourning}$'와 마주하게 되는 것이다. 일상에서 불쑥 찾아오는 눈물 신호에 너무 놀라지 않기를 바란다. 마음속에 오랜 상처가 남아있는 것이니까.

애도이론에서는 애도라는 과정을 사람마다 다른 개인적 작업이라 칭한다. 그래서 애도자를 만나는 많은 전문가들 역시, 애도 과정은 정해진 시간이 없으며 누구에게나 각자의 속도와 시간이 필요하다고 말한다. 내 어린 시절의 해맑음, 걱정 없음, 편안함을 상실했던 기억은 가슴속에 해결되지 못한 비탄의 감정으로 남아 있었기에, 언제라도 그 기억이 떠오르면 눈물이 터져 나올 기세였다. 이런 나의 행동이 정상적인 과정이라는 것을 이해받았을 때 정말 큰 위로가 되었다. 한때는 그 눈물이 몹시 초라하게만 느껴져서 애써 좋았던 기억의 한 조각이라도 떠올려 슬픈 기억을 덮어버리려는 노력도 했고, '이미 지난 일이야'라고 생각하며 맛있는 음식으로 그 허기신 공백을 메우려고도 했다.

그러나 지금에 이르기까지, 방어적 태도 외에 내가 해온 노력 중 하나는 흐르는 눈물을 막지 말라는 엘리자베스 퀴블러 로스[Elizabeth Kubler Ross]의 조언을 실천한 것이다. 죽음학에서 늘 언급되는 그녀는, 《상실 수업》을 통해 "30분 울어야 할 시간을 20분으로 줄여서 울지 말라"고 권고했다.

인생의 여정에서 경험하는 상실은 우리에게 비탄이라는 깊은 슬픔의 감정을 느끼게 하고, 그 비탄은 애도의 과정을 거치게 한다. 그러니 이 과정에서 일부러 울음을 참으려 노력하지 않아도 된다. 나는 참 많이도 울었다. 그날 놀이터에서도 울었다.

"울어요?"

"아줌마가 네 나이 때는 친구가 별로 없었어. 잘 못 놀았거든."

"아, 슬펐겠다."

"응. 그래서 너랑 친구들이 노는 모습을 보니까 아줌마가 눈물이 나네?"

그 아이는 어떻게 그토록 해맑게 다가와 나에게 그런 따뜻한 말을 해주었을까. 문득 아이의 부모가 궁금해졌다. 아이를 어떻게 키우셨으면 저토록 다정하게 말을 할까?

발달학자들은 아이들과 보호자 간의 애착의 중요성을 설명하면서, 안정적인 애착을 지닌 아이들의 특징을 설명한다. 오랜 연구 끝에 밝혀진 사실은, 안정 애착 유형의 아이들은 무엇보다 심리적 안정감, 자율성, 사회적 유능성을 보이는 경향성을 갖고 있다는 점이다. 나는 그중 도널드 위니코트(Donald W. Winnicott)의 이론이 마음에 와닿았다. 의사였던 그는 아픈 아이들을 많이 만나면서, 신체적 고통이 정서적, 심리적 문제와 밀접하게 연결되어 있다는 사실에 주목했다. 특히 아이들의 정신 건강이 주 양육자와의 관계에 큰 영향을 받는다는 사실을 인식하면서, 정신분석가로서의 길을 걷게 되었다. 그는 부모가 완벽할 필요는 없지만, 아이의 정서적 신호에 민감하게 반응해주는 태도의 중요성을 강조하며 많은 부모에게 깊은 울림을 주었다.

우리도 알고 있듯 사랑받은 아이들은 자신의 감정을 있는 그대로 받아들이고 건강하게 표현할 수 있으며, 타인과 안정적인 관계를 형성하면서도 불안은 적다. 또한 자신의 욕구에 귀 기울이는 능력이 있고 자율적이다. 잠시지만 나는 그 아이의 눈에서, 좋은 것(놀이터가 있다는 것)을 나와 공유하고 싶어 다정한 말씨로 나를 안내했으며, 내 눈물에 대해 진실한 호기심을 갖고 있음을 읽어낼 수 있었다.

"자녀가 처음 보는 자신의 얼굴은, 자신을 바라보던 부모의 얼굴이다"라는 위니코트의 말을 떠올리며, 만나보진 못했지만 그 아이의 부모님이 '충분히 좋은 부모'일 거라는 생각이 들었다.

"아줌마가 이제 가봐야 하는데, 여기 구경시켜줘서 정말 고마워. 아줌마도 가끔 와서 걸어야겠다. 우리 또 만나면 반갑게 인사하자."

그날 나는, 그저 밝고 귀엽고 다정한 꼬마를 만난 게 아니다. 그 아이의 뒤에 보이는 건강하게 아이를 키워내고 있는 부모다운 부모를 만났고, 내 아픔이 치유될 수 있도록 도와준 치유자를 만났다. 아이와 헤어지고 돌아오는 길, 내 가슴은 굉장히 묵직한 따뜻함으로 꽉 채워졌다. 내가 사는 이 나라, 대한민국에 오늘 내가 만난 저 아이처럼 맑고 행복하게 자라는 아이들이 많아지기를 바란다. 그리고 조용히 다짐했다. 내 능력과 시간이 허락된다면, 아이들이 한 명이라도 더 행복하고 '아이답게' 자랄 수 있도록 도움이 되는 어른이 되겠노라고. 우리는 모두 그런 어른이 될 수 있다고 믿고 싶어 한다.

- 당신은 언제 마지막으로 어린 시절 자신의 상처와 마주했나요?

- 당신이 만난 '다정한 아이' 혹은 '다정한 어른'은 누구였나요? 그 만남이 당신의 마음에 어떤 울림을 남겼나요?

작은 일상에
깃든

위대한
사랑

"아이고. 내가 글을 못 읽는데, 와서 배워도 되나요?"
"그럼요, 할머니. 그런데 대화 훈련에 참여하고 싶은 이유가 있으셔요?"
"며느리도 집 나가고, 아들도 집에 잘 안 와요. 손주가 둘인디 내가 잘 키워야 하는데 대화를 배워본 적이 있어야지. 우리 손주들이 부모한테 상처를 많이 받았어요. 나라도 애들을 상처 주지 않아야 하는디…."

스물다섯 살에 엄마가 되어 스물아홉 살부터 혼자 어린 아들을 키우고 있는 싱글맘으로서 내가 너무나 형편없다고 느낄 무렵, 우연히 '비폭력 대화'를 배우게 되었다. 떨어진 책을 테이프로 감아가며 수십 번을 읽었고, 배우고, 훈련을 거듭하면서 결국 한국비폭력대화센터의 강사 트레이너가 되었다. 비폭력 대화는 세상에 없던 새로운 대화의 개념이 아니다. 우리는 평소 불편한 감정이 들지 않을 때는 자신의 내면을 고요하게 바라볼 수 있고, 자신의 욕구와 감정에 접근할 수 있는 능력도 있다. 물론 화가 나거나 불안하고 우울할 때는, 누구라도 흔히 말하는 제정신이 아닌 상태가 될 수 있다. 하지만 이런 때를 제외하면, 우리는 편안함을 경험하고, 침착하게 사고할 수 있는 마음의 상태에 머무르게 된다. 간디는 이를 본성의 연민으로 돌아간 상태라고 정의했다. 비폭력 대화는 단순히 폭력을 사용하지 않는 것이 아니라, 사랑을 바탕으로 모든 존재를 존중하는 삶의 방식이다. 이는 모든 존재를 존중하고 해를 끼치지 않는다는 아힘사^{ahimsa}의 정신이라 할 수 있다. 비폭력 대화는 아힘사 정신이 우리에게 있다고 믿고, 그것을 삶 속에서 실천하는 대화 방법이다. 우리가 보고 듣는 관찰 능력과 느끼는 감정을 활용하고, 삶에서 중요하게 여기는 욕구를 파악한다. 그리고 그 욕구를 충족하기 위해 서로에게 서로가 무엇을 부탁할지 말하는 연습, 그것이 비폭력 대화의 전부다.

    익숙한 방식 대신 평화로운 방식의 대화를 배우고 연습하는 게 어렵기도 했지만, 동시에 흥미롭고 재미있었다. 그 무렵 나는, 봉사를 통해 그 대화를 적극적으로 가르치러 다니기 시작했다. 그때 만난 한 할머니는 글도 잘 모르지만 두 손주를 잘 키우고 싶다고 하시며, 내 손을 꼭 잡고 눈물로 하소연을 하셨다.

"공감이 뭐여요? 그러니까, 우리 손주가 말하면 "오냐, 오냐" 해주면 되는 거예요? 그럼, 우리 손주들이 상처 안 받고 잘 자라는가?"

그런 할머니를 보며, 손주들에게 걱정스러운 일을 하실 분이 아니라는 믿음이 생겼다. 그때도 느꼈지만, 돌이켜보아도 그 할머니는 대화의 기술이 필요치 않았던 분이다. 손주들을 향한 애달픈 마음과 절실함, 깊은 사랑만으로도 충분하지 않았을까? 이 외에 무엇이 더 필요할까?

그 후로 선생님들과 부모님을 비롯하여 개별 그룹의 총수와 다양한 조직의 리더들까지 무수히 많은 사람을 만나왔다. 그 사람들이 내 삶으로 들어와 '교육자-교육생'으로 관계를 맺게 되었고, 나는 그분들이 '대화 방식'에 대해 고민할 수 있도록 화두를 던지고, 연습하고, 훈련할 수 있도록 도와드렸다. 그러나 시간이 오래 흘러도 생생하게 기억나는 교육생의 수는 많지 않다. 그중 한 분이 바로 이 할머니다. 아마도 그분의 절실함과 사랑이 내게도 진심으로 전해졌기 때문일 것이다.

── 물질보다 오래 가는 건
상대를 생각하는 진심

"자식을 키워보니 돈으로만 키우는 게 아닙디다. 정성이 있어야 하는 거였어요. 내가 그걸 몰랐어요. 우리 손주들 부모한테 받지 못한 사랑, 내가 다 줘야지."

할머니가 하신 고백의 말이다. 그때 나는 30대로, 초등학교 저학년 남자아이를 키우고 있을 때였다. 할머니의 눈빛은 내가 어떤 태도로 아이를 키워야 하는지를 깨닫게 했다. 그건 바로 '진심이 담긴 정성'이었다. 귀한 분을 만난 덕분에 나는 배울 수 있었다.

"할머니 만나러 왔구나? 할머니가 많이 좋아?"
"네! 우리 할머니는 진짜 최고예요. 저는 할머니가 정말 좋아요."
활짝 웃으며, 이마에 달라붙은 땀과 범벅이 된 머리카락을 쓸어 올리던 그 아이의 미소는 지금도 머릿속에 선명하게 남아 있다.
"할머니가 너를 사랑하신다는 걸 넌 어떻게 알아? 선생님이 궁금하네."
"할머니가 우리 형이랑 저를 키워주시니까요. 밤에 오면 맛있는 것도 해줘요. 태권도복도 완전 깨끗하게 빨아줘요."
아이가 할머니와 함께 살기 전에는 극심한 부부 갈등 속에 놓여 있었다. 어느 날은 형과 이틀간 설탕만 먹으면서 끼니를 해결한 적도 있었다고 한다. 아이의 고백을 들었을 때, 나는 아이가 얼마나 큰 행복을 느끼고 있는지 짐작할 수 있었다. 우리는 이미 알고 있다. 입으로 들어가는 음식만이 우리를 살리는 것이 아니라는 것을. 그 작지만 위대한 사랑이 없다면, 우리가 살아있을 수 있을까?

교육이 끝나고 할머니가 강의실 밖으로 나가자, 태권도복을 입은 아이가 달려와 할머니를 꼭 안았다. 아이는 재빨리 할머니의 손가방을 가로채더니, 가방 하나 둘러메는 건 힘든 일도 아니라는 듯 귀여운 허세를 떨며 어깨에 메고 할머니와 나란히 걸어갔다. 나는 아직도 그때 다림질 선이 남아있던 하얀 도복을 입은 아이의 뒷모습을 선명하게 기억한다.

부모라면 한 번쯤 생각해봐야 할 게 있다. 내 아이가 언제, 어떤 순간에 자신의 두 엄지손가락을 추켜세우며 "엄마 최고, 아빠 최고!"라고 말하는지, 그리고 그 '최고라는 기준'이 과연 무엇인지에 대해서도. 하루 버는 돈이 얼마 되지 못해도, 피곤한 몸을 이끌고 저녁마다 교육 현장에 찾아온 할머니. 교재를 읽지 못해도 따라 말하고, 듣고, 실천하려 애쓰던 할머니의 정성 어린 태도와 손주들을 잘 키워내겠다는 다짐은, 과연 아이들의 마음속에 무엇을 심어주었을까?

"당신이 가장 사랑받았다고 느낀 순간은 언제입니까?"
대화 교육 시간에 그 할머니를 떠올리며 임직원들에게 종종 묻곤 했다. 대한민국에서 엘리트라는 범주에 속하는 이들이 대부분이었지만 "명품 점퍼 받았던 때요", "유학 보내주셨던 거요"라고 말하는 사람은 만나보지 못했다.

"저를 군대에 들여보내고 돌아서면서 눈물을 훔치던 아버지의 얼굴을 봤을 때요."

"없는 돈 모아서 제게 용돈을 주셨던 할머니의 구겨진 돈을 봤을 때요."

"제 방에 가끔 들어와서 수염으로 아프게 얼굴을 비비며 잘 자라며 뽀뽀해주시던 아버지요."

"학교에서 괴롭힘당할 때, 신발을 짝짝이로 신고 뛰어온 엄마의 발을 봤을 때요."

"아버지 지갑 안에 있던 제 사진을 봤을 때요."

"유학 시절 우울증이 왔을 때, 제 전화를 끊지 않고 늘 들어주셨던 돌아가신 아빠요."

우리는 사랑의 경험을 통해 감사와 행복을 느낀다. 그런 감사와 행복은 물질적 소비보다 경험적 소비로 더 증진된다. 비싼 제품을 구입하는 것보다 좋은 경험을 하는 것이 더 오랫동안 행복감을 유지시킨다는 것은 이미 여러 연구에서 밝혀진 사실이다. 그래서 많은 학자들은 감사 일기를 쓰는 것이 행복감을 더 높이고, 스트레스를 줄이며, 건강 상태도 개선시킨다고 말한다. 그렇다면 아이들은 어떨까? 부모가 사준 명품 점퍼에서 오는 짧고 강한 쾌락보다 좋은 경험을 통해 생겨난 감사와 행복이 아이들의 삶 속에 조용히 스며들어 오래도록 영향을 미친다.

어린 시절 우리에게 사랑의 경험을 알려주고, 감사와 행복을 느끼게 해준 사람들을 떠올려보면, 자녀를 어떻게 사랑해야 하는지에 대해 분명한 힌트를 얻을 수 있다. 자녀는 부모인 우리를 단련시키고, 우리의 삶을 거룩하고 의미 있게 해주는 고마운 존재다. 아이들은 결코 부모의 웃음에서만 사랑을 느끼는 것이 아니다. 많은 아이들은 부모의 헌신 어린 눈물을 보면서도 깊은 사랑을 느낀다. 그러니 부모들이여, 우리의 눈물을 아이들에게 보이는 것을 너무 두려워하지 말자.

- 어린 시절 가장 '사랑받고 있다'고 느꼈던 순간은 언제였나요? 그때의 감정이 지금의 당신에게 어떤 영향을 주고 있나요?

- 아이가 자라서 '우리 엄마(아빠)는 이런 순간에 정말 좋았어'라고 기억할 만한 순간이 얼마나 자주 일어나고 있나요?

아이의 마음에도

깊은 사랑이 존재한다

"선생님, 저도 아빠가 보고 싶어요"

"그렇구나. 선생님이 엄마에게 한번 여쭤볼까?"

"아니에요. 엄마도 아빠가 어디 사는지 모른대요."

"아이고, 그랬구나. 우리 선영이가 아빠가 많이 보고 싶겠구나. 선생님이 어떻게 도와줄 수 있을까?"

"괜찮아요! 그냥 그렇다는 거예요."

선생님과 면담을 마친 선영이는 책가방을 메고 하교를 하려다 다시 선생님을 찾아갔다.

"선생님. 근데 오늘 제가 말한 거… 우리 엄마에게 말하지 말아주세요."

"응. 그럴게. 그런데 이유를 말해줄 수 있을까?"
"엄마가 속상해할까 봐요…."
"선영아, 이리 와볼래? 선생님이 우리 선영이 꼭 안아줄게."
 선생님께선 아이의 말을 듣고 왜 아무런 말을 할 수 없었을까. 아이가 떠난 후, 선생님은 창밖을 바라보면서 왜 깊은 한숨을 내쉬었을까. 그 작은 아이가 가슴속에 담아둔 아픔이 너무나도 선명하게 느껴져 아무것도 해줄 수 없었던 게 아니었을까. 선생님도 아이가 엄마에게 품고 있는 깊은 사랑과 아빠에 대한 그리움을 고스란히 느꼈기에 차마 어떠한 말도 건넬 수 없었을 것이다.

 많은 청소년들은 부모에게 자신의 고민을 다 털어놓지 못한다. 부모와 대화가 부족한 결과일 수도 있고, 부모의 권위적인 양육 태도나 아이들이 부모로부터 정서적인 지지를 받지 못해서일 수도 있다. 또 우리나라의 특수한 낙인 문화와 체면 의식 때문에, 자신의 고민이 가족의 명예에 해가 될까 봐 말하지 않는 경우도 있다.
 그런데 우리나라 아이들이 부모에게 자신의 속내를 다 말하지 못하는 많은 이유 중에는 '부모님이 마음 아프실까 봐'라는 다소 의아한 걱정이 있다. 사춘기와 성인기에 접어든 아이들은 자신이 삶에서 겪는 고통을 부모님이 알면 마음 아파하실까 봐 말하지 않고, 혼자 해결하려 애쓴다. 이는 부모님의 희생이 강한 각별한 문화 탓인지도 모른다. 청년기 이후라면 그나마 괜찮다. 너무 이른 아동기부터 부모에게 말하지 못한 채 속앓이를 하는 아이들을 볼 때면, 나는 안타까운 슬픔을 느낀다.

오래전 미혼모들과 6주간 〈연결의 대화〉를 했을 때의 일이다. 선영이 엄마는 담임 선생님과 면담을 마치고 와서, 아이 아빠에게 이제라도 연락을 해봐야 할지 고민이 된다고 말했다. 모든 미혼모들이 다 겪는 일이겠지만, 마음속에 그려왔던 화목한 가정의 모습과 전혀 다른 현실 속에서 고통을 감내해야 하는 엄마들은, 각자 자신이 처한 상황에 따라 자녀에 대한 죄책감의 크기가 다르다. 특히 한쪽 부모가 부재한 환경에서 성장한 미혼모일수록 자신이 지녔던 아픔이 자녀에게도 대물림된다는 사실에 깊은 우울과 좌절을 겪기도 한다.

모든 부모가 그러하듯 자녀에게 최선의 환경과 따뜻하고 풍요로운 가족의 사랑을 경험하게 해주고 싶은 마음을 헤아려보면, 그 마음이 얼마나 고통스럽고 힘겨울지 충분히 짐작할 수 있다.

그런데 이런 마음은, 미안한 만큼 더 큰 사랑을 아이에게 주려고 하면서도 사랑을 표현하는 법을 몰라 이런저런 실수를 하며 부모로서의 효능감을 많이 상실하게 되어 깊은 우울로 변하곤 한다. 세상이 많이 바뀌었다고는 해도, 여전히 아이를 바라볼 때 부모를 함께 떠올린다. 이런 문화 속에서 '한부모'라는 이름의 가장인 미혼모(부)들은 위축감을 느끼게 된다. 그러다 보니 부모로서의 건강한 효능감을 유지하는 일이 쉽지 않다. 경제적으로 어렵고 배우자가 없는 외로운 환경에서, 홀로 자녀를 키우는 가장으로서 가장 최우선으로 해야 하는 일은 무엇일까? 어떤 마음의 태도가 필요할까?

── 독함이 아니라
　　강함의 태도

두 사람은 사랑했고, 한 생명이 생겼고, 사랑을 속삭였던 남자(여자)는 부(모)의 역할을 거부하고 떠나버렸다. 이제 홀로 한 생명체를 키워내야 하는 힘겨운 양육 상황에서 '사랑'을 어떻게 '실천'할 수 있을까? 내 가슴속에 두려움과 분노, 억울함과 슬픔이 꽉 차 있다면, 이런 마음은 도대체 어떻게 다스려야 할까? 특히 이런 순간 자녀는 종종 부모에게 짐이 되고, 부모의 가장 미숙한 밑바닥을 드러내게 하는 불편한 존재가 되기도 한다. 비단 미혼모(부)라는 한부모 가정만의 문제가 아닐 것이다. 내가 일해온 현장에서, 자식을 키우며 자신의 가장 못난 모습을 스스로 바라보는 것이 무척 괴롭다는 부모의 고백을 듣는 것은 조금도 드문 일이 아니었다.

"저는 제가 이렇게까지 미숙한지 몰랐어요."

당신에게는 부모로서 어떤 고민이 있는가?
부모로서 미숙한 자신의 모습을 발견했을 때 어떤 심정이었는가?

다 주어도 아깝지 않은 자녀 앞에서 추하고, 어리석고, 유치하고 폭력적인 자신의 모습을 드러내고 말았을 때, 당신의 마음도 그렇게 무너졌는지 묻고 싶다. 우리가 이렇게까지 어리석었단 말인가. 우리가 이렇게까지 감정을 조율하지 못하고, 미숙할 수가 있을까? 스스로를 부끄러워하며, 후회로 눈물을 흘려보지 않은 부모가 과연 있을까? 부모가 된 순간, 그 누구라도 자신이 부모로서 얼마나 부족한지를 느끼게 된다. 그 결과 아이에게 느끼는 죄책감에 깊이 빠져본 경험을 해보았을 것이다. 그러나 우리가 더 주목해야 하는 것은, 자녀가 없던 싱글 시절보다 더 큰 힘을 낼 수 있는 존재가 되었다는 사실이다. 나는 이제 나 혼자만의 삶이 아니라, '부모'라는 이름의 책임을 지닌 존재이기 때문에.

미혼모 교육을 하면서 엄마들과 함께 외쳤던 슬로건이 있었다.
"내 삶은 아이 때문에 힘들어진 게 아니다."
"내 삶은 아이 덕분에 힘을 낼 수 있다."

이런 슬로건을 갖고 6주간 아이들과 대화하는 법을 배우면서, 배우자가 있는 부모들도 나름의 고통과 어려움이 있다는 사실을 자연스럽게 이해하게 된다. 나아가 우리 자녀들도 자신들의 또래 집단 속에서 고군분투하며 살아가고 있다는 것도 깨닫게 된다. 아이들이라고 해서 어른보다 덜 힘들고, 덜 고민하는 것이 아니라는 사실, 그들 역시 가정에 적응하기 위해 나름의 노력을 하고, 학교에서는 친구들과 관계를 맺기 위해 애쓰고 있다는 것도 알게 된다.

많은 부모들이 '부모로서의 힘겨움'을 털어놓고, '못마땅한 자녀의 행동'을 토로하는 것에서 그치지 않고, '우리 자녀들이 어떤 마음일지, 어떤 고민을 지니고 살아가고 있는지' 이야기를 나누곤 했다. 그 과정 속에서 아이들이 겪는 고민과 고통이 어른들의 그것보다 대수롭지 않다고 치부해버릴 만한 근거와 이유를 찾을 수 없다는 사실을 알게 되었다. 즉, 우리가 부모로서 살아내기 위해 고군분투하며 살아가는 만큼, 아이들도 자녀로서 세상을 살아내기 위해 치열하게 오늘을 살아가고 있다. 자신의 행복과 성장을 위해, 또 부모 마음에 상처를 남기지 않기 위해서. 더 나아가 부모에게 기쁨을 주고 싶은 마음을 안고서.

어느 날 선영이는 엄마 손을 잡고 집에 돌아오며 맥락 없는 말을 던졌다.

"엄마, 나는 아빠 필요 없어. 엄마가 있으니까."

선영이 엄마는 선영이에게 "그래, 엄마가 있으니까"라고 답하지 않았다. 대신 집에 와서 선영이를 꼭 안아주며 이렇게 말했다.

"그래, 엄마는 어떤 일이 있어도 선영이 옆에 항상 있을 거야. 그런데 선영아, 엄마가 있다고 해도 아빠가 보고 싶을 수 있어. 그럴 때는 엄마한테 말해도 돼. 엄마는 선영이 덕분에 많은 힘이 생겨서 선영이를 이렇게 안아주고 위로해줄 힘도 있단다. 그러니까 엄마를 믿고 다 이야기해도 돼."

선영이의 눈에는 눈물이 그렁그렁했다. 선영이 엄마는 한동안 품에 안겨 어깨를 들썩거리며 아빠를 그리워하는 솔직한 선영이를 마주했다. 그녀는 앞으로 얼마나 단단한 사람이 될까. 선영이도, 엄마도 그렇게 또 한 뼘 멋지게 자라있을 것이다.

- 당신은 아이가 보여주는 밝은 미소 뒤의 숨은 감정을 얼마나 자주 들여다보고 있나요?

- 부모로서 서툴고 부족했던 순간, 그 모습을 감추기보다 자녀를 따뜻하게 안아주며 함께 성장하려 했던 기억이 있나요?

미안하다는 부모의 고백

그날은 여느 때와 같았다. 강의를 마치고 다음 장소로 이동하는데 한 통의 문자가 왔다.

"엄마의 손길이 필요한 어린 너희 곁에 엄마가 없어 너희가 받았을 상처를 생각하면 늘 마음이 아프고, 미안하다."

나는 사람들의 마음을 돌보고, 그들의 고통스러운 기억 속으로 들어가, 그들을 과거의 이야기 속에서 꺼내 현재로 안내하고 건강한 미래를 그릴 수 있도록 돕는 일을 한다. 하지만 그런 나 역시 마음 한 켠에 아픈 기억을 간직하며 살아가는 사람이었다. 포기였을까,

수용이었을까. 이름 붙이기도 애매한 아주 오랜 기억의 아픔이 생생하게 되살아나던 그날 그 문자를 받았던 순간은 찬란하게도 눈부신 한낮이었다.

비가 오는 날이면 우산을 가지고 학교 앞으로 아이를 데리러 오는 엄마들이 많았던 그 시절, 나에게는 그런 엄마가 없었다. 국민학교를 세 군데나 옮겨다녔고 우산을 씌워줄 친구도 거의 없었다. 갑자기 비가 오는 날이면 오빠를 하염없이 기다리거나 비를 맞으며 집으로 오는 일상이 익숙했다. 그런 날이면 빗속에서 맘껏 울며 엄마가 와주길 바랐다. 그때 그 눈물에 이름을 붙인다면, 아마도 그리움이 아닐까.

이제 와 생각해보면, 엄마는 그 먼 곳에서 '애들이 비를 맞지는 않을까'라는 생각을 하며, 당신이 있던 곳에서 울고 계셨을지도 모른다. 엄마의 심정까지 헤아릴 수 없었던 어린아이의 나는, 비탄의 심정에 빠져서 처량함을 흠뻑 느끼며 자랐다. 엄마의 부재는 일상 곳곳에 스며들어 툭하면 눈물을 떨구게 했고, 자신감을 앗아갔고, 동력을 잃어버리게 했다. "엄마가 없어서 슬프니?"라고 누군가 물었다면, 수도꼭지가 되어 펑펑 눈물을 쏟아냈을 것이다.

"난 있잖아. 세상에서 엄마가 제일 좋아, 하늘 땅만큼. 엄마가 보고 싶음 달릴 거야. 두 손 꼭 쥐고."

만화 〈달려라, 하니〉를 볼 때마다 눈물이 그렁그렁 고인 채 텔레

비전 앞에 넋을 놓고 앉아 있었다. 엄마를 잃은 하니가 꼭 나 같아서. 성인이 되어가며 그리움은 마음 깊은 곳으로 숨어들었다. 완전히 사라진 건 아니지만, 적어도 겉으로는 없는 듯 잊혀진 채로 남아있었다. 엄마의 그 메시지를 받기 전까진.

그날 엄마의 문자를 받고 '괜찮아, 다 지난 일인걸'이라고 썼다 지우고 솔직한 마음을 담아 다시 썼다.

"엄마. 고마워. 큰 위로가 돼. 어린 시절 외롭고 두려웠던 시간들이 내 가슴속에 늘 돌덩어리같이 있었는데, 이제 나도 어른이 되어 엄마 마음을 이해하니까 말하기도 쉽지 않았어. 그런데 이렇게 엄마가 문자를 보내주니 마음이 녹는 것 같아. 고마워요."

"알고, 말고."

엄마가 '알고, 말고'라고 답을 보내왔을 때, 쏟아지는 눈물을 도저히 참을 수가 없었다. 하염없이 울고 또 울었다.

'알고 계셨구나. 엄마도 내 어린 시절 위축되고 무너졌던 마음을 알고 계셨구나. 그리고 깊은 미안함을 느끼고 계셨구나.'

이 한마디의 사과가 뭐라고, 마음 깊은 곳의 응어리가 이렇게 녹아내릴 수 있을까? 뜨겁게 흐르던 이 눈물의 의미를 대체 어떻게 설명할 수 있을까?

── 미안하다는
   말의 온도

수많은 어른들이 부모의 진심어린 사과를 바란다. 심지어 죽음을 향해가는 늙은 부모에게도 단 한마디의 사과를 바란다. "한 번만 미안하다고 해줘요"라고 말하면 "내가 너한테 미안할 게 뭐가 있냐"며 끝내 사과를 거부하는 부모. 결국 서로의 감정에 대한 책임을 떠넘긴 채, 원망과 죄책감 사이에서 팽팽하게 줄다리기를 하는 부모와 자식의 모습을 나는 수없이 목격해왔다.

"사과 한마디가 그렇게 어려운가요?"
 자녀들은 부모에게 서운함을 푸념하곤 하지만, 부모에게는 그 말 한마디가 자신의 삶 전체를 뒤집는 두려움으로 다가오기도 하며, 걷잡을 수 없는 자기혐오를 불러일으키기도 한다. 나는 지난 시간 동안 만났던 수많은 부모들의 고백을 통해 이 사실을 알게 되었다.
 "꼭 말하지 않아도 내 마음을 알아줄 때도 되지 않았나요. 자녀들도 다 컸는데요."
 못해준 날보다 최선을 다해 노력했던 날들이 더 많았을 것이다. 사과를 원하는 자녀의 부탁은 부모에게 너무나 힘겨운 고통이 되기도 한다. 그러나 부모가 알아야 하는 진실은, 어느 부분에 있어서는 여전히 그 자녀가 다 자란 어른이 아니라는 사실이다. 수많은 자녀가 어린 시절 받았던 상처를 그때의 그 아이로서 간직하고 있기 때문이다.

"어머님, 아버님, 부모님이 사과하실 자녀는 현재의 스물다섯 살의 자녀가 아니고 그때 상처받고 외로웠던 여덟 살의 아이예요. 사과하신다고 부모로서의 모든 인생을 잘못 사셨다고 인정하라는 뜻이 결코 아닙니다. 부모로서 살아왔던 숱한 날들 가운데 잘하셨던 일, 노력하셨던 일이 얼마나 많으시겠어요. 그 많은 인정도 중요하지요. 그러나 부모님께서 그런 날들을 보내오면서 그래도 자녀에게 했던 말과 행동 중에 후회하는 일이 있으시지 않나요? 그 부분에 대해서만 진심으로 사과하시면 되는 겁니다. 그렇게 어렵지 않답니다."

부모의 사과를 진심으로 받아본 자녀가 얼마나 될까.
"엄마가 미안했다."
"아빠가 후회한단다."
"미처 몰랐던 일들이 너에게 얼마나 큰 상처였을지 엄마(아빠)도 마음이 아파."
"엄마(아빠)의 미안한 마음을 받아줄 수 있겠니?"
"엄마(아빠)가 다음에는 다르게 할게."

이 짧은 말은 단순한 후회의 표현이 아니다. 그것은 부모가 존재 자체로 자녀에게 '나는 너를 존중하고, 내 실수를 책임지겠다는 의지가 있다는 마음'을 전하는 메시지다. 나는 수많은 현장에서, 부모가 자녀에게 진심으로 사과하는 순간, 아이의 마음속에 작지만 분명한 변화가 일어나는 것을 목격했다.

정신분석가 멜라니 클라인$^{\text{Melanie Klein}}$은, 아이의 초기 세계가 '좋은 대상'과 '나쁜 대상'이 분리된 상태에서 시작된다고 말한다. 아이는 '나를 안아주는 엄마'와 '나를 혼내는 엄마'를 완전히 다른 사람으로 느낀다는 것이다. 그러나 자라면서 점점 깨닫는다. 내가 원하는 것을 채워주는 좋은 엄마와 내 요구를 거절하는 나쁜 엄마가 다른 사람이 아니라 같은 한 사람이라는 것을. 사랑과 실수를 동시에 지닌, 완전하지 않지만 관계를 지속하려는 사람이라는 것을 말이다. 바로 그 지점이 자기개념$^{\text{self-concept}}$ 형성에 중대한 분기점이 된다. 부모가 아이의 마음을 헤아려주고 "미안해"라고 말하는 순간, 아이는 세상을 조금 더 복잡하지만 정직하게 배운다. 자신도 완벽할 필요는 없다는 걸, 실수해도 바로잡을 수 있다는 걸, 그리고 그걸 말할 수 있는 용기가 관계를 지켜낸다는 걸 배우는 것이다. 이것은 얼마나 필수적이면서도 동시에 아름다운 배움인가.

부모는 부모라는 단어에 숨어있는 완벽함이라는 환상을 부모 스스로 내려놓을 때, 비로소 아이와 더 깊이 마주할 수 있을 것이다. 아이에게 "미안해"라고 말할 수 있는 부모는 '관계의 힘'을 믿는 사람이다. 그 '미안해'라는 말과 멀어질수록 아이는 마음에 말을 감추고, 그 반대의 경우에는 아이의 마음에 너그러움과 신뢰가 자란다. 그래서 부모의 진심이 담긴 사과를 받은 자녀는 부모가 어렵게 건넨 한 번의 사과를 오래도록 기억한다. 이는 단순한 사건이 아니라, 사랑의 방식이 전환되는 결정적인 순간이기 때문이다. 그러니 부모가 아이에게 "미안해"라고 말할 수 있다면, 그 말은 실수를 지우는 마법이 아니라, 함께 살아가는 인간으로서의 윤리를 가르쳐주는 한 권의 책과 같다. 그리고 그 말의 온도는 단 한 번뿐일지라도 평생을 데워주는 따스한 빛이 된다.

── 비로소 부모님을 이해하게 되는 우리들

"새어머니에게 맞고 구석에 쪼그려 앉아 있던 네 아버지를, 나는 두고 올 수밖에 없었어. 아버지를 이제 그만 용서해다오."

고모는 내 아버지보다 무려 스무 살이 많으셨다. 시집간 고모가 오랜만에 친정집에 방문했을 때, 아버지의 나이는 고작 다섯 살이었다고 했다. 까맣고, 작고, 말랐던 막내 남동생인 내 아버지는 새어머니 밑에서 자랐고, 많이 맞고 컸다고 하셨다.

어린 시절, 아빠와 엄마 사이에 균열이 올 때마다 고모는 우리 남매를 집으로 데려가 따뜻하게 보살펴주셨다. 모든 것이 풍요로웠던 고모의 집에 있으면 시름이 다 녹아내리는 것 같았다. 틈틈이 들었던 고모의 말에 아버지를 완전히 이해한 것은 아니지만, 그 이야기는 마음 한구석에 오래도록 남아있다. 고3 즈음 아버지는 술을 잔뜩 마시고 잠든 나를 흔들어 깨우셨다.

"아빠가 참 많이 미안했다. 그 어린 너를 때리고 또 때리고. 아빠가 정말 미안했다. 잘못했다."

"알았어, 좀… 그만해."

나는 다시 잠을 청했지만 좀처럼 잠이 들지 못했다.

열 살 무렵의 어느 날, 아빠는 나를 심하게 때리셨다. 그러고는 그날 밤 잠든 내 팔을 어루만지면서 우셨다. 아빠의 손길과 목소리에 잠이 깼지만, 잠이 든 척을 하고 아빠가 하는 말을 다 들었다. 피멍이 든 내 몸을 보면서 아빠는 정말 괴로워하셨다. 어렸지만 나는 그걸 분명 알고 있었다. 다음 날 아침, 아빠는 김치찌개와 김, 달걀프라이를 해서 나와 오빠에게 아침을 먹이고 출근하셨다. 작은 밥상을 내려놓던 아빠의 손가락 끝은 물에 젖어 하얗게 불어있었다.

차라리 맞기만 했다면 아빠를 더 마음 편하게 미워했을 텐데, 내가 관찰한 아빠의 모습은 우리를 위해 밥을 해주고, 매일 청소와 부엌일을 하셨고, 습진이 걸린 손에 바셀린 연고를 듬뿍 바르고는 노곤하게 잠을 청하시던 모습이다.

그렇게 자주, 이유 없이 나를 때리던 아빠는, 내가 중학교에 입학한 이후로는 단 한 번도 내 몸에 손을 대지 않으셨다. 나에 대한 미안함을 가슴속에 신경증적 죄책감으로 간직하게 된 아버지의 사과는, 고등학교 이후에 더 깊어지셨다. 나는 사춘기 이후로 급속도로 냉담해졌고, 우리 둘의 관계는 뒤바뀌게 되었다. 아빠의 눈치를 살피던 딸에서, 아버지에게 냉소적으로 변한 딸이라는 관계로.

어느 날인가 강연을 마치고 무대에서 내려오는데, 한 여성 분이 단상 앞으로 나와 질문을 했다.
"어떻게 아버지를 용서하셨나요?"
사실은 최근 들어서야 아버지를 이해하고 용서하게 되었다는 답을 하고 돌아서면서 양극단에 서 있던 아버지의 모습이 떠올랐다. 고함을 지르며 나를 때리던 아버지의 화난 얼굴과, 후회하고 미안해하며 뚝뚝 눈물을 떨구던 아버지의 얼굴 사이에서. 자신의 처지를 괴로워하며 끊임없이 줄담배를 피워대던 아버지의 찌그러진 미간과, 어떻게든 그 상황에서 우리에게 최선을 다하려고 부엌에 서서 밥을 차리고 설거지를 하던 아버지의 뒷모습 사이에서 말이다.

몸의 상처는 시간과 함께 흔적도 없이 사라졌지만, 마음의 상처는 정말 오래도록 남아있었다. 마음의 상처가 흐릿해지기까지는 너무나 길고 고통스러웠지만, 긴 시간 동안 다양한 기억을 회고하며 아버지와의 관계를 다시 만들어갈 수 있었다. 그 과정에서 고모에게서 들은 아버지의 어린 시절 이야기를 통해 아버지가 왜 그토록 나에게 폭력적이었는지를 알게 되었고, 동시에 나를 때린 아버지가 왜 그토록 괴로워하고 후회하셨는지도 이해하게 되었다.

이해가 내 가슴에 남겨진 상처를 단번에 아물게 하지는 않는다. 머리로는 정리되었지만, 감정의 층위는 여전히 무겁고, 내면 깊이 새겨진 왜곡된 신념들은 새로운 희망에게 쉽사리 자리를 비켜주지 않았다. 그러나 어느 순간부터 용서란 결국 깊은 이해를 전제로 하는 여정이라는 사실을 깨닫게 되었다. 용서는 흔히 '잊는 것'이나 '참는 것'으로 오해되곤 한다. 혹은 부모와 거리를 두거나 관계를 끊어내는 선택을 용서의 다른 이름처럼 여기는 경우도 있다. 용서는 다르다. 용서는 내면에 자리한 분노와 상처의 감정들을 외면하지 않고, 그 감정을 존중하며 정리하고, 결국 다시 '안전한 애착의 자리'로 회귀하는 과정이다.

── 부모를 이해하게 된다는 것

우리는 어린 시절 중요한 인물을 마음속에 '내적 대상internal object'으로 형상화한다. 그리고 그 대상은 긍정적이거나 부정적인 감정과 결합하여 우리의 자기개념과 관계 패턴을 형성한다. 나의 경우 오랜 시간 동안 부모님을 내 마음 안에서 비판과 분노의 내적 대상으로 간직하고 있었다. 어린 시절의 외로움, 폭력, 외면당한 감정은 '날 품고 사랑하지 않았던 부모'라는 내적 이미지로 각인되었고, 그 이미지는 자주 내 자존감과 타인과의 관계를 흔들었다. 그러다 문득, 그들을 완벽하지 않은 인간으로 다시 보기 시작했다. 아이를 낳고, 삶의 어려운 길목을 지나오며, 나 또한 실수하고 방황하는 부모였으니.

그제야 비로소 알게 되었다. 부모는 언제나 완벽한 존재가 아니라, 사랑하면서도 부족했고, 애쓰면서도 몰랐던 사람들이었다는 사실을. 이런 통합의 과정은 멜라니 클라인이 말한 좋은 대상과 나쁜 대상의 분열 상태에서 하나의 복합적이고 통합된 인간상을 받아들이는 성숙의 길과 닮아있다. 상처받은 자녀들은 처음에 '부모님은 나를 상처 준 사람'과 '그래도 나를 사랑해준 사람'으로 나누고 많은 괴로움을 느낀다. 그러다 점차 그 둘이 동일한 한 사람 안에서 공존한다는 것을 받아들이게 된다. 그리고 이 '통합^{integration}'의 경험은 성인이 된 우리의 마음 안에 딱딱하게 굳어진 경직된 감정을 풀어내고, 내면의 유연성과 평화를 만들어준다.

"저는 저를 버리고 떠난 아버지를 용서한 이후로, 관계를 맺을 때마다 버림받을까 봐 두려웠던 마음이 가벼워졌어요. 이제는 진정한 사랑을 할 수 있을 것 같아요."

한 청년의 고백이 그리 놀랍지 않았다. 왜냐하면 용서를 통해, 부모와의 관계에서 겪었던 고통을 더 이상 회피하지 않고 직면하는 능력이 강화되었기 때문이다. 또한 용서 이후에는 더 이상 과거에 얽매이지 않고 삶의 방향을 원하는 대로 설정할 수 있게 된다.

'나는 부모에게 상처를 받았지만, 더 이상 그 경험이 나를 결정짓지 않는다.'

'나는 이제 나의 가치에 따라 삶을 살아갈 수 있다.'

이 생각이 우리의 마음에 견고하게 자리 잡기 때문에 가능한 일이다. 어쩌면 이 과정은 단순한 용서의 대화를 넘어서서 신체적·정서적으로 해방되는 삶의 놀라운 경험이다. 더불어 드디어 우리를 자기성장self-growth과 독립의 길로 안내한다. 우리는 더 이상 피해자가 아니라 우리 삶의 주인이 되는 것이다.

생각 나누기

- 당신은 어린 시절, 부모로부터 어떤 말을 가장 듣고 싶어 했나요? 그 말은 지금의 당신에게 어떤 의미로 남아있나요?

- 부모를 이해하고 용서하면, 당신에게 어떤 변화나 자유를 가져다줄 수 있을까요?

갈 곳 잃은 아이에게

안식처는 어디인가

"애가 요즘 이상해요."

이 말 속에는 언제나 화자의 무의식적인 전제가 깔려있다.

'나는 정상이야. 문제는 저 아이에게 있어.'

그러나 아이의 행동을 '문제'로 규정하는 순간, 정작 그 문제를 만들어낸 더 깊은 원천-가정 내 상호작용의 패턴, 부모의 애착 유형, 관계의 갈등, 세대 간 전이된 상처-은 모두 무시되곤 한다. 이것은 마치 병든 뿌리를 그대로 두고 가지 하나만을 잘라내는 것과 같다. 특히 입양 가정, 조손 가정, 한부모 가정, 다문화 가정과 같은 복합적인 배경에서 자라는 아이들이 겪는 내면의 정서는, 드러난 행동에 가려져 쉽게 읽히지 않는다. 그들은 종종 소리치지 않고 조용히 사라진다. 등교를 중단하고, 친구를 끊어내고, 생기 있는 눈빛을 잃는다. 주유소나 PC방, 골목길 같은 낯선 공간에서 밤을 보내며, '관계' 대신 '거리'를 선택한다. 이런 아이들을 보며 주변 어른들은 '문제아'라는 말을 쉽게 내뱉는다.

─── 아이는 문제의 원인이 아니라 그 가정의 증상일 뿐이다

진실은 조금, 그리고 분명히 다르다. 아이는 단지 자신의 고통을 말로 표현할 수 없는 '증상의 언어'를 선택한 것뿐이다. 심리학자 머레이 보웬Murray Bowen의 가족체계이론에 따르면, 가족은 하나의 정서적 시스템이며, 그 안에서 문제가 발생하면 가장 '민감한 사람'에게 증상이 나타난다고 했다. 즉, 가장 여린 존재인 아이가 가족 전체의 긴장을 감당해내는 것이다. 아이의 공격성, 불안, 무기력은 결코 아이 한 사람만의 문제가 아니다. 그것은 가족의 정서적 균형이 무너졌다는 신호 . 아이의 문제는 '가정의 아픔이 아이에게 드러난 하나의 형태'일 뿐이다. 말로 다 표현할 수 없는 사랑과 그리움, 분노와 두려움을 행동으로 새기는 것이다. 어느 아이가 고백했던 어린 시절의 이 한 문장이 아이의 생애 전체를 관통하는 슬픈 구절이 되기도 한다. "누구도 나를 기다리지 않았고, 아무도 나를 불러주지 않았다."

아이의 행동을 보기 전에, 아이의 외로움을 먼저 볼 순 없는 걸까? 아이의 공격성을 보기 전에, 그 마음속 상처를 먼저 느껴보면 어떨까? 아이의 분노를 판단하기 전에, 미처 말하지 못한 욕구를 들어보면 어떨까? 우리는 모두 가슴속에 작은 아이를 품고 살아간다. 마음속 작은 아이는 부모로부터 무조건적인 사랑을 갈구했고, 존재 그 자체로 환영받고 싶었다. 이것이 충족되지 않으면, 어른이 되어도 여전히 무언가를 증명하려 애쓰며, 과도한 인정욕구에 매달리고, 관계를 차단하거나 도피하기도 한다. 지금 우리 앞에 있는 그 '문제아'는 누군가를 대신해 아파하는 사람이다. 어쩌면 우리의 내면에도 사랑을 갈망하는 작은 아이가 살고 있을지 모른다. 그렇다면 우리는 아이들을 바로잡는 데 집중하기보다 그들의 고통에 먼저 귀 기울이는 사람이 될 필요가 있지 않을까? 심리학자 칼 로저스[Carl Rogers]의 말처럼, 사람은 진정으로 이해받을 때 비로소 변화할 수 있으니 말이다.

── 가족 안에 있어도
외로운 아이들

"우리 엄마 아빠는 내가 다치고 들어가도 몰라. 묻지도 않고."

"우리 부모님은 내 방에 들어와 보지도 않았어. 나는 자는 척하고 있었는데."

'외로운 아이들'은 어느 가정에서나 볼 수 있다. 아이들은 가정 내에서 보이지도, 들리지도 않는 자신의 존재를 경험하며 상실을 느낀다. 인간은 태어날 때부터 엄마라는 존재와 관계의 연결로 시작했다. 즉, 두 사람 간의 상호작용을 중심으로 관계적 체계를 형성$^{Dyadic\ system}$(이인체계)하는 것이다. 아이들의 발달과 심리적 기능은 개별적이거나 단독으로 존재하는 것이 아니다. 부모와의 상호 관계 속에서 감정, 사고, 행동을 조절하며 발달하게 된다. 예를 들어, 우리가 다쳤을 때 누군가 뛰어와 도움을 건네면 우리 마음은 금세 안정되고 감사함과 희망이 생기며, 심지어 몸의 통증마저도 조금 가볍게 느껴진다. 이게 바로 건강하고 따뜻한 관계다. 이런 체계가 안정적이면 안정 애착$^{secure\ attachment}$이 되고, 불안정하면 불안형^{anxious} 애착이나 회피형^{avoidant} 애착 유형을 형성하게 될 가능성이 높아진다. 더 나아가 자기개념도 이 체계 안에서 형성된다. 아이는 부모와의 이런 관계 속에서 자신을 이해하고 내면화된 대상-'나는 이런 사람이야'라는 신념을 만들어간다. 부모가 따뜻한 이인체계를 제공하면 아이는 긍정적인 자기개념을 형성하지만, 부모가 냉정하고 일관되지 않은 태도를 보이면 아이는 불안정한 자기개념과 타인에 대한 부정적인 기대를 갖게 될 가능성이 높다.

나는 건강하지 못한 이인체계 속에서 자라온 사람으로서, 성인이 된 이후에 그 경험이 나의 자기개념을 얼마나 나약하고 취약하게 만들었는지를 체감했다. 온전한 자기개념이 회복되고 건강해지기까지 수많은 노력과 실패를 거듭했다. 어찌 보면 내게 건강한 자기개념은 '자연스럽게' 형성된 것이 아니고, 오히려 치열하게 배우고 노력한 끝에 '가까스로' 획득한 것에 더 가까웠다. 성인이 된 후에도 이런 이인체계의 경험은 여러 대인관계, 이성 관계나 직장 내 관계에서 매우 중요한 역할을 한다. 그러니까 아이가 '우리 엄마 아빠는 나한테 관심이 없어'라고 느끼며, 가정 안에서 고립되고 외로움을 경험하는 일은, 단지 베개를 적시며 몇 번 울고 나면 끝나는 어린 시절의 가벼운 해프닝이 아닙니다. 이런 경험은 아이들이 성인이 되어서도 그들의 대인관계에 영향을 미칠 정도로 무의식 속에 깊게 남아있기 때문이다.

"유치하게도 저는 아직도 회식에서 관심받지 못하면 기분이 상해요"라는 속마음을 털어놓은 중역을 기억한다. 그는 붉어진 얼굴로 자신의 부끄러운 모습을 고백하며, 이 나이가 되었어도 여전히 자신이 관계에서 관심받고 있다는 것을 매우 중요하게 여긴다고 했다. 그의 고백은 한 개인의 유치한 고백이라 하기에는 우리 사회의 많은 성인들이 경험하는 보편적 마음이기도 하다.

—— 두 번 상처 받는 아이들

"아이들 중 간혹 가정이 있는 아이들도 있어요. 아주 가끔, 부모가 와서 집에 데려갔다가 보육원에 다시 데려다주죠. 그러면 아이들이 더 힘들어해요. 기대가 있기 때문이겠죠. 이런 경험을 한 아이들은 보통 내면에 화가 많은 것 같아요."

한 선생님이 저항적인 아이를 돌보면서 지친 마음에 한마디 하신다. 그 말을 듣고 있던 경험이 풍부한 다른 선생님이 아이에게 다가가 물어보셨다.

"네가 왜 짜증을 내고, 소리를 질렀는지 말해줄 수 있을까?"

아이는 다른 말들을 하다가 본질적인 이야기를 꺼내기 시작했다.

"엄마는 1년 후에 데리러 온다고 했어요. 그래서 저는 기다렸어요. 그런데 엄마가 와서 집에는 제가 앉아 있을 곳도 없어서 보육원에 좀 더 있어야 한대요. 같이 집에 잠깐 갔는데, 제가 있을 곳이 있었어요. 분명히 앉아 있을 곳도 없어서 저를 보육원에 다시 보낸다고 했는데, 제가 누울 자리가 있었어요. 저는 그 정도 공간만 있어도 조용히 잘 수 있어요."

"그랬구나. 그게 너무 슬프고, 매우 서운했겠구나."

"네."

"그래서 이곳에 다시 오니, 마음이 너무 힘들어서 그랬구나."

"…."

선생님의 따뜻하고 정확한 반영에 아이는, 콧물을 훌쩍이며 꺼이꺼이 울음소리와 함께 깊은 슬픔과 탄식을 토해냈다. 아이는 화가 난 것이 아니었다. 아이가 느낀 진짜 속내는 깊은 그리움과 서러움이었다.

아이는 선생님의 따뜻한 달램과 위로를 받고는 결국 체념한 듯 선생님의 손을 잡고 보육 시설의 계단을 걸어 올라갔다. 봉사를 마치고 돌아오는 그날은 어깨가 더 무거웠다. 아이 마음에 상처를 남긴 그 어머니가 너무 야속하게만 느껴졌다. 도대체 가족이 뭐길래 아이의 저 깊은 슬픔을 자극하는지. 그럼에도 불구하고 겨우 자기 엉덩이 하나 댈 수 있는 그 '집'이라는 곳을, 넓은 보육 시설보다 더 간절하게 원하는 아이의 마음에 대해 어른으로서 깊은 고민을 하게 되었다. 엉덩이 하나 댈 수 있는 곳이면 된다고 말하던 아이의 간절함이 내 가슴을 사무치게 후벼 파고들었기 때문이다.

── 버려질 거라는
두려움이 남긴 흔적들

아주 어렸을 때 나 역시 매일 엄마와 함께이기를 바랐다. 이불을 머리끝까지 올리고, 베개에 얼굴을 파묻고, 엉엉 울다가 잠든 날들이

숱했다. 한동안은 학교에서 돌아와 현관문을 열었을 때, 엄마가 돌아왔을지 모른다는 기대도 했다. 그러나 책가방을 내려놓을 때마다 내 마음도 한 번, 두 번 무너졌다. 그러는 사이 내 안에는 '나는 혼자 남겨질 거야', '내가 사랑하는 사람은 다 나를 떠날 거야', '나는 안정적인 관계를 맺지 못할 거야'라는 생각이 자리 잡았다.

심리학자 제프리 영$^{Jeffrey\ Young}$의 심리도식^{Schema} 치료를 배우고 수퍼비전을 받던 과정에서, 나는 어린 시절의 나처럼 '버림받음과 유기$^{Abandonment,\ Instability}$'의 스키마를 갖고 있는 성인들을 어렵지 않게 만날 수 있었다. 우리는 저마다 다른 사람과 관계를 맺었지만, 모두 동일한 스키마를 갖고 있다는 점에서 강력한 연대의식을 경험할 수 있었다. 이 스키마는 아주 어린 시절 특히 아동기에 보호자와의 관계에서 형성되는 것으로, 초기 부적응 스키마$^{EMS,\ Early\ Maladaptive\ Schema}$로 구별된다. 이것은 굉장히 강한 불안감으로, 어떤 사람은 집착의 형태로, 어떤 사람은 관계를 단절하는 방식으로도 표현될 수 있다.

나는 매우 냉담하게 관계를 정리하는 패턴을 가지고 있었다. 회피가 상처받는 것보다 안전하니까. 유기성 스키마는 이혼, 별거, 사망 등의 이유 내지는 부모가 충분한 설명 없이 집을 자주 비우거나 양육자가 자주 바뀌었던 환경에서 형성될 수 있다. 나는 오랫동안 스키마 치료 작업을 경험해야 했다. 내 관계 패턴을 관찰하고, 상담을 받으며 내면에 도사리고 있던 버려짐에 대한 두려움과 직면하고, 끊임없이 내면대화를 시도하고, 감정을 조절하는 훈련을 오랫동안 이어가야 했다. 공부와 상담의 결과인지, 세월의 힘인지, 아니면 나 역시 내 자녀의 아픔을 뒤로 하고 이혼을 선택해서인지, 어쩌면 이 모든 합의 결과인지도 모르겠지만 비로소 나는 우리 남매를 두고 나갔던 엄마의 선택과 돌아올 수 없었던 엄마의 고통을 조금씩 가늠할 수 있었다. 그리고 그제야 내가 고통스럽게 부여잡고 있던 '나는 혼자 남겨질 거야'라는 스키마를 내 존재와 분리할 수 있게 되었다.

그 아이도 어른이 되면 그럴까? 좁은 집이라 머물 공간이 없다며 좀 더 기다리라는 말로 아이를 보육원에 다시 맡기고 돌아서야 했던 엄마의 심정을 이해할 수 있을까? '버려진 게 아니'라는 것을 아이가 진실로 받아들일 수 있을까? 부디 아이의 마음에 고통이 더 커지지 않기를 누구보다 진심을 다해 기도해주는 것 외에 내가 할 수 있는 일이 없다는 사실이 나를 무력하게 만들었다.

- 당신 안에도 '버려질까 봐' 두려워하며 살아가는 작은 아이가 있나요? 그 아이는 가장 사랑했던 사람에게 어떤 상처를 받았으며, 어떤 위로를 필요로 할까요?
- 당신은 자녀 혹은 주변의 누군가를 '문제'로만 바라보며, 그 이면에 있는 '고통의 이유'를 충분히 들여다보지 않은 적이 있나요?

아이에게 배울 수 있는

어른이 되길

지인과 함께 회전초밥집에 갔다. ㄴ자 모양의 코너에 앉아 신중하게 접시를 고르며 먹고 있는데, 지인이 조용히 말을 건넨다.

"옆 테이블에 앉은 아이, 엄마랑 할머니랑 온 것 같은데, 저 엄마 표정 좀 봐봐. 내가 저런 엄마가 될까 봐 애를 안 낳고 싶은 거야, 진심."

티 나지 않게 최대한 조심해서 엄마를 보았다. 무슨 일이 있었는지 엄마는 아이를 혐오 가득한 표정으로 쳐다보며 사납게 말했다.

"똑바로 앉아. 다리 내려."

"(아이가 두 접시를 연이어 내리자) 먹을 것만 집어. 안 먹기만 해."

"(소스가 입 주변에 묻자) 어휴, 입 좀 닦아. 더러워 죽겠어."

외할머니로 보이는 분이 손주를 껴안고 위로하면서 딸 눈치를 보기 바빴다. 엄마는 밥을 먹고 있는 아이를 보면서도 인상을 쓰고 째려보고 팔짱을 낀 채 눈을 위아래로 굴려가며 혀를 찼다. 도대체 무슨 일이 있었길래, 엄마가 아이에게 상처가 될 게 분명한 저런 행동을 하는 걸까.

공교롭게도 우리는 그 아이네 가족과 함께 발렛 차를 기다리게 되었다. 그런데 그때 아이 엄마가 아이에게 고래고래 소리를 지르기 시작했고, 길을 지나가던 사람들이 일제히 쳐다보았다.

"야! 이리로 와! 거기 있지 말라고! 말 안 들어, 너 진짜."

"어휴, 짜증나! 찌증나!!!"

옆에 있던 외할머니는 손주를 안아주면서 "괜찮아"라고 말씀하셨고, 아이는 할머니 품에 안겨 엄마를 보면서 이렇게 말했다. "엄마, 사람들이 있잖아요. 창피하지 않아요? 나한테 나쁘게 말하고."

그 아이의 용기가 놀라웠다. 그러나 엄마는 아이가 입은 패딩의 목 언저리를 잡아당기면서 거칠게 아이를 차에 태웠다.

—— 아이의 말에
귀 기울이고 배울 것

부모라면 누구나 아이를 키울 때 이성을 잃는 순간들이 종종 있을 것이다. 하여 우리에게 부모의 한 단면만 보고 '부모 자격'에 대해 평가할 자격은 없다. 그러나 부모가 어느 한 순간에 이성을 잃고 아이에게 수치심이나 두려움을 남기는 행동을 하는 것을 결코 바른 훈육이라 할 수는 없다. 또한 자녀를 저런 방식으로 키우지 않는 부모도 많이 존재한다는 아름다운 사실을 인지해야 한다. 즉, 이성을 잃었다는 이유로 저런 행동을 하는 것이 결코 옳다고 말할 수 없으며, 많은 부모가 그렇게 행동한다고 해서 그 행동이 용인되는 것은 아니다. 나 역시 아이를 키우면서 이성적이지 못했던 몇몇 순간들이 지금까지도 내 마음에 깊은 죄책감으로 남아있다. 그리고 그 죄책감은 당시 내 무책임한 행동에 대한 대가라고 생각한다. 아이에게 진심으로 사과하고 아이로부터 이해받았지만, 그것과는 별개로 내 마음에 굳은살처럼 딱딱하게 자리 잡은 그 죄책감의 기억은 두고두고 부모로서의 삶에 지침이 되어주기도 했다.

조너선 하이트Jonathan Haidt는 인간에게 있어 도덕적 판단은, 논리적 사고보다 직관과 감정에서 먼저 출발한다는 점을 강조했다. 즉, 아이들은 도덕적인 옳고 그름을 논리적으로 따지기 전에 본능적으로 느끼고 반응한다는 이야기다. 음식점에서 본 아이가 엄마에게 '사람들이 있는 곳에서 창피하지 않냐'는 말을 한 것은, 아이가 이미 '사회적 직관social intuition'을 갖고 있다는 사실을 의미한다. 부모가 이성을 잃었거나 미처 깊이 생각하지 못한 일에 대해 아이들이 불쑥 건네는 말과 행동은 부모에게 배움이 된다. 나는 개인적인 경험과 교육 훈련에서 만난 많은 부모님들의 고백을 통해 이 사실을 깨달았다.

"언젠가 울고 있는데, 아이가 다가와서 저에게 '엄마, 슬픈 땐 울어도 된대. 나는 엄마가 울어도 엄마를 사랑해. 엄마는 우는 모습도 이뻐'라고 말해준 적이 있어요. 그때를 잊지 못해요."

"아들이 '아빠, 할머니 댁에 가면 아빠도 말 좀 해요. 할머니 가엾어요'라고 하는데, 정말 깊이 반성했어요. 제가 너무 무뚝뚝해서 저희 어머니가 많이 외로우셨을 거예요. 마음은 늘 안 그런데, 아들 덕에 노력할 수 있게 되었죠."

엄마에게 '슬플 땐 울어도 된다'라고 말하는 아이는 감정을 억누르는 것이 아니라 표현하는 게 중요하다는 사실을 본능적으로 이해한 것이다. 아빠에게 할머니와 대화 좀 하라던 아들은, 일평생을 자식에게 헌신해온 늙으신 할머니가 아들인 아빠와의 친밀한 관계를 그리워하고 마땅히 그것을 누릴 자격이 있다는 것을 본능적으로 아는 것이다. 아이들의 솔직한 말 속에는 우리가 어른이 되면서 잊어버린 중요한 가르침이 담겨있다.

나는 부모님들과의 다양한 만남 덕에, 우리 아이들이 얼마나 순수하고, 지혜롭고, 아름다운 마음을 지녔는지 알게 되었다. 이런 아이들을 어찌 사랑하지 않을 수 있을까. 그 귀여운 허세와 지혜는 예쁘게 섞여 어른들에게 뉘우침과 깨달음을 선물한다. 그러나 안타깝게도 어느 정도는 자기인식 능력이 있는 어른만 이 깊은 가르침을 알아차릴 수 있다. 아이들에게 배우지 못하는 부모, 아이들의 말을 무시하는 부모는 결국 소중한 것을 잃게 될지도 모른다. 아이들에게서 배우는 것을 부끄러워하지 않는 어른, 아이들의 진심을 받아들이는 어른이 되는 것이야말로 진정한 성숙일 것이다.

- 당신보다 어린 사람이 건넨 진심 어린 말에 귀 기울인 적이 있었나요? 혹은 그 말이 당신의 마음을 바꾸었던 경험이 있나요?

- 아이의 솔직한 지적이나 감정 표현을 들었을 때, 당신은 그것을 배움의 기회로 삼았나요? 아니면 어른으로서의 체면과 권위를 지키기 위해 무시하거나 억눌렀나요?

Chapter 2

주기만 해도
행복하다 생각했는데,

사랑이
고플 때

사랑의 끝이
수치가 아닌

희망이기를

새 교육생들과의 수업을 마친 어느 날, 한 통의 메일을 받았다.

"안녕하세요, 선생님. 오늘 수업에 참여하게 된 박태수라고 합니다. 직장에서 이런 교육을 받게 되어 부담도 있지만, 개인적으로 기대가 큽니다. 사실 저는 얼마 전 이혼을 하고 아이를 혼자 키우고 있습니다. 그러나 팀원들은 이 사실을 모르고 있답니다. 혹시 모를 불편한 일이 생기지 않도록 선생님께서 이 사실을 기억해주시길 부탁합니다."

며칠이 지난 후, 또 다른 메일이 왔다.

"안녕하세요 선생님, (중략) 우리 팀의 박 매니저가 이혼을 했는데, 팀원 몇몇이 알고 있지만 박 매니저가 불편해할까 봐 아는 척을 하지 않고 있습니다. 수업을 진행하실 때 박 매니저의 상황을 고려해서 배려해주세요."

종종 '우리 인생에 비밀이 있을까?' 하는 생각을 한다. 비밀이란, 어쩌면 다른 사람들이 모른다고 나 혼자 믿고 있는 것은 아닐까. 여하튼 나는 분명히 박 매니저의 이야기를 인식하고 대화 훈련을 진행했다. 8주간 30시간의 대화 훈련 수업을 마친 후 태수 씨는 짧은 티타임을 제안했다. 그는 아이에게 아직 이혼한 사실을 말하지 못했다면서 고민을 털어놓았다. 배우자가 외국에 머물던 중 외도로 이혼을 하게 된 거라, 아이는 아직 엄마가 외국에서 일하는 걸로 알고 있다는 것이었다. 그는 아이에게 이혼 소식을 어떻게 전해야 좋을지 매일 고민했다. 특히 아이가 엄마를 그리워하는 날이면 마음속에서 미안함과 분노가 동시에 일어난다고 했다.

인생이 어디 늘 뜻대로 되던가. 우리가 배신당할 것을 알고 친구를 사귀었는가. 실패를 확신하고 사업을 시작했는가. 이별을 예감하고 연애했는가. 이혼을 준비하고 결혼했는가. 우리는 모두 미래를, 결과를 알지 못했다. 그저 인생이란 최선을 다해 오늘을 살아가고, 문제가 생기면 그것에 하나씩 대처하면서 살아가는 것임을 조금씩 깨달을 뿐이다.

── 내가 선택한 이별,
그 후에 배운 것들

어린 시절 부모님의 이혼으로 인해 내 마음속에는 늘 '화목한 가정'에 대한 간절함이 있었다. 그 간절함 때문에 이른 나이에 결혼을 했지만, 결혼 생활은 녹록치 않았다. 우리 부부는 성숙하게 사랑하는 방법을 몰랐고, 큰 갈등을 두려워한 나머지 단 한 번의 큰 부부싸움도 없이 갈라섰다. 스물아홉 살이 되던 해, 나는 아들과 함께 싱글맘의 삶을 시작했다. 같은 무렵 배우자의 습관적 신체 폭력으로 이혼을 선택했던 지인이 나에게 "나는 네 남편처럼 돈도 벌어다주고 너를 때리지도 않고 외도도 하지 않는다면, 절대 아이를 두고 이혼하지 않았을 거야"라는 말을 했다. 그때는 그 말의 의미를 이해하지 못했지만, 지금 나이에 이르러 보니 지인이 어떤 마음으로 그 말을 건넸을지가 충분히 이해된다. 배우자의 반복되는 외도나 폭력, 중독에 관한 행위 등은 헤어짐의 이유로 충분하다. 하지만 그런 극단적인 경우를 제외하면, 많은 부부들은 수많은 갈등을 대화로 풀어가거나, 때로는 말없이 이해하고 용서하면서 함께 세월을 살아간다. 오랫동안 부부로서의 삶을 살아내고 지켜낸 분들은, 결코 그들의 관계에 나쁜 일이 없었기 때문도 좋은 일만 있었기 때문도 아니다. 서로의 차이를 '대화'로 더 잘 풀어보지 못하고 '서둘러 포기'해버린 대가로, 세상에서 가장 소중한 아들에게 상처를 주었던 철없던 엄마인 나를 용서하기까지 참으로 오랜 시간이 걸렸다.

나는 박 매니저에게 '결혼과 이혼', 더 깊게는 '사랑과 이별'이라는 상실의 아픔을 좀 더 이르게 경험한 사람으로서, 중재자를 넘어 친구와 같은 입장으로 머물러주고 싶었다.

같은 경험이 없었다면 그의 고민과 감정이 강 건너편의 삶처럼 느껴졌을지도 모른다. 그러나 그 감정들의 구체적인 모습과 체온이 선명하게 내 안에 남아있었기에, 깊은 침묵 속에 숨겨둔 수치심을 알아챌 수 있었고, 그 고백이 얼마나 큰 용기를 필요로 했는지 가늠할 수 있었다. 태수 씨는 이혼 사유가 배우자의 외도라는 사실을 여전히 받아들이지 못하고 있었다. 자신의 인생이 완전히 실패했다는 생각과 배우자에 대한 깊은 배신감으로, 때로는 분노에 힘겨워했고 때로는 우울에 잠식되는 일상을 반복했다.

또 배우자의 외도 이유가 자신의 매력 유무와 아무런 상관이 없다는 사실과 소중한 아이에게는 여전히 중요한 엄마라는 사실을 받아들이기까지 그에게는 꽤 많은 시간이 필요했다. 정신없이 일할 때는 잠시 잊어버렸다가, 퇴근 시간이 다가오면 부모님의 목소리와 함께 아이의 얼굴이 떠올라 심정이 복잡해지는 경험을 매일 했다고 한다. "웬만하면 애 봐서 다시 합쳐라." 부모님은 며느리의 외도 사실을 몰랐고, 태수 씨는 그 이야기를 차마 부모님께 할 수 없었다. 그저 성격 차이가 있었고 멀리 떨어져 있다 보니 관계가 소원해져서 헤어지기로 했다는 말만 할 뿐이었다. 속사정을 모르는 부모님이 어쩌다 아내와 다시 합치라는 말을 할 때면 속에서 치밀어 오르는 분노와 슬픔을 주체하지 못해 아이가 잠든 밤에 혼자 술로 잠을 청하곤 했다. 그의 이야기를 들으며, 지나간 기억 속 어두운 방에 앉아 있던 예전의 나와 마주하는 느낌이 들었다. 내 깊은 상실이 타인에게 어떻게 비춰질까 신경 쓰느라 정작 내 마음은 슬퍼할 시간조차 갖지 못한 채 어딘가에서 부유하고, 어디론가 표류하던 그날들.

힘겨운 상황에서도 이혼을 선택하지 않은 부부가 있는 것처럼, 이혼은 어느 부부에게나 힘들고, 어려운 선택이다. 때로 이혼은 관계의 파괴가 아니라 자신의 존엄을 지키기 위한 최후의 선택이며, 자신을 포함하여 아이들을 살려내기 위한 고통스러운 결단이기도 하기에 그 선택은 용기에서 비롯된 것일 때가 있다. 그러나 우리는 그 용기조차 '결국, 실패'라 말하는 사회에서 살아왔다. 그래서 상처는 곧잘 개인이 혼자 감당해야 할 수치로 둔갑해버린다. 그러나 이혼으로 인한 상실의 경험은 결코 부끄러운 일이 아니며, 그저 아파하면 되는 것이다. 언젠가 그 아픔이 내일의 삶을 더 단단하게 만들어줄 자양분이 되기를 희망하는 것이야말로 성숙하고 지혜로운 사람의 태도라고 믿는다.

── 지금 할 일은 나를
  수치심에서 건져올리는 것

에리카 종Erica Jong은 여러 차례 결혼과 이혼을 거치며 "결혼이 여성의 정체성을 규정해서는 안 된다"는 신념을 삶으로 증명해낸 작가다. 그녀는 사회가 여성에게 기대하는 결혼 제도의 고정된 틀에 도전했고, 여성의 삶을 스스로 써내려가며 당당히 자리매김했다. 단순히 결혼이라는 제도에 순응하기보다, 자기 삶의 주체로 살고자 했던 그 자세는 한 개인의 선언이자 사회적 저항이기도 했다. '사랑' 하면 떠오르는 에리히 프롬Erich Fromm 역시 세 번의 결혼생활을 한 사람으로서《사랑의 기술》에서 사랑을 단순한 감정이 아닌 하나의 '결정'이라고 설명한다. 그는 사랑을 감정에만 기대어서는 지속될 수 없으며, 타인을 위한 헌신과 책임, 배려를 수반하는 적극적인 실천이라고 보았다. 여러 차례의 결혼과 이혼, 사별을 겪으며, 그는 관계의 실패조차 인간을 이해하는 중요한 통로라 여겼다. 사랑 앞에 무너졌던 경험들마저도 인간의 본질에 가까이 다가서기 위한 진정한 과정이었다고 믿었다.

최근에 아주 생생한 꿈을 꾼 적이 있다. 꿈속에 나온 사람은 투병 중이었고, 곧 죽음을 맞이해야 하는 상황이었다. 그는 숨을 거두기 직전에 간병을 하던 내게 유언을 남겼다. 그 유언을 듣자마자, 나는 바로 꿈에서 깨어 내용을 적기 시작했다.

"제가 살아생전 지은 죄가 두 가지 있어요. 하나는 사랑해야 하는 사람들을 충분히 사랑하지 않은 죄, 하나는 주고자 하는 사랑을 받아들이지 않은 죄."

사랑과 고통, 상실과 회복을 말하는 이들은 실패와 무너짐, 부정과 회의의 시간을 지나 다시금 '사랑할 수 있는 존재'로 돌아오는 여정을 살아낸 사람들이다. 이혼이라는 선택의 유무보다 그 관계를 통해 우리가 어떤 인간이 되어가고 있는지가 더 본질적인 질문일 것이다. 그리고 그 물음에 답하는 일은 곧, 우리 삶의 용기를 회복하는 일이다.

이혼을 선택한 사람들 역시 누군가를 사랑하고 행복한 가정을 꿈꾸며 그 여정을 시작했을 것이고, 이루 다 말할 수 없는 사연들로 그 관계를 정리하는 선택을 했을 것이다. 이유와 사연은 저마다 다를지라도, 이혼이라는 아픔을 삶의 종말이 아닌 전환점으로 받아들이며 자신의 길을 다시 걸어간 이들이 우리 곁에 존재한다. 나는 태수 씨에게 에리히 프롬의 《사랑의 기술》을 추천했다. 진심으로 사랑했던 사람이지만, 그 사람의 변심을 태수 씨가 어떻게 온전히 다 책임질 수 있을까? 나는 그가 수치스러움으로 몸부림 치는 시간이 사그라들고, 슬픔을 오롯이 느끼고, 위로받고, 치유되어 또 다른 사랑으로 가는 통로를 만나기를 소망했다.

이혼이라는 이별은 사랑의 종말이 아니다. 이별은 관계의 이름을 바꾸는 일이며, 삶의 또 다른 방식으로 사랑을 이어가는 일이다. 우리 모두 이 점을 기억하면 좋겠다. 누구보다 자신을 먼저 사랑해야 하고, 상실 이후에도 다시 사랑할 수 있는 힘을 길러야 하며, 아이들에게도 그런 희망을 보여줄 수 있어야 한다. 왜냐하면 우리가 상처 속에서도 다시 일어나 사랑할 수 있다는 것을 증명할 때, 그 사랑은 더 이상 특정한 누군가를 향한 것이 아니라, 삶 전체를 존중하는 태도가 되기 때문이다. 그런 의미에서 이혼이란, 결혼 생활의 종료라는 건조한 사실 이상으로, 사랑을 잃는 아픔을 넘어 사랑을 다른 방식으로 배워가는 일이기도 하다. 우리가 그 과정을 정직하게 걸어간다면, 언젠가는 오늘보다 더 다정한 사람으로, 더 자유로운 존재로, 더 풍요로운 인간으로 살아갈 수 있을 것이다.

- 당신은 지금까지의 이별 경험에서 자신을 어떻게 바라보았나요? 이별을 실패가 아닌 성장의 전환점으로 받아들이고 있나요?

- 삶에서 상실과 실패의 순간이 다시 사랑과 연결의 힘으로 변화된 경험이 있었나요? 있다면 그것이 삶에 어떤 의미였나요?

상처받고
싶지 않아서

먼저 떠나는
사람들

"이제 그만 만나."

지수 씨는 그 순간 바로 돌아서지 않으면, 결코 헤어질 수 없을 것만 같았다고 고백했다. 혹여 붙잡을까 봐. 아니, 자신을 붙잡지 않으면 더 섭섭할 것 같아서 빠른 걸음으로 지하철 계단을 서둘러 내려갔다고 했다.

지수 씨는 지훈 씨와 헤어지기로 결심했다. 서로의 미래가 너무나 뻔하게 그려지는 상황에서 이런 만남을 유지하는 것이 물기 빠진 화초처럼 메마르다고 생각했기 때문이다. 그녀는 지난 시간을 돌아보면서 좋았던 날들보다 안 좋았던 날들을 애써 떠올리며 집으로 향했다. 지하철을 타고 가는 내내 지수 씨는 무음인 휴대폰을 보고 있었다. 그녀는 휴대폰을 보며 어떤 기대를 한 것일까?

—— 상처에 상처가
　　더해지는 경험

며칠 전, 지훈 씨의 어머니는 마음이 독해지는 약이라도 먹은 사람처럼 차가운 물을 한 잔 마시고는 작정한 말들을 쏟아내기 시작했다.

"내가 이런 말까지는 안 하려고 했다. 너도 너희 집안에서 귀한 대접 받고 자라지 않았니? 아무리 세상이 바뀌어 이혼이 별 게 아니라 해도 나는 내 며느리가 이혼한 집안에서 자란 사람일 거라고 생각해본 적이 없다. 백 번 양보해서 그렇다고 치자. 너희 부모님 각각 재혼도 하셨고 아버지는 자식까지 있는 사람과 산다며. 그럼 우리 아들이 장인, 장모를 평생 네 명이나 상대해야 하는 거니?"

"…."

"그리고 둘이 결혼을 생각하며 사귀는 동안 우리 집을 그렇게 드나들면서도 어쩌면 한 번도 그런 말을 안하고 뻔뻔하게 지낼 수 있니? 서로 힘 빠지는 거 하지 말자."

지수 씨는 아무 말도 할 수 없었다. 죄송한 마음은 아니었다. 떳떳해야 하는데 그럴 수도 없었다. 머릿속이 마비된 듯 아무 생각도 할 수 없었다.

이혼 후 엄마는 말했다. "이건 너의 잘못이 아니야."

그 말이 맞다고 믿어왔지만, 지훈 씨 어머니의 말은 지수 씨를 흔들었다. "부모님을 설득해보자"는 지훈 씨의 말에, 왜 자신이 편견을 이겨내야 하는지 답답한 생각이 들었다. 그러나 울지 않았다. 마지막으로 운 날은, 중3 때 아빠가 다른 여자와 아이를 데리고 나타난 때였다. "지수야, 아빠는 미국에 가게 되었어." 그게 마지막이었다. 아빠가 새 삶을 시작한 그날, 그녀의 사랑은 끝이 났다. 지수 씨는 다시는 울지 않겠다고 결심했다.

그러나 지금, 지수 씨는 또 다른 상실 앞에 서 있다. 자신의 잘못은 아니지만, 가슴이 무너져내렸다. 지훈 씨는 그녀에게 너무 쉽게 이별을 말한다고 했지만, 그는 마지막까지 몰랐다. 더 이상 상처받는 것이 두려워 먼저 떠난다는 것을. 지수 씨는 상처를 피하려 했지만, 끝내 상처받고 말았다. 지수 씨는 이 상처를 어떻게 다루어야 하는지도 알지 못했다.

── 마음을 나누는 일이 어려운 사람들

누군가를 사귀는 일은 쉽지만, 신싸 사랑을 하는 깃은 이럽다고 토로하는 사람들이 많다.

"제가 보낸 카톡에 1이 사라지지 않아서 기다리고 있었는데, SNS에 포스팅을 하고 댓글도 달았더라고요."

한 청년이 전 여자친구와 헤어지기로 결심한 이유였다. 잔뜩 흥분해서 말하던 그 학생은 1년간 만나고 헤어짐을 거듭하며 여러 명의 여자친구를 사귀었다. 그는 각각의 여성을 모두 진심을 다해 사랑했다고 말하며, 헤어질 때마다 가슴이 찢어질 듯 아팠다고 했다. 그 학생이 나를 찾아온 이유는, 헤어지자고 한 여자친구를 처음으로 잡고 싶어서라고 털어놓았다. 여자친구는 마지막으로 이 청년에게 대화의 기회를 주었고, 그 역시 처음으로 서둘러 떠나지 않고, 관계를 유지하려고 애쓰고 싶었다.

함께 마주 앉아, 그 청년의 마음속에 커다랗게 자리한 불안과 두려움을 들여다보았다. 그 속에 숨겨진 '사랑받고 사랑하고자 하는 에너지'를 찾는 일은 결코 쉽지 않았다. 왜냐하면 그의 마음에 '결국 나는 혼자 남겨질 거야'라는 굳은살이 딱딱하게 박혀있었기 때문이다. 청년은 이런 강렬한 신념이 자신의 가슴에 왜 박혀버렸는지 그 이유를 알지 못했다. 그저 가쁜 호흡, 어지러움 같은 증상들로만 남아있을 뿐이었다. 여자친구가 연락이 되지 않거나 혼자 남겨지는 듯한 기분이 들면 여지없이 그의 몸은 반응했다. 그러다 그 버거움을 감당하지 못하면 결국 헤어지고 또 새로운 사람을 찾았다.

―― **사랑보다 두려움이
 먼저일 때**

정신분석학자 토마스 오그던$^{Thomas\ H.\ Ogden}$은 고통이 클 경우, 그것이 온전히 몸에만 남아 '생각할 수 없는 것'이 된다고 말한다. 그래서 그는 '생각이 가능한 공간'을 마련하는 것이 필요하다고 강조했다. 정말 그렇다. 큰 아픔을 겪은 경우, 정확한 언어로 설명이 되지 않기도 한다. 그 아픔은 우리 몸의 통증으로 남거나 증상으로만 남아서 만성화되기도 한다. 아픔은 있는데 이유를 설명하지 못한다는 뜻은 아마도 말보다 감각에서 회복이 시작된다는 의미일 것이다. 나는 청년의 비탄이 머물 수 있는 공간을 마련하고 싶었다.

"기억나지 않아도 괜찮아. 울고 싶으면 울어도 돼."

서두르지 않고 감각과 감정에 충분히 머물러도 된다는 것을 받아들이기까지 긴 시간이 필요했다.

그 학생이 자신의 비탄을 안정적으로 경험할 수 있도록, 심리적 보유 공간$^{holding\ environment}$을 통해 신체적으로나 정서적으로 보호받고 지지받는 환경을 제공해주고 싶었다. 감정을 다스리고 말하는 방법을 배우기 이전에, 그 감정이 있는 그대로 머물도록 해줌으로써 말이다.

"이럴 바엔 헤어지자." 이 말 대신 그는 말했다.

"나는 네가 나에게 좀 더 관심 가져주면 좋겠어. 나는 네가 내 곁에 있어주면 좋겠어."

"네가 내 사랑이어서 너무 감사하면서도 떠나버릴까 봐 두려운 마음이 동시에 들기도 해."

이런 진심을 말하는 것이 자존심이 상한다고 느껴졌지만, 그는 용기를 냈다.

여자친구는 그제야 그의 두려움을 이해했다. "몰랐어. 네가 두려워서 그랬다는 걸."

상처받는 것이 두려워서 먼저 이별을 택했던 청년과 다시 마주앉았을 때, 나는 안도감을 느꼈다. 자신과 상대에게 조금만 솔직하면 더 깊이 사랑할 수 있고, 각자 다른 우주를 사는 우리는 솔직함을 통해 관계의 안정감을 만들 수 있다.

지금쯤 지수 씨는 자신의 아픔을 마주하게 되었을까. 지수 씨는 반복된 이별을 경험하며, 자신이 사랑받지 못한다고 믿게 되었을지도 모른다. 그러나 그것은 진실이 아니라고 말해주고 싶다. 그녀는 충분히 사랑받을 자격이 있으며, 그 아픔이 다음 사랑을 더 깊게 만드는 자원이 될 거라고 격려해주고 싶다. 심리학자 레슬리 그린버그 Leslie S. Greenberg의 말처럼, 감정은 표현되고 경험될 때 비로소 조직된다. 이는 막연했던 감정의 덩어리가, 구체적인 감정으로 명확해지며 의미 있게 통합된다는 뜻이기도 하다. 사랑받지 못할 거라 믿었던 청년과 지수 씨가 자신의 감정을 더 솔직하게 바라보고 표현하며 누군가와 충만한 사랑을 이어가기를 진심으로 바란다.

생각 나누기

- 지금까지의 사랑과 이별의 경험에서, 당신의 내면에 어떤 '감정의 진실'을 외면하거나 억눌러오지는 않았나요?
- 과거 관계 안에서 반복되었던 '이별의 패턴'이나 '사랑의 두려움'은 어디에서 비롯된 것일까요? 그것은 지금 당신이 원하는 사랑을 방해하고 있지는 않나요?

> 내 아픔을
> 잊지 않고
>
> 아낌없이
> 베푸는 사랑

어려움에 처한 아이들을 늘 익명으로만 돕는 한보 씨에게 그 이유를 물은 적이 있다.

"아이들에게 기쁨만 주고 싶어서입니다."

아빠가 돌아가시고 엄마와 둘이 남았을 때, 친척들은 한보 씨를 보면 불쌍하게 여기고, 딱하다며 혀를 차거나 눈물을 보이셨다. 어렸던 한보는 그럴 때마다 불쌍한 표정을 보여야 하는지, 괜찮다고 말하며 그들을 위로해야 하는지, 아니면 웃는 모습을 더 많이 보여야 하는지 도무지 종잡을 수가 없었다. 그래서 늘 고개를 숙이고, 그 분위기가 수습되기만을 바랐다. 엄마가 허리를 다치고 나서부터는 정말 '가엾고 불쌍한 아이'가 되어야 했다. 기초수급대상이 되어 정부

지원금을 유지하기 위해서 늘 가난한 아이로 살아야 했기 때문이다.

한보 씨에게 가난은 마치 발가벗은 채 거리를 걷는 삶과도 같았다. 가난한 삶이란 누구에게나 당연히 주어지는 것들이 자신에게는 해당되지 않는다는 것을 뜻했다. 그리고 무언가를 원하거나 표현해서는 안 된다는 침묵의 강요이기도 했다. 자라면서 한보 씨는 가난할수록 쿨하게 웃으면서 넘길 수 있는 방어기제를 자연스레 배우게 되었다. 그러나 채워지지 않는 필요는 마음속에 결핍이라는 구멍을 남겼고, 그 구멍은 한보 씨가 살아가면서 스스로 메워야 할 숙제가 되었다.

한보 씨에게 잊지 못할 날이 있다. 여러 명의 어른들이 한보 씨를 돕기 위해 집으로 온 날이었다. 그들은 한보 씨의 낡은 집을 고쳐주고, 누워있는 엄마의 손도 따스하게 잡아주었다. 그런데 그날이 한보 씨에게는 깊은 상처가 되었다고 털어놓았다. "너 참 딱하구나. 우리가 도와줄게. 애를 불쌍해서 어쩌니."

── 가여움이 아닌
기쁨이 되는 순간

누군가를 돕는 마음은 사랑이라고 배웠는데, 왜 한보 씨는 그들로부터 사랑을 느끼지 못했던 걸까. 어쩌면 그분들의 마음에는 어린 한

보에 대한 측은지심과 더불어 깊은 사랑이 있었을지도 모른다. 그런데 한보는 왜 그들의 의도를 느끼지 못했을까? 어린 한보는 그들이 빨리 집에서 나가길 바랐다. 그러나 그들은 가지 않았고, 결국 한보가 집을 나갔다. 논밭뿐인 동네였지만 당장 그 집이 아니기만 한다면, 숨을 쉴 수 있었다. 한보는 축축한 땅바닥에 주저앉아, 누렇게 변해버린 자신의 옷을 바라보고 결국 펑펑 울었다.

"아빠. 아빠가 있었으면 이런 일이 없었을까요? 대답해봐요. 아빠는 왜 우리만 두고 가서 나에게 이런 수모를 겪게 하나요. 아빠가 미워요. 아니, 아빠가 보고 싶고 그리워요. 아빠가 있었다면, 엄마가 건강하다면 나는 견딜 수 있었을까요? 왜 나는 불쌍하고 처량하고 딱한 아이가 되어야 하나요?"

한보 씨가 할 수 있는 건 공부였다. 교과서가 닳을 정도로 보고 또 봤다. 그건 돈이 들지 않는 일이었으니까. 책을 볼 수 있는 눈, 앉을 수 있는 자리, 가만히 버텨낼 수 있는 엉덩이, 가난에서 벗어나고자 하는 의지만 있으면 되는 일이었다. 눈물을 가득 머금은 어린 한보가 자신보다 많은 물질을 소유하고 누리는 아이들보다 유일하게 돋보일 수 있는 것도 공부였다.

처음에 한보 씨에게 익명으로만 아이들을 돕는 이유를 물었을 때, 한보 씨는 아이들을 바라보는 자신의 시선에 '가여움'이 담겨있을까 봐 겁이 난다고 했다.

한보 씨는 아이들에게 기쁨을 전해주고 싶어 했다. 누군가 따뜻한 마음으로 자기의 필요를 채워주었다는 단 하나의 경험만 있어도 충분하다고 믿었다. 그 기억이 아이들의 마음속에 오래도록 간직되기를 소망했다. 언젠가 아이들을 마주하게 된다면, 꼭 이 말을 전해주고 싶다고 했다.

"아이야, 내 마음을 받아주어 고맙다.
네가 필요로 하는 걸 내가 줄 수 있어서 기쁘다.
이를 통해 네가 더 잘 성장하고 배울 수 있어서 행복하다.
네가 성장해서 어른이 되었을 때,
나는 네 가슴에 이 문장 하나만 새겨진다면 고맙겠다.
아, 세상은 사랑으로 돌아가는 곳이었구나."

사랑은 누군가를 '가엾이 여기는 것'이 아니라, 그 존재의 존엄을 온전히 믿어주는 일이다. 어린 시절 한보 씨가 마주했던 수많은 가여운 시선은, 어쩌면 아이의 슬픔을 향한 연민이라기보다 어른인 자신의 무력감에서 비롯된 불편한 감정을 감추기 위한 감정적 반응이었는지도 모르겠다. 존 볼비는 애착을 단순한 보호 차원이 아니라, 아이 스스로 '나는 사랑받을 만한 존재'라는 내적 모델을 형성할 수 있도록 돕는 관계의 틀이라고 보았다. 그 모델이야말로 아이가 건강한 어른으로 자랄 수 있는 자양분이 되고, 삶 전체의 방식이 된다.

한보 씨가 익명을 고집하는 이유는 '돕는 사람'이라는 이름을 내세우기보다, 아이들 스스로가 '사랑받을 자격이 있는 존재'임을 느끼게 해주고 싶은 간절한 바람 때문이었을 것이다. 그 이름 없는 마음이 누군가의 가슴에 기쁨으로 남는다면, 그것이야말로 진짜 사랑일지 모른다.

　사랑은 마치 투명한 거울처럼, 상대가 자신의 상처 너머에 있는 무한한 가능성을 바라볼 수 있게 해준다. 자신이 결핍이나 불행의 아이콘이 아니라, 여전히 무한한 잠재성을 가진 존재임을 확인받는 것. 그렇게 누군가의 마음에 아주 작게 놓인 사랑 하나가, 누군가의 인생을 다시 믿게 만들 수 있다면 '세상은 사랑으로 돌아간다'라는 말이 결코 비현실적인 이상만은 아닐 것이다.

- 사랑의 마음으로 누군가를 돕고자 할 때, 그 사람의 어떤 점을 바라보나요? 결핍인가요, 가능성인가요?
- 누군가의 사랑 앞에서, 그 진심을 온전히 받아본 적이 있나요? 그 경험은 당신의 삶을 어떻게 바꾸었나요?

사랑받은 사람의 배움

"할머니, 잠시 집에 다녀오는 거야."

학교에 다녀왔던 어느 날, 거실에 짐 가방이 놓여있었다. 거실의 빨간 카페트에 펼쳐놓은 검정 트렁크 너머로 할머니가 옷을 개고 계셨다. 나는 가슴이 쿵 내려앉았다.

할머니는 우리 남매의 식사를 틈틈이 차려주셨다. 실내로 연결된 주인집 1층으로 내려가기 전에 밥을 차려주시고, 또 짬짬이 올라오셔서 간식도 챙겨주시곤 했다. 며칠 전에는 내가 좋아하는 김밥을 말아주셨다. 할머니는 어느새, 나에게 엄마 같은 존재가 되었다. 대상관계이론Object Relations Theory의 관점에서 보자면, 할머니는 내 내면에 이상화된 "좋은 대상good object"으로 내재화된 것이다. 이별은 단순한 상실이 아니라 자아의 중요한 일부가 찢겨나가는 경험이었다.

"할머니, 왜 짐 싸요?"

"응… 할머니가 집에 좀 다녀와야 해."

"할머니 집이 어딘데요?"

"전주야. 전라도 전주."

"그럼 언제 와요?"

"음… 곧 올 거야. 할머니 올 때까지 밥 잘 먹고, 아빠 말 잘 듣고 있어야 해. 알았지?"

"네."

"아이고… 이 어린 것을… 아이고…."

거칠고 주름이 가득한 두꺼운 손으로 할머니는 내 얼굴을 계속 쓸어내리면서 우셨다. 어렸지만 할머니가 이 집을 떠난다는 사실 정도는 알았다. 그리고 전주라는 이름을 결코 잊지 않았다. 전주로 할머니를 만나러 가야겠다고 생각했기 때문이다. 나는 거실 한쪽에 쪼그리고 앉아 할머니가 짐 싸는 걸 보고 있었다. 할머니가 울지 않았다면, 정말 할머니가 돌아올 거라 믿었을 것 같다. 나는 눈물을 참으며 할머니에게 말했다.

"할머니 잘 다녀오세요."

"그래, 몇 밤 자고 올게."

"네. 몇 밤 기다릴게요."

그때 기다리겠다는 말을 하지 말걸. 크고 나서 얼마나 후회했는지 모른다. 그냥 편히 보내드릴걸. 문득문득 할머니가 생각날 때면, 그때 참지 못하고 꼭 돌아오라고 말한 것이 후회되었다. 그러고는 허공을 향해 혼잣말로 미안하다고 말하곤 했다.

나에게는 하늘 같은 사랑이었다. 밤이면 1층집에서 일을 마치고 2층 작은 방으로 할머니가 올라오셨다. 나는 그 방으로 들어가 할머니 팔에 머리를 대고 누워 잠들곤 했다. 철저한 남이었지만 할머니는 나를 자신의 손주처럼 아껴주셨고, 보살펴주셨다. 학교에서 돌아올 때면 늘 "할머니 다녀왔어요"를 말하며 들어오던 나였기에 할머니가 떠난다는 사실은 하늘이 무너지는 고통이었다. 그러나 나는 할머니 앞에서 울지도 못하고 기다리겠다는 말만 할 수밖에 없었다. 할머니가 짐을 싸서 1층으로 내려가고 난 후에야 펑펑 울었다. 어쩌면 엄마가 집을 떠난 그날보다 더 많이 울었던 것 같다. 그 눈물은 할머니를 잃은 슬픔의 눈물이었을까, 아니면 이제 나를 지켜줄 사람이 없어졌다는 두려움의 눈물이었을까?

── 혼자 남겨질 거라는
잘못된 믿음에 굴하지 말 것

너무나 소중했던 사람을 잃어본 경험이 있는가? 살다 보면 목숨 같이 소중한 사람을 떠나보내야 할 때가 있다. 아홉 살의 나도 그랬다. 넋을 놓고 2층 베란다로 뛰어가 아무도 없는 골목을 바라보며 엉엉 울어댔다. 넓은 세상에 나 혼자 남겨진 기분이었다. 오빠는 울지 말라고 나를 달래다가 자기도 소리를 지르며 같이 울었다. 우리는 서로를 붙잡고 목이 메도록 울었다. 아이들이 할 수 있는 유일한 일이기도 했으니까.

'사랑하는 사람, 소중한 사람이 또 한 번 내 곁을 떠나는구나.'

유일한 안식처가 되어주던 사람이 떠나가니 이런 생각에 잠식될 수밖에 없었고, 당시의 나는 슬픔을 감당하기에 너무 어렸다.

나는 할머니와의 이별을 포함하여 중요한 타자들과의 원치 않는 이별을 통해, 정서적 박탈과 유기불안 스키마가 형성되었음을 나중에야 알게 되었다. 이 스키마는 '내가 필요로 하는 돌봄, 이해, 감정적 지지는 충분히 주어지지 않을 것이다'라는 신념과 '나는 결국 혼자 남겨지겠지'라는 신념을 포함한다. 이는 이후의 삶에서 친구나 의미 있는 타자들과의 관계에서 깊은 신뢰감을 쌓거나 기대는 것에 어려움을 주었다. 그때 이후로 나도 모르게 '누군가는 반드시 떠난다'라는 불안한 믿음을 안고 성장했고, 사랑하는 이가 곁에 있어도 언제든 그들이 떠날 수 있다는 두려움이 감정을 방어하게 만들었다. 이 목소리가 진실이 아니라는 것을 알게 되기까지 꽤 오랜 시간이 걸렸다.

그럼에도 불구하고 내가 회복할 수 있었던 이유 중 하나도 바로 이 '사랑의 기억' 덕분이다. 할머니와 함께했던 소중한 기억들, 김밥을 말아주던 손, 내 볼을 쓰다듬던 주름지고 거친 손바닥의 감촉은 그 자체로 내 안에 사랑받은 사람이라는 흔적을 남겼다. 나는 어느 순간부터 할머니가 나를 버린 것이 아니라, 삶의 마지막 여정을 정리하기 위해 떠나야 했다는 사실을 정확히 이해하게 되었다. 그 이해는 내게 치유의 문을 활짝 열어주었다. 그것은 내 안의 스키마를 교정하고, 새로운 정서적 경험으로 재구성하는 과정이 되었다. 그 후로 나는 조금씩 자유로워졌다. '나는 결코 버려지거나 혼자 남겨진 것이 아니다. 우리가 나눈 사랑과 기억은 여전히 내 안에 남아있다. 그저 이별할 시간이 다가왔을 뿐이라는 사실'을 받아들이는 데 큰 도움이 되었다.

이런 깨달음을 얻고 나면 우리는 누군가에게 사랑으로 다시 다가갈 수 있다. 과거의 상실이 사랑을 불가능하게 만드는 것이 아니라, 오히려 그 깊이를 알게 해주기에 더욱 섬세하고 단단한 사랑을 가능케 한다. 사랑의 기억은 단순한 감정의 흔적이 아니라, 한 사람을 지탱하고 성장하게 하는 살아있는 힘이다.

이제야 나는 전주 할머니를 보내드리던 그날의 어린 나에게 잘했다고 말해주고 싶다.

"재연아, 어린 시절 너의 생명 같았던 할머니를 보내드리는 게 얼마나 힘든 일이었을지 잘 알아. 할머니도 아셨을 거야. 네가 얼마나 슬픈지, 가시는 발걸음을 조금이라도 가볍게 해드리려는 너의 마음도 아셨을 거야. 잘했어, 재연아. 그리고 애썼어. 그 작은 네가 슬픔을 내면에서 소화하고 서러움을 삼켜내느라 애썼어."

그때의 우리는 미처 알지 못했다. 사랑의 부재가 남긴 그 작은 구멍이 훗날 우리 삶에 어떤 그림자를 드리우게 될지. 그러나 점점 알게 된다. 구멍을 메우는 일 역시 또 다른 사랑의 형태로 가능하다는 것을. 그 사랑은 누군가 우리 곁으로 다가와주는 일뿐만 아니라 우리가 스스로 자신을 안아주는 것에서 시작된다는 사실 또한 말이다.

한번은 매우 유명한 의사선생님을 마주한 일이 있다. 그분은 매월 정말 큰 금액을 수많은 아이들을 위해 조용히 후원하고 있었다. 그 사실을 알고 나서 이유를 여쭙자, 어려웠던 어린 시절의 다짐 중 하나가 '나중에 성공하면 꼭 나와 같은 아이들 돕기'였다고 말했다. 더불어 힘든 시기에 자신을 사랑해준 많은 사람들의 이야기를 다정하게 해주셔서 함께 듣던 모두가 눈물을 훔쳐야 했다. 나도 마찬가지라 할 수 있다. 어릴 적 품 안의 따뜻함으로 남아있던 할머니의 손길은 이제 내 마음속 깊은 곳에서 또 다른 사랑의 언어로 살아나고 있다는 사실을 종종 느낀다. 나와 같은 슬픔을 품은 아이들을 마주할 때면 특히 그렇다. 그때 내 마음에 남은 아픈 흔적은 타인에게 건넬 수 있는 배려가 되고, 내면의 어린 나를 감싸주는 어른의 목소리가 된다. 상실을 겪은 이들에게 우리가 해줄 수 있는 말은 '슬퍼하지 마라'가 아니라, '그 슬픔 안에서 숨 쉬어도 괜찮다'라는 위로가 아니겠는가.

사랑은 상처를 내기도 하지만, 사랑만이 그 상처를 돌볼 수 있다.
우리는 사랑으로 상처받았지만, 사랑으로 다시 회복될 수 있다.
언젠가 당신도 누군가의 기억 속에
한줌의 따뜻함, 하나의 온기, 한 줄기 빛으로 남게 되길.
그리고 오늘의 당신 역시,
누군가에게 그런 존재였다는 사실을 잊지 않기를 바란다.

상실의 기억이 당신을 '잠시' 무너뜨릴지라도,
사랑의 기억은 반드시 당신을 '다시' 일으켜 세울 것이다.
그러니 부디 사랑을 멈추지 말기를,
다시 사랑할 용기를 잃지 말기를,
그리고 자신이 받은 사랑의 기억으로,
누군가의 마음을 환히 밝히는 사람이 되어주기를.

- 지금까지 살아오면서 가장 깊이 사랑한 사람은 누구인가요? 또 상실을 가장 크게 느낀 사람은 누구였나요? 그 사람과의 관계가 당신에게 무엇을 남겼나요?

- 상실을 경험한 이후, 당신은 스스로에게 어떤 메시지를 반복하고 있나요? 그 메시지는 지금의 당신에게 여전히 도움이 되고 있나요, 아니면 이제 바꾸어야 할 신념인가요?

숨기고픈 내 모습을 다루는 것

"선생님은 참 따뜻한 분인 것 같아요."

사람들에게 좋은 평가를 받을수록 냉담하고 건조한 내 모습이 들키지 않은 것 같아 안도하면서도 그런 부분이 드러나 이중적인 사람으로 비추어질까 봐 겁이 나기도 했다. 나는 진심을 다하는 따뜻한 사람으로 살고 싶으면서도, 상처받을 것 같은 순간이 다가오면 금세 경직되고 위축되었다. 그러다 보니 상처로부터 나를 보호하기 급급해 상대에게 냉담해지곤 해서 본의 아니게 상처를 줄 때도 있었다. 이런 모습은 나 자신이 '이중적'이라는 생각을 하게 만들었다. 냉담한 내 모습이 나올 때면 따뜻한 나에 대한 믿음마저 흔들리기도 했다. 따뜻하고 냉담한 양극단의 온도차를 다 품을 수 있다면 얼마나 좋을까. 그러나 나는 따뜻한 내 모습을 사랑한 반면, 냉담한 내 모습은 가급적 드러나지 않기를 희망했다. 이러한 마음으로 대화 훈련을 하다 보면 스스로에 대해 좋아하는 점과 싫어하는 점을 구분할 수 있게 된다.

"자신의 장점과 단점 모두를 수용하고 자신의 일부로 받아들이시는 분이 계신가요?"

꽤 많은 사람들이 장점은 타인에게 보이기를 바라지만, 단점은 가급적 보이지 않기를 원하거나 고치고 싶어 했다.

── 우리 내면의 다양한 얼굴

우리 내면에는 이처럼 다양한 모습들이 공존한다. 이러한 내면을 구체적으로 들여다보고, 치료적 관점에서 이해하게 된 계기가 바로 내면가족체계이론IFS, Internal Family Systems Theory을 통한 치료자 과정이었다. 이 이론은 인간의 내면에 다양한 모습들이 "부분parts"들로 존재한다고 본다. 즉 '나는 누구인가'라는 질문에 대한 대답은 하나의 고정된 대표적 자아가 아니라, 서로 다른 감정과 역할을 지닌 모습들이 뒤섞인 채 '내면의 가족'이 함께 살아가고 있다는 것이다.

내가 누군가에게는 친절하고 따뜻한 사람임과 동시에 또 다른 누군가에게는 거리를 두고 차가운 사람이 될 수 있는 이유는, 바로 이 '내면의 부분들'이 서로 나를 보호하려 하기 때문이다. 예를 들어 소중한 이들로부터 사랑받기 위해 친절하고자 노력하는 부분도 있지만, 상처받지 않기 위해 냉담해지는 방식으로 애쓰는 부분도 있다. 겉으로 드러나는 행동은 다르지만, 이 두 부분 모두 '나를 보호한다'는 같은 목적을 갖고 있다. 그렇게 보자면 나 스스로 부끄럽게 생각했던 '냉담한 부분'도 고마운 내 모습의 일부인 것이다. 우리는 이처럼 내면의 갈등과 복잡성을 안고 살아간다. 내면가족체계이론은 이러한 다양한 부분들이 조화를 이루며 존재할 수 있도록 'Self(자기 자신)'의 자리를 회복하라고 말한다. Self는 내면의 여러 모습들을 판단하거나 비난하지 않고, 연민과 이해로 바라볼 수 있게 해주는 중심자아다. 우리는 이 Self의 자리에서 비로소 우리의 양가성을 포용할 수 있다. 차가운 나도, 따뜻한 나도, 잘 웃는 나도, 잘 우는 나도, 외향적인 나도, 내향적인 나도 모두 내 안의 소중한 일부임을 인정하게 되는 것이다. 그때부터 우리는 더 이상 '이중적인 사람'이 아니라, '복잡하고 다면적인 존재'로 자신을 있는 그대로 온전히 받아들일 수 있게 된다.

살다 보면 진심으로 누군가에 대해 궁금한 마음이 들고, 나 자신의 모습을 보면서도 동시에 '내가 왜 그랬을까' 하는 호기심을 느낄 때가 있다. 친절한 내 모습에 스스로 만족하기도 하고 냉담한 내 모습에 연민을 느끼기도 한다. 우리가 스스로 좋다고 생각하거나 나쁘다고 생각하는 모든 것이 사실은 내 안의 모습들이라는 것을 수용할 수 있는 순간들이 온다. 이를 받아들일 수 있게 하는 것이 바로 우리 내면에 자리하는 중심자아의 능력인 것이다.

- "저는 화가 났는데도 자꾸 웃게 돼요. 그렇게 실실 웃는 제 모습 (부분)이 싫어요."
- "저는 친절하다가도 이건 아니다 싶으면 버럭 화를 내요."
- "전 웬만하면 상대에게 맞추지만, 어느 순간 확 연락을 끊어버리기도 해요."
- "저는 다양한 사람들과 잘 지내는데, 유독 한 사람과의 깊은 교제는 어려워요."

의외로 많은 사람들이 자기 안의 양극단적인 모습 때문에 많이 힘들어한다. 이는 정신분석학자 멜라니 클라인이 말한 양가성 ambivalence의 개념과도 연결된다. 클라인에 따르면, 인간은 사랑과 증오라는 상반된 감정을 동일한 대상에게 품을 수밖에 없다. 쉽게 말해 우리는 사랑하는 사람에게 실망하거나 분노할 수 있고, 미워하는 사람에게 연민을 느낄 수도 있다. 클라인의 관점에서 보자면, 성숙한 자아란 이 두 가지 감정을 함께 품는 자아, 즉 한 대상을 전체로 받아들이는 자아를 의미하는 것이 아닐까.

우리는 누군가에게 여전히 '이타적 사람'이고 싶어 하지만, 동시에 '자기를 최우선으로 하는 사람'이길 원한다. 누군가에게 온기를 건네다가도 이내 돌아서며 차가워지는 스스로의 모습을 부끄럽게 여기지 않는 노력을 해보면 어떨까. 그런 순간에야 비로소, 우리의 양가성은 미숙함이 아니라 인간됨의 지표일 수 있다는 것을 이해하게 된다. 만약 당신의 양가적인 모습을 발견한다 해도 당신이 이상해서가 아니라는 점을 반드시 기억하기 바란다. 당신이 살아온 상처와 관계를 통해, 당신을 지키기 위해 만들어진 수많은 '부분'들이 지금도 열심히 당신을 보호하고 있다는 증거다. 만일 당신이 사랑을 주다가 갑자기 마음을 닫게 되었다면, 당신의 어떤 부분이 "이만큼 주었으니 그만해야 해. 더 주다간 다칠 거야"라고 신호를 보내고 있는 것이다. 이는 당신을 더 큰 상처로부터 보호하려는 마음의 방식이다. 즉, 우리 내면의 양가적인 움직임으로 인해 발생하는 모순됨이야말로 우리 존재의 자연스러운 일부이며, 우리를 보호하고 살아남게 해준 방식이었다고 생각해보기 바란다.

─── 우리의 양가성을 받아들이는 것

양가성은 미숙함의 징표가 아니라, 생존의 흔적이다. 우리가 이중적이어서가 아니라, 상처와 두려움 사이에서 균형을 잡으려 했던 결과

일 수 있다. 이 양가성을 부정하거나 없애려 하기보다, 그것을 '있는 그대로 이해하는 것'이 회복의 시작이다. 그러기 위해서는 다음 세 가지 과정이 필요하다.

첫 번째, '어떤 감정이든 나에게 이유가 있다'고 인정하는 것이다.
내면가족체계이론에서는 자기 자신을 비판하거나 판단하지 않고, 모든 감정과 행동을 '이해'하려는 태도를 강조한다. 당신이 누군가에게 냉정하게 굴었다면, 그 순간 '무엇이 당신을 두렵게 했는지'를 먼저 묻는 것이다. "왜 그랬어?" 대신 "무엇이 그렇게 하게 했을까?", "그렇게 냉담해지지 않았다면 어떤 일이 일어날까 봐 두려웠던 걸까?"를 물어보는 것이다. 이렇게 묻는 태도가 자기 수용의 문을 연다.

모든 감정에는 '보호자'가 있다. 우리가 사랑하는 사람과의 관계에서 방어적인 행동이나 갑작스러운 감정이 튀어나오는 데는 다 이유가 있다. 어쩌면 그 이면에는, 오래전 상처받고 의식의 저편에서 추방된 아픈 아이가 있을지도 모른다. 곁에는 그 아이를 지키기 위한 또 다른 내면의 보호자가 함께 존재한다. 예를 들어, 냉정하게 선을 긋는 우리 내면의 한 부분은, 과거에 너무 많은 상처를 받았던 아이를 대신해 앞에 나선 '보디가드'일 수도 있다. 이 관점으로 나를 바라본다면, 우리는 자기혐오 대신 자기 연민을 배울 수 있지 않을까.

두 번째, 'Self(자기 자신)'라는 중심으로 돌아온다.

우리 안에서 다양한 모습, 즉 부분들이 존재하지만, 내면가족체계이론에서는 궁극적으로 'Self'가 이 모든 부분들을 다 품을 수 있는 힘이 있다고 말한다. Self는 판단하지 않고, 호기심과 연민의 눈으로 내면의 다양한 모습을 따뜻하게 바라보며, 우리 내면의 모든 부분들의 역할을 존중하면서 조화롭게 이끌어는 내면의 리더다. 자기 자신을 안정적인 'Self의 시선'으로 바라보는 연습은, 양가적인 감정 속에서도 흔들리지 않고 중심을 잡을 수 있게 해준다.

세 번째, 감정의 파도 속에서 '지금의 나'를 놓치지 않는다.

감정은 늘 변한다. 오늘은 좋아하지만, 내일은 미워할 수도 있다. 하지만 그런 감정의 파도 속에서도 '내가 누구인가를 잊지 않는 연습'이 중요하다. 여기서 말하는 '나'는 감정에 따라 흔들리는 내가 아니라, 본질적인 내 모습을 의미한다. 수시로 감정이 변한다고 해서, 나의 핵심 본질이 사라지는 것은 아니다. 감정은 흘러가지만, 나는 파도를 바라보는 등대처럼 자리에 머무르며 침착하게 있을 수 있다.

결국 중요한 것은, 우리는 완전해지기 위해 살아가는 것이 아니라, 복잡한 나를 이해하고 받아들이기 위해 살아간다는 사실이다. 양가성은 나의 모순이 아니라, 나의 진실이다. 그리고 그 진실을 품을 수 있을 때 우리는 더 깊이 사랑할 수 있게 된다.

만일 당신이 누군가에게 사랑을 건넬 줄 아는 사람이라면, 스스로에게도 같은 사랑을 나누어주길 바란다. 따뜻함과 두려움, 다정함과 회피 사이에서 갈등하는 자신을 비난하기보다는, 그렇게라도 살아남으려 애쓴 자기 자신에게 '괜찮다'고 말해줄 수 있기를 바란다. 결국 우리가 해야 할 일은 단 하나일지도 모른다. 내 안의 수많은 나를 따뜻하게 바라보는 것. 그리고 그 모든 모순 속에서도 사랑할 수 있는 존재임을 스스로에게 허락하는 것.

- 당신은 어떤 순간에 '양가적인 감성'을 가장 많이 느끼나요? 그 감정 안에서 당신을 지키려 했던 내면의 목소리를 들어본 적이 있나요?

- 당신이 밀어내거나 받아들이지 못한 '한 조각의 나'가 있다면, 그 조각을 오늘 하루만큼은 인정해주고 받아들일 수 있을까요?

죄책감이 사랑으로

변하기까지

"엄마 언제 와요?"

아들이 물었다. 당시 여섯 살이었던 아들에게는 집에 없는 엄마를 기다리는 간절한 물음이었다. 그리고 그날의 이 질문은 유독 슬펐다. 전날 밤 아들은 탈수 증세를 보였고, 나는 의식을 잃은 아들을 안고 응급실로 향했다. 다음날 새벽, 수액을 맞고 간신히 정신을 차린 아들을 어머니께 맡기고 강의를 가야 했다. 가지 말라고 울던 아이를 두고 갈 수밖에 없었던 내 마음은 무척 힘들었다.

"왜 이렇게 일찍 오셨어요?"

어느 기업의 강의가 있던 그날, 출근 시간대와 겹쳐 강의 시간에

늦을까 봐 40분 일찍 도착했다. 그런데 교육 담당자는 기분이 안 좋았는지 무척 짜증스러운 말투로 그렇게 말했다. 나 역시 아픈 아이를 뒤로 하고 강의를 와야 했던 탓에 괜스레 서러움이 솟구쳤다. 애써 멋쩍게 웃으며 "늦을까 봐서요"라고 말하고는 휴대폰을 만지작거리며 화장실로 향했다. 그러고는 변기 뚜껑을 덮고 앉아서 아들에게 전화를 걸었다.

"엄마, 언제 와요?"

"엄마, 일 왔으니까 끝나고 갈 수 있지. 할머니 말 잘 듣고 있어. 알았지?"

"엄마, 빨리 와요. 나 아픈데…."

"그래, 그래."

언제 오냐는 아이의 질문은 시간을 묻는 말이 아니었다. 그건 관계의 부재를 슬퍼하는 가장 어린 방식의 표현이었다. 그런 질문을 들으면서도 일터로 향해야 하는 엄마에게, 아이의 물음 하나하나는 마음에 남는 파편이 된다.

아들과의 통화를 마치고 난 뒤 마스카라가 다 번질 만큼 소리 죽여 울고 말았다. '나는 도대체 뭘 하고 있는 걸까. 이렇게 사는 게 무슨 의미가 있나. 아들 곁에 있어주지도 못하는데, 뭐가 어디서부터 잘못된 걸까.' 엄마하고만 사는 아이인데, 아프고 힘들 때 곁에 있어주지도 못하는 엄마라는 생각이 엄마로서의 효능감을 땅바닥으로 내동댕이쳤다.

그날을 나는 잊을 수 없었으며 동시에 잊지 않기로 결심했다. 당시 나는 몇만 원을 받는 강사에 불과했다. 눈물을 닦고 다시 화장을 하고는 깊은 한숨을 여러 번 내쉰 뒤, 가만히 앉아 생각했다. 앞으로의 내 인생이, 엄마가 필요할 때 아이 곁에 있어주지 못하는 엄마로 살아야 한다면 적어도 아들이 먹고 싶어 하는 것, 배우고 싶은 것만큼은 해주고, 가고 싶은 곳만큼은 보내줄 수 있는 엄마가 되어야겠다고 결심했다. 이제부터 사랑하는 아들을 위해 내가 능력을 갖추는 것을 목표로 삼자고 다짐했던 그때의 기분과 그 장소를 나는 아직도 또렷하게 기억하고 있다.

이 장면은 단지 한 개인의 슬픈 에피소드가 아니라고 생각한다. 현대 사회의 수많은 부모, 특히 워킹맘이 매일같이 겪는 갈등이기도 하다. 도로시 디너스타인$^{\text{Dorothy Dinnerstein}}$이나 낸시 초도로우$^{\text{Nancy Chodorow}}$ 같은 여성주의 심리학자들은 전통적으로 양육의 책임이 여성에게 전가된 사회 구조 속에서 여성이 일을 하게 될 경우 생기는 '이중 부하$^{\text{double burden}}$'가 개인에게 심리적 내상을 남긴다고 지적했다. 이로 인해 수많은 워킹맘들은 늘 '어딘가에서 충분하지 못한 사람'이라는 정체성의 위기를 경험한다. 물론, 아빠들도 마찬가지일 수 있다. 언젠가 늦은 밤 잠이 오지 않아서 집 주변을 산책하고 있었다. 대리 기사로 보이는 한 중년 남성이 외발자전거를 타다 말고 멈추어 전화를 받았다. 나는 그분이 한 자녀의 아빠라는 것을 알 수 있었다.

"응, 아빠 아직 일하고 있어. 좀 더 있어야 들어가니까 무서우면 불 켜놓고 자고 있어. 아빠가 곧 들어가서 불 꺼줄 테니까."

다시 외발자전거를 타고 다급히 아파트 단지를 벗어나 어디론가 향하는 그분의 뒷모습을 보면서, 부디 그분이 이런 밤에는 자녀와 함께 잠자리에 누워 편안히 잠들 수 있기를 바랐던 기억이 있다.

—— 죄책감을 넘어서서 사랑을 다시 표현하기

이처럼 부모가 아이를 충분히 돌보지 못했다는 죄책감은 단순한 감정적 반응이 아니다. '아이의 안정기지 역할을 충분히 해주지 못했다'는 죄책감을 내면화하기도 하고, 이는 '좋은 부모가 되지 못했다'는 자기비판적 내면 대화로 이어지곤 한다.

죄책감이라는 감정 자체를 부정하거나 떨쳐버릴 수는 없다. 그러나 그 감정을 무조건적인 자책의 방식이 아니라 나의 가치와 우선순위를 점검하는 계기로 삼을 수 있다면, 그것은 성장의 재료가 될 수 있다. 나에게도 그날의 서러움이 없었더라면, 내 죄책감은 단순한 죄책감으로만 남아있었을 것이다.

바쁜 일상을 살아내야만 하는 부모들에게는 절대적으로 시간이 부족하다. 자녀의 일상, 순간순간의 기쁨과 환희, 고통과 어려움 속에 온전히 함께 머물러주지 못한다. 그래서 많은 부모들이 그 부재의 자리를 미안함과 죄책감으로 대신 채워간다.

정신분석학자 도널드 멜처Donald Meltzer는 죄책감을 자신에 대한 비난이 아니라, 타인을 향한 애착의 깊이에서 비롯된 감정이라고 보았다. 다시 말해, 죄책감을 느끼는 이유는, 그 관계가 얼마나 소중한지를 알고 있기 때문이며, 그 결과 마음이 아픈 것이다. 같은 맥락에서 자기심리학자 하인츠 코헛Heinz Kohut은 죄책감이라는 감정을 품고 있다는 사실 자체가 자아의 통합과 성장을 위한 잠재력을 지닌다고 보았다. 이상적인 자기대상selfobject ideal이 존재하기에, 우리는 현실의 나와 그 이상 사이에서 괴리를 느끼며 죄책감을 경험하는 것이다. 좋은 이상이 없다면 우리에게 과연 실망과 죄책감 같은 감정이 존재할 수 있을까? 이 관점을 따르면, 부모로서 느끼는 죄책감은 결코 스스로를 부끄러워해야 할 감정이 아니다. 오히려 그 감정 속에는 '더 좋은 엄마, 더 좋은 아빠가 되고 싶다'라는 간절한 사랑의 욕망이 담겨 있다. 죄책감을 억누르거나 부정하기보다, 따뜻한 돌봄과 연결의 동력으로 바꾸어간다면 우리는 한 걸음 더 성장할 수 있다.

── 죄책감의 변화

1. 죄책감을 '비난'이 아닌 '신호'로 바라보기

심리학자 브레네 브라운Brené Brown은 죄책감과 수치심을 구분하며, 죄책감은 '내가 한 행동이 문제다'라고 느끼는 것이고, 수치심은 '내가 잘못된 사람이다'라고 느끼는 것이라고 설명한다. 즉, 수치심은 자아(Self)에 관한 초점이고 죄책감은 행동에 대한 초점이다. 죄책감은 우리가 변화할 수 있다는 신호로 기능한다. '내가 그렇게 말한 건 잘못이었어'라는 죄책감은 곧 '아이를 다시 안아줘야겠다'라는 사랑의 행동으로 이어질 수 있다.

2. 아이에게 '완벽한 부모'가 아니라 '충분히 좋은 부모'가 되겠다는 다짐

도널드 위니코트가 말한 '충분히 좋은 어머니good enough mother'는 완벽한 양육을 추구하지 않는다. 오히려 실패와 실수를 통해 아이가 현실을 배우는 과정을 중시한다. 아이는 모든 욕구가 즉각 충족되지 않는 현실 속에서 안정된 애착을 경험하며 자율성과 회복탄력성을 키워간다. 그러므로 부모가 자신의 부족함을 용인하고, 그 부족함 속에서 부모의 애쓰는 노력을 아이가 경험하는 것 자체가 양육의 핵심이라 할 수 있다.

3. 죄책감을 사랑의 언어로 바꾸어 표현하기

"엄마가 너무 바빠서 함께 시간을 못 보내서 미안해"라는 말 대신, "오늘 하루 네 생각을 정말 많이 했고, 지금 너랑 이 시간을 보내게 돼서 정말 기뻐"라고 말해본다. 죄책감은 아이에게 죄의식이 아닌, 부모의 진심을 전하는 따뜻한 말로 바뀔 수 있다. 이런 말하기 훈련은 내 마음도 다독여준다.

4. 나 자신을 위한 연민 키우기

심리학자 크리스틴 네프Kristin Neff가 제안한 자기 연민self-compassion의 태도는, 실수하고 미숙한 자신에게, "괜찮아, 너도 인간이야. 그래도 계속 사랑하고자 애쓰는 네가 있어 다행이야"라고 말해주는 방식이다. 이는 죄책감의 해독제가 될 수 있다. 자기 연민은 내가 부모로서 무너지지 않도록 버텨주는 정서적 지지대가 된다.

부모는 늘 부족하다. 그래서 때로는 죄책감에 잠기기도 하고, 아이에게 좋은 존재가 되지 못할까 두려워하기도 한다. 그러나 모든 감정의 기저에는 사랑하고 싶은 마음이 있다. 사랑해서 미안하고, 미안해서 더 잘하고 싶은 마음. 그렇게 우리는 죄책감을 사랑의 언어로 바꿀 수 있다.

물리적으로 아이 곁에 오래 머물지 못하더라도 아이는 기억할 것이다. 자주 웃어주던 순간을, 짧은 시간이지만 따뜻하게 안아주던 엄마의 팔을, 그리고 "엄마가 미안해서가 아니라, 너를 너무 사랑해서 여기 있다"라고 말해주던 그 눈빛을.

당신의 죄책감이, 더 깊은 사랑으로 이어지길 바란다.
당신의 미안함이, 더 다정한 언어로 표현되길 바란다.
그리고 언젠가 당신 자신을 향해서도 말해줄 수 있기를.
"당신은 참 괜찮은, 충분한 부모였어요."

- 당신이 지금까지 품어왔던 죄책감은 어떤 사랑에서 비롯된 감정이었나요? 그 죄책감을 떠올릴 때, 당신은 무엇을 더 잘하고 싶었나요?

- '부족한 나'라는 생각이 들 때, 당신은 스스로에게 어떤 언어를 건네고 있나요? 그 언어가 혹시 당신을 더 고립시키고 있진 않나요? 이제는 그 언어를 '더 사랑하고 싶은 나'의 언어로 바꿔볼까요?

> **아버지도
> 잘하고**
>
> **싶었을
> 것이다**

~~~~~

어느 더운 여름 날, 아들이 수영 레슨을 마치고 나왔다. 젖은 머리에 하늘색 안경을 쓴 아들은 정말 사랑스러운 장난꾸러기였다. 한 손에 수영 가방을 들고 나온 아이는 배를 어루만지며 말했다.

"엄마, 배고파요."

고기를 좋아하는 아들을 위해 맛있다는 고깃집으로 향했다. 제법 자란 아들이 가격표를 보고는 큰 눈을 더 동그랗게 뜨고 왜 이렇게 비싸냐고 물었다. 나는 아들이 커가면서 물가와 돈에 관심을 갖기 시작한 게 신기했다. 맛있게 먹어도 괜찮을 텐데, 아들은 종종 가격을 보며 자신이 먹을 음식이나 살 물건에 대해 가치 평가를 했다. 그럴 때면 나는 슬그머니 가격표를 덮어두고, 그저 맛있게 먹으라는 말을 했다. 고기를 먹던 아들이 물었다.

"엄마, 나중에 제가 아빠가 되면, 엄마처럼 제 아이한테 이렇게 좋은 소고기를 맘껏 사줄 수 있을까요?"

"그럼. 당연하지. 그런데 그건 왜 물어? 못 사줄까 봐 그래?"

"네. 비싸잖아요. 제가 돈을 많이 못 벌 수도 있으니까요."

"그래, 우리가 누리는 일상이 모두에게도 일상은 아니겠지?"

아들과의 짧은 대화는 고기를 먹느라 잠시 멈추었지만, 내 기억은 수십 년 전, 고기를 구워 내 접시에 올려주던 아빠와 함께였던 은평구 대조동의 작은 고깃집으로 이동했다.

지금 나는 감사하게도 사랑하는 아들에게 소고기를 사줄 수 있는 형편이 된다. 그런데 불현듯 그때의 아빠에게는 그럴 돈이 충분치 않으셨겠구나 하는 생각이 스쳤다. 우리는 대개 집 근처 정육점에서 돼지고기를 사와 구워 먹곤 했다. 아주 가끔은 아빠가 퇴근하시면서 오빠랑 나를 데리고 고깃집에 갔다. 고기 3인분과 소주 한 병을 시켜서 고기는 우리 남매에게 거의 다 주시고, 아빠는 김치를 안주 삼아 소주를 드셨다. 많이 먹으라는 아빠 말에도 불구하고, 오빠와 나는 고기를 더 먹고 싶다고 말하지 못했다. 그때 아빠는 소주 한 잔을 들이키시며 어떤 생각을 하셨을까.

── 그때는 몰랐던 마음을
이제야 알게 되었다

오래전 머릿속에 남아있는 몇 개의 기억 조각은, 죄책감이 되어 내 가슴속에 파고들었다. 나는 아빠를 미워하고 원망했던 많은 날들에 가려 아빠의 고통과 어려움을 제대로 바라보지 못했다. 삶의 한쪽 면이 강할 때, 그 반대쪽은 현실임에도 불구하고 인지하지 못한 채 무의식 저편에 숨어버리곤 한다. 그러다 삶의 여정에서 문득, 갑자기 그러나 너무나 생생하게, 그 기억은 다시 나타나 고통을 안겨주기도 한다.

그날 저녁, 아들의 해맑은 얼굴을 보며 떠오른 말이 있다.
"사랑은 위에서 아래로 흐른다."
우리나라에서는 이를 '내리사랑'이라고 불러왔다. 부모가 자식에게 주는 사랑은 거스를 수 없는 본능처럼 여긴다. 그래서 자식은 부모를 다 이해하지 못해도, 부모는 자식을 먼저 품고 감싸 안는 존재라고 믿어왔다.

어릴 적 나에게 아빠는 두렵기만 한 존재였다. 하지만 시간이 흐른 뒤에야 단순히 무섭기만 한 존재가 아니라는 것을 알게 되었다. 차라리 정말 무섭기만 했다면, 마음 편히 미워했을 텐데, 아빠는 때로는 가엾고, 때로는 다정했고, 때로는 놀라울 만큼 섬세하게 나를 챙겨주었다.

고기 앞에서 나는 아버지의 마음이 어땠을지 헤아려본다. 왜 그렇게 말없이 고기를 굽고, 술잔을 들이켰는지를. 부모가 되고 나서야, 그 무게를 조금은 짐작할 수 있게 되었다.

유교 문화에서 부모의 역할은 단순한 부양을 넘어 도덕적 모범이자 자애의 본보기였다. 자식을 위해 희생하는 것을 당연하게 여겼고, 그 사랑은 대체로 '보살핌'과 '헌신'의 형태로 나타났다. 말보다는 행동으로, 설명보다는 책임으로 전해진다. 그러니 그 시절, 아버지가 우리 남매에게 주려던 사랑 역시 말로는 쉽게 표현하기 어려웠을 것이다. "많이 먹어라"라는 말 한마디와 슬그머니 내 접시에 고기를 얹어주시던 손길 안에 아버지의 사랑이 담겨있었을 것이다.

눈망울이 유독 맑은 아들을 보면서 말했다.
"많이 먹어. 나중에 아빠가 되어 아이들에게 고기를 사줄 때, 소고기든, 돼지고기든 상관없단다. 사랑하는 마음이면 무엇이든 다 맛있고 행복한 기억으로 남게 될 거야."

그날 아들과의 저녁이 내 마음에 오래도록 남은 건, 아이가 소고기를 먹으며 행복해하던 모습 때문만은 아니었다. 아들이 그런 마음을 가진 아빠가 되겠다고 꿈꾸는 걸 들으며, 나는 비로소 한 세대의 사랑이 또 다른 세대로 안전하게 흘러가고 있다는 걸 느꼈다. 그리고 그때가 바로 내가 비로소 아빠의 사랑을 받아들인 순간이었다는 걸 아들은 결코 몰랐을 것이다. 지금도 그럴 것이다. 시간이 흘러 아들이 아빠가 되면 그제야 알까.

'엄마도, 이제야 할아버지의 그 아픈 사랑을 알게 되었거든.'
아들에게 하지 못했던 말이 아직 가슴속에 남아있다.

- 당신이 부모로부터 받은 사랑 중 이제서야 깨달은 것이 있다면 무엇인가요?

- 당신이 자녀 혹은 사랑하는 사람에게 남기고 싶은 '사랑의 방식'은 어떤 모습인가요?

사랑의 첫 얼굴, 그 이후의 이야기

'어떻게 하면 저 사람의 마음에 조금이라도 더 들 수 있을까?'

누군가를 마음에 담게 되면 어느새 자연스럽게 떠오르는 질문이다. 사랑이 가져다주는 놀라운 변화 중 하나일지도 모른다. 어쩌면 말도 못하는 아기 때 엄마의 눈초리를 보며 본능적으로 했던 질문일 것이고, 의식적으로는 두 번째로 경험하는 이성 간의 질문일 수 있을 테니까. 나에게도 이 질문을 하게 된 최초의 순간이 있었다.

학창시절 가을 소풍, 오락부장이었던 친구가 단체게임에서 진 내 손을 잡아끌며 노래를 부르라고 했다. 자신감이라고는 털끝만큼도 찾아볼 수 없던 나는 많은 아이들 앞에서 양처럼 떨리는 목소리로 당시 큰 화제였던 드라마 〈질투〉의 주제곡을 불렀다.

"넌 대체 누굴 보고 있는 거야. 내가 지금 여기 눈 앞에 서 있는데~."

그때였다. 동그랗게 둘러 앉은 아이들 원 바깥, 나무에 기대어 서 있던 친구와 눈이 마주쳤다. 학교 복도에서 아무 일 없이 수백 번은 스쳐지나갔던, 모른다고도 안다고도 할 수 없는 애매한 사이가 그 찰나에 깊은 인연으로 바뀌어버렸다.

다음날부터 모든 것이 달라졌다. 머리 스타일과 옷차림은 물론, 학교 복도를 걸을 때의 자세, 그 친구의 교실을 지나갈 때의 시선, 친구들과 말을 할 때의 목소리 톤이나 세기까지. 심지어 내 생각조차도 그 아이가 좋아할 법한 기준에 맞춰 조금씩 바뀌기 시작했다. 그때의 나는, 마치 나 자신이 존재하지 않는 것처럼 모든 기준을 그 아이에게 맞췄다. 정성을 담아 편지를 쓰고 초콜릿을 선물했던 날, 그 친구가 혼자 초콜릿을 먹으며 내 편지를 읽고 행복해했다는 이야기를 전해들었다. 그날 밤, 나는 너무나 행복해 밤새 웃음을 멈추지 못했다. 내 일상이 타자의 세계로 들어가는 경험은 난생처음이었고, 그 경험은 너무나 강렬했다. 지금 돌이켜봐도, 그건 분명한 어린 날의 첫사랑이 시작되는 순간이었다.

─── 사랑은 나에서 너로의 이행이다

어떤 형태의 사랑이라 할지라도, 사랑은 궁극적으로 이기심에서 이타심으로의 전환이다. 자기중심적이었던 한 존재가 사랑을 통해 타자의 세계로 이끌려 들어가고, 자신의 욕망을 넘어 타인의 기쁨을 먼저 헤아리게 되는 놀라운 변화. 이것은 단지 관계의 기술이 아니라 존재의 변화이며, 인격이 성숙해지는 시작점이라 할 수 있다. 로버트 스턴버그Robert Sternberg의 삼각이론에 따르면, 사랑은 열정passion, 친밀감intimacy, 헌신commitment의 세 가지 요소로 구성된다고 한다. 내 첫사랑이 그러했듯, 첫사랑은 대개 열정과 친밀감의 강렬한 조합으로 시작하지만, 안정적인 사랑의 형태로 지속되려면 결국 헌신의 단계로 나아가야 한다. 헌신은 나를 타인의 삶에 기꺼이 내어주는 결정이며, 이는 단순한 설렘이 아닌 선택의 무게와 책임을 포함하는 것이다.

전 세계를 강타했던 〈타이타닉〉이라는 영화가 있다. 이 영화는 1912년 실제 있었던 타이타닉호 침몰 사건을 배경으로 하는데, 가난한 화가 잭과 상류층 여성 로즈는 우연히 만나 깊은 사랑에 빠진다. 제한적인 '배'라는 공간에서 나누는 이들의 사랑은 갑작스러운 배의 침몰이라는 사건과 함께 위기에 부딪힌다. 그 혼돈 속에서 잭과 로즈는 탈출을 시도하지만, 방법을 찾지 못한 잭은 좁은 목재 판 위에 로즈만 올려두고 자신은 차가운 바닷물 속으로 몸을 맡긴다. 그리고 그녀에게 "살아서 우리가 약속한 삶을 살아내라"고 말한다. 결국 구조된 로즈는 깊은 상실에도 불구하고 잭과의 약속을 지키며 삶을 진실하게 살아낸다. 그녀는 삶의 마지막 순간까지 잭을 기리고, 느끼고, 기억한다.

영화를 처음 본 20대에서 40대에 이르기까지, 나는 이 영화를 세 번 이상 보면서 '사랑의 본질'에 대해 생각하게 되었다. 누군가를 위해 내 목숨까지 내어줄 수 있는 그 절대적인 헌신. 그것은 열정과 친밀감을 넘어서, 가장 깊고 성숙한 사랑의 단계에 해당한다. 스턴버그의 이론에 의하면, 이 세 가지 요소가 균형을 이룰 때 비로소 '완전한 사랑'이 된다. 〈타이타닉〉에서 잭이 보여준 사랑은 완전한 사랑의 전형이었다. 에리히 프롬은 《사랑의 기술》에서 "사랑은 단순한 감정이 아니라, 결단이며 헌신이고, 책임"이라고 말한다. 그에게 사랑은 누군가를 소유하거나 의존하는 것이 아니라, 성숙한 인간이 삶의 한 방식으로 선택하는 태도다. 사랑은 내가 성장하고 싶은 열망과 더불어, 타인을 위해 더 나은 존재가 되고 싶은 열망을 함께 품는 상태다. 이렇게 사랑은 자신을 넘어서 타자를 바라보게 한다. '나'라는 경계가 느슨해지고, 상대의 고통이 곧 나의 고통처럼 느껴지는 경험을 하게 된다. 첫사랑의 강렬함이 우리를 사로잡는 이유는 단지 그 감정이 새롭기 때문이 아니라, 그 안에서 진정한 나를 발견하기 때문이다. 사랑은 거울처럼 나를 비추고, 때로는 나 자신도 몰랐던 나의 이타성과 용기를 꺼내게 한다. 그 과정에서 보잘 것 없었던 한 사람이 누군가를 위해 능력을 발휘하는 특출난 사람이 되기도 한다.

─── 깊이 사랑해본 사람은 다르다

'사랑? 다 부질없지. 언젠간 떠날 사람인데 뭘 그렇게 애쓰나.'
 '어차피 외로운 인생, 헌신이며 깊은 사랑이 다 뭐야. 그냥 적당히, 덜 상처받는 게 현명한 거야.'
 현대를 사는 우리는 "너무 바쁘다", "정신 없었어", "죽겠다", "하루가 왜 이렇게 짧지?" 같은 말을 달고 살며 하루를 보낸다. 속도에 쫓기고, 해야 할 일에 떠밀리며, 관계는 자꾸만 뒤로 미뤄진다. 시급하지는 않지만, 사실은 가장 중요한 사람과의 시간도 자꾸만 밀려난다. 그러다 갑자기 마치 엔진이 꺼진 차처럼, 우리의 몸과 마음이 멈춰 선다. 그 멈춤 속에서, 우리는 뒤늦게 스스로에게 묻는다.
 '나는 지금까지 무엇을 위해 살아왔던 걸까?'

그 순간 우리를 다시 일으키는 건 사람이다. 불안과 두려움에 휩싸이고, 무력함에 빠져있을 때 "이 모든 것도 지나가"라며 조용히 손을 내밀어주는 한 사람. 그 사람의 눈빛, 목소리, 작은 체온은 우리 안의 어둠을 이끌고 밖으로 나올 수 있는 길이 된다. 그 사람이 연인이라면, 그것은 '사랑'이 된다. 누구에게나 그런 사랑은 존재한다. 내가 흔들릴 때마다 잡아주는 사람. 방황하는 나를 고요히 바라봐주고, 지친 우리의 손을 가만히 잡아주는 사람. 신기하게도 인생은 그런 사람을 꼭 보내준다. 친구의 얼굴로, 가족의 모습으로, 때로는 아무도 기대하지 않았던 낯선 이의 말 한마디로. 그리고 사랑하는 사람으로 말이다.

기억에 남는 사람이 있다. 그녀는 한때 누군가를 진심으로 사랑했고, 기꺼이 자신의 모든 것을 내어줄 수 있었다고 말했다. 그러나 그 사람은 그녀를 두고 떠났고, 남겨진 그녀는 기꺼이 사랑했던 그 모든 시간이 허망하게 느껴졌다. 다시는 누군가를 이토록 진심을 다해 사랑할 수 없을 것 같다고 했다. 그 결심이 얼마나 굳고 단단하던지 지인들도 그녀에게 어떤 위로의 말을 건넬 수 없었다. 그 후 그녀는 스스로를 돌보는 일에 집중했다. 일에 몰두했고, 결과는 정직했다. 성취는 온전히 그녀의 몫이 되었고, 노력한 만큼의 보상은 그녀의 자존심을 다시 세워주었다. 그녀는 이제 혼자서도 충분히 잘 살아갈 수 있다는 확신을 갖게 되었다. 사람들은 그녀를 보며 '멋지게 혼자 잘 살아간다'라고 감탄했다.

그러나 일이 인생의 전부가 될 수 있을까? 일이 삶을 지탱해주는 중요한 기둥이 될 수는 있어도, 마음 깊은 곳에 온기를 데워주는 존재는 '사람'이라는 것을 우리는 모두 알고 있을 것이다. 의미 있는 프로젝트가 삶을 채우고 있어도, 어두운 방 안에서 깊은 숨을 내쉴 때, "너 괜찮아?"라고 물어주는 단 한 사람이 그리울 때가 있다. 그 고요한 정적 속에 울리는 공허함은, 결국 일이 채울 수 없는 감정의 틈으로 남는다.

심리학자 마틴 셀리그먼Martin Seligman은 긍정심리학의 핵심 모델인 PERMA 이론에서 인간의 행복을 구성하는 다섯 가지 요소 중 하나로 관계relationships를 꼽았다. 긍정 감정positive emotions, 몰입engagement, 의미Meaning, 성취accomplishment도 중요하지만, 그 모든 것을 비티게 해주는 힘은 '깊이 연결된 사람 간의 관계'에서 비롯된다는 이야기다. 앞선 사례의 그녀가 혼자 이룬 성취는 찬란하다. 그러나 누군가에게 기대어 "오늘 좀 힘들었어"라고 말할 수 있을 때 인생은 더욱 깊어지는 법이다. 아무리 단단한 사람도 누군가의 품에선 무너질 수 있어야 한다. 눈물을 흘릴 수 있어야 하고, 말없이 따뜻한 손을 잡아줄 사람이 곁에 있어야 한다. 그렇게 서로의 존재가 서로의 안식처가 되는 것, 그 사랑이야말로 인간이 존재하는 가장 온전한 방식이 아닐까.

언젠가 그녀에게 다시 사랑이 찾아온다면 부디 거부하지 말고, 겁먹지 말고, 담대하게 그 사랑을 환영하기를 바란다. 예전처럼 자신을 모두 내던지지 않으면서도 깊이 사랑할 수 있기를 바란다. 그

때 그녀는 사랑이 주는 위로와 따뜻함이 얼마나 귀한 것인지 알 수 있지 않을까. 사랑은 어쩌면, 다시 해보려는 용기 하나만으로도 우리를 구원하는 힘이 된다.

우리는 모두 혼자 살아간다고 믿기 쉬운 세상에 산다.
하지만 그것은 오만한 착각일지도 모른다.
사랑이 있기에 우리는 쓰러지지 않고,
사랑이 있기에 우리는 다시 일어선다.
사랑은 늦게 오기도 한다. 그러나 반드시 온다.
그때, 당신이 마음을 열어 맞이할 수 있기를 바란다.

- 당신이 지쳐있을 때 조용히 손을 잡아준 사람은 누구였나요? 그 사람이 당신에게 준 사랑은 어떤 방식으로 당신을 회복시키고 다시 살아가게 했나요?

- 사랑이 떠난 자리에 남겨졌을 때, 당신은 그 상실을 어떻게 견뎠나요? 그 아픔 속에서 다시 사랑을 믿게 된 순간이 있었다면, 그것은 어떤 경험이었나요?

모두가 친구라

할 순 없다

"저는 사회적 교류를 위한 단체 모임에 가는 걸 좋아하지 않아요. 불편하거든요."

"그 불편함을 좀 더 말해볼까요?"

"저를 설명해야 하고, 그들의 반응을 살펴야 하는 그런 게 싫어요. 말을 하다 보니… 아마도 제가 환영받지 못하는 기분을 느끼는 것 같기도 해요."

"음, 환영받지 못한다. 그랬던 경험을 떠올릴 수 있나요?"

"전학 가던 날이 기억나요."

"좋아요. 그날 이야기를 해보세요."

정신분석을 받던 시간에 떠올랐던 기억이다.

나는 초등학교만 세 군데를 옮겨다녔다. 6학년을 마무리할 즈음, 세 번째 전학을 갔다. 내가 전학을 간 전날이 그 학교의 시험날이었다. 담임 선생님은 동그란 안경을 쓴 중년 여성이었는데, 심드렁한 목소리로 나에게 시험지 뭉치를 건넸다.

"어제 우리 시험이었는데, 시험 한번 보자. 얼마나 공부하는지 좀 보자."

그 선생님은 이제 막 전학을 온 아이에게 왜 그랬을까. '얼마나 공부하는지 좀 보자'라는 그 말이 뇌리에 박혀 점점 크게 들리기 시작하다 머리가 멍해졌다. 그렇게 전학 간 첫날, 교실 구석에 앉아 책가방을 내려놓자마자 둘둘 말린 시험지 뭉치를 받아들었다. 학습 실력이 형편없던 내가 처음 받아든 시험지는 수학이었고, 나는 얼어붙고 말았다. 아이들은 신기한 듯 내 주변을 삥 둘러쌌다. 아이들이 점점 모여들어 급기야 내 어깨와 팔에 아이들의 몸이 닿기 시작했다. 진땀이 흐르기 시작했고, 나는 단 한 문제도 제대로 풀 수 없었다. 그때 학급 반장이었던 남자아이가 말했다.

"야. 얘 바본가 봐. 이걸 못 푸네."

그 아이는 큰 소리로 말하며 크게 웃었다. 아이들도 이내 따라 웃기 시작했다. 나는 그날 이후 그야말로 '바보'가 되어버렸다.

"그 후로 학교 생활이 어땠나요?"

"기억이… 안 나요… 기억이 안 나요! 왜 이렇게 하나도 기억나지 않을까요?"

 분석가 선생님의 질문을 듣고서야 알게 되었다. 남아있는 기억이 없다는 것을. 내 기억에 그 학교에서의 일은 전학 간 첫날과 졸업식 날만 남아있었다. 나를 바보라고 말했던 반장 아이의 이름과 얼굴만 똑똑히 기억날 뿐. 나는 철저히 고립되었던, 수치스럽고 외로웠던 학교에서의 기억을 모조리 지워버렸다. 나는 분석가 선생님 앞에서 그만 오열하고 말았다.

 아무리 떠올리려 해도, 그 몇 개월의 시간은 검은 먹구름처럼 지워졌다. 오직 첫날과 졸업식 두 장면만이 흑백사진처럼 희미하게 남아있었고, 마치 내가 존재하지 않았던 것처럼 텅 빈 공백으로 남아있었다. 심리학에서는 이를 '해리^{dissociation}'라고 부른다. 해리는 극심한 스트레스나 감정적 충격으로부터 자신을 지키기 위한, 인간 정신의 방어기제다. 고통을 생생히 겪는 대신, 뇌는 그 고통을 '인식하지 않음'으로 자신을 보호하려 한다. 피터 레빈$^{Peter\ Levine}$은 이를 "신경계의 자동적 생존 반응"이라 설명하는데, 그는 해리를 '동결^{freeze}' 혹은 '마비' 상태라고 불렀다. 이것은 인간이 싸우거나 도망칠 수도 없는 위협 앞에서 마지막으로 선택하는 생존 전략이다. 마치 사슴이 포식자 앞에서 잡아 먹힐 때 고통을 느끼지 않기 위해 영혼이 이탈되는 것처럼 말이다. 이런 해리 상태는 단순히 감정이나 기억만을 차단하는 것이 아니다. 스티븐 포지스$^{Stephen\ W.\ Porges}$의 다미주신경이론^{Polyvagal}

Theory에 따르면, 우리의 자율신경계는 위협 상황에서 교감신경을 활성화시켜 싸움이나 도망 반응을 일으키지만, 그마저 불가능한 위기 상황에서는 부교감신경의 등쪽 미주신경이 작동하여 에너지를 최소화하고 감각을 차단하는 방식으로 우리를 보호한다. 바로 이때 나타나는 반응이 해리인 것이다. 나는 인과적 이해를 할 수 있는 어른이 되었지만, 그 당시는 아무것도 모르는 취약한 어린아이에 불과했기에 마주하는 고통을 몸으로 느낄 수밖에 없었다. 어린 시절의 나처럼, 많은 아이들이 아동기에 무방비 상태에서 얼어붙어 버리는 반응을 경험한다. 힘이 없는 어린아이는 상황을 통제할 능력이 없기 때문이다. 심리적 위협 앞에서 아이는 말 대신 침묵을 선택하고, 행동 대신 기억을 지워버림으로써 자신을 보호한다. 그런데 문제는 이렇게 차단된 기억은 사라지는 것이 아니라 무의식 속에 '느껴지지 않는 고통'으로 남아, 이후 비슷한 상황에 마주했을 때 트리거가 되어 되살아난다.

나는 무의식에서 여전히 살아 숨 쉬는 어린아이가 너무 가여워 울고 또 울었다. 분석가는 아무 말 없이, 그러나 안타까운 마음으로 함께 바라봐주었다. 분석 시간 내내 가슴을 후벼파는 아픔이 무의식에서 마구 튀어나왔고, 그 아픔들은 다시 내 가슴을 찔러댔다. 화도 못 내고 연필 쥔 손의 땀을 연신 바지에 닦아내던 그 첫날의 기억까지 모두 잊혀졌으면 얼마나 좋았을까.

처음 보는 사람에게 나를 소개하는 일이 불편해 단체 모임을 피하고 상대의 반응을 살피는 일에 유난히 민감했던 이유 중 하나는, 해리된 내 어린 자아가 여전히 나를 지키려 애쓰고 있었기 때문이었다. 전학 사건 이후, '너는 부족하다' 그래서 '넌 환영받지 못한다'라는 왜곡된 메시지는 마음속 깊이 각인되었다. 그리고 나는 다시는 그런 수치심을 느끼지 않기 위해, 무의식적으로 사람들과의 관계를 피하고 있었던 것이다. 당시 해리는 나를 보호하기 위한 몸과 마음의 마지막 방어였지만, 동시에 나의 일부를 잠시 동결시킨 고통의 표상이기도 했다. 다행스럽게도 이제는 그 기억을 다시 들여다볼 힘이 생겼다. 그리고 주눅든 어린 나에게 말해줄 수 있다.

"괜찮아. 너는 부끄러운 아이가 아니야.
너는 그 아이의 말처럼 바보도 아니야.
그들이 친구로서 자격이 없었을 뿐이야.
이제 그 기억을 너의 시간으로 되돌려줄게."

─── 우리에겐 아는 사람이 아니라 좋은 친구를 둘 자격이 있다

많은 아이들이 친구로 인해 마음의 깊은 상처를 받는다. 나에게 좋은 친구가 아님을 알면서도, 외로운 것보다 아무라도 곁에 있는 게 낫다는 이유로 그 인연을 끊어내지 못하기도 한다. 학생 때는 친구라는 존재가 강력한 힘을 갖고 있으니까. 특히 아동기에는 친구와의 관계가 정체성 형성과 자존감에 절대적인 영향을 미친다. 그렇기에 무리에 속하지 못하면, 아이는 말 그대로 삶의 기반이 무너지는 위기감을 느낀다. 실제로 청소년 자살 원인 중 하나인 '집단 내 소외감'은 주요한 요인으로 꼽힌다.

그러나 과연 이러한 현상이 어릴 때만 일어날까?
많은 어른들 역시, '말을 터놓을 사람', '있는 그대로의 나를 받아주는 사람'을 친구로 갈망한다. 그들은 절실하게 친구를 필요로 하지만, 그 관계를 만들고 지켜내는 데 점점 더 서툴러진다. 발달심리학자 에릭 에릭슨Erik Erikson은 성인기의 중요한 과제로 '친밀감 대 고립Intimacy vs. Isolation'을 제시한 바 있다. 그는 성인이 된 이후에도, 인간은 깊은 관계를 맺지 못하면 존재의 고립감에 시달릴 수밖에 없다고 했다. 좋은 친구와 사랑하는 사람은 바로 이 친밀감의 핵심적인 축을 이룬다. 관계 맺기에 반복해서 실패하게 되면, 우리는 점점 인간관계에 대한 회의감을 느끼고 결국 자기고립에 빠져들기도 한다. 그렇다면 '좋은 친구'란 어떤 친구를 말하는 걸까. 그것은 단순히 '오래 알고 지낸 사람'이 아니다. 삶의 기쁨과 슬픔을 함께 나누며 정서적으로 서로를 지지하고, 함께 있어주는 관계다. 곁에 있는 시간보다 중요한 것은 그 시간 속에서 우리가 어떻게 관계하느냐는 '질'의 문제다. 그리고 좋은 관계의 본질은 어쩌면 '함께 있음의 의지'에 있는 것이 아닐까.

　사회심리학자 해리 스택 설리번Harry Stack Sullivan은 인간의 내면세계를 의미하는 'Self'라는 개념이 타인과의 관계를 통해 형성된다고 보았다. 그는 '우정'을 건강한 발달에 필수적인 관계로 보았고, 특히 아동기와 청소년기에 경험하는 '동년배와의 관계'는 자기개념self-concept과 감정조절 능력의 토대가 된다고 주장했다. 어린 시절 더러 실패했던 친구관계를 돌아볼 때, 설리번의 이론이 이토록 가슴에 와닿을 수가 없었다. 실제로 아동기 때 공감능력이 뛰어난 친구를 가진 아이들은 성인기에도 더 높은 감정조절 능력과 사회적 유능감이 높고, 정신건강 또한 양호한 것으로 연구되었다. 친구라는 존재가, 오랜 시간을 함께하며 정을 나누는 사람이라 할 수 있다면, 서로의 삶에 슬프고 기뻤던 일들을 나누며, 같이 아파해주고 축하해줄 수 있는 사람만이 그 관계를 오래 유지하며 추억을 쌓아갈 수 있다. 어쩌면 친구라는 말은 인생에서 함부로 쓰기 어려운 말일지도 모른다. 살면서 아무 때나, 눈치보지 않고 전화할 수 있는 친구가 우리 삶에 몇이나 있을까? 슬픔과 기쁨을 함께 나눈 친구는 몇이나 있었을까? 또 우린 누군가에게 그런 친구가 되어주었을까?

　오래전 지역아동센터에서 보호자들과 선생님의 교육을 담당하던 때의 일이다. 사정이 생겨 아들과 함께 센터에 가려고 준비하던 어느 오후, 아들은 현관에 앉아 크록스 샌들에 박아준 지비츠를 하나씩 빼고 있었다.

"엄마, 이거 지비츠 다 빼줘요."

"그건 왜?"

"거기 애들은 아무것도 안 달려 있어요. 내 것도 다 빼고 가려고요."

'친구들과 다르면 친구들이 불편할 수 있으니, 나도 같이 해야 한다'라고 말하던 아이의 마음은 '정서적 일치'를 통해 타인의 세계에 들어가고자 했던 깊은 공감의 행위였다. 우리가 보통 '친구가 되고 싶다'고 말할 때, 그것은 어쩌면 '당신처럼 되어보고 싶다', '당신의 세계 안에 머무르고 싶다'라는 내면의 고백일지도 모르겠다.

신경생리학적으로도 이와 같은 감정은 우리의 뇌와 몸에 깊은 흔적을 남긴다. 다미주신경이론에 따르면, 인간은 '사회적 유대'가 신경계 안정에 필수적이다. 친구와의 따뜻한 교감이나 타인과의 연결은 배쪽 미주신경을 활성화시켜 심박수를 안정시키고, 위협 반응을 낮추며, 신체적인 회복도 촉진시킨다. 반대로 외로움이나 소외는 스트레스 호르몬 분비를 증가시키고, 면역력을 저하시킨다. 좋은 친구란, 이런 의미에서 보면 인간에게 생존의 문제이기도 하다.

'이 사람은 말을 하지 않아도 나와 같으니 알겠구나.'

이런 마음이 어떤 말보다도 위로가 되는 순간들이 있다. 어쩌면 아들은 그 아이들과 같아짐으로써 친구가 되고 싶었던 것 같다. 그

때 나는 왜 그걸 몰랐을까. 왜 아이가 유난스럽다고 생각했을까. 혼자 얼마나 더 하겠나 싶은 마음으로 아이를 바라보았지만 손가락이 빨개지고, 땀을 뚝뚝 흘리며 하나하나 지비츠를 빼내려 애를 쓰던 아들의 그 모습은 친구가 되기 위한 노력이었음을 이제는 헤아릴 수 있게 되었다. 친구는 함께하는 관계다. 마음을 나누고, 상대를 맞춰 주려는 작은 노력을 기꺼이 하는 관계.

안타깝게도 나에게는 아동기 친구 관계에 대한 기억이 거의 없다. 때때로 과거를 돌아보려 해도, 마음속에 떠오르는 것은 슬픔보다는 무덤덤한 공기, 파편화된 장면들, 그리고 날아가버린 듯 흐릿한 기억뿐이다. 그러나 행복하게 뛰어노는 아이들, 더운 여름에도 손을 놓지 않는 아이들, 서로 바라보며 함박 웃음을 띠고 손편지로 마음을 나누는 아이들을 볼 때면 내 안의 무언가가 슬며시 건드려지곤 한다. 나는 부러웠다. 돌아갈 수조차 없는 그 아이들의 그 시간이 그립고 너무 부러워 눈물이 났다.

생각 나누기

- 어린 시절 당신이 경험했던 '좋은 친구' 혹은 '그렇지 못했던 친구'는 지금의 당신에게 어떤 영향을 미치나요?

- 당신은 지금 누군가에게 좋은 친구가 되고 있나요? 그 친구는 당신에게도 그런 존재인가요?

연민, 깊은 우정의 자원

"외로워서 싫어. 사람이 많은 곳이 좋아."

아버지는 언어 기능에 손상이 있어 말이 어눌했지만 강력하게 자신의 뜻을 밝혔다. 우리는 아버지가 원하시는 대로 병실을 다인실로 옮겨드렸다. 그런데 나는 아버지의 말을 속으로 이렇게 해석했다. '돈 많이 드니까 다인실로 옮겨줘'라고.

아버지는 갑작스럽게 찾아온 뇌졸중으로 수년간 병원에 누워 계셔야 했다. 나는 병실을 자주 드나들면서 많은 환우들을 보았는데, 그들의 나이는 다양했다. 어느 날 아침에는 한 젊은 남자가 침상에 실려 들어왔고, 그 뒤로 보호자 한 분이 그 남자의 것으로 보이는 네이비색 양복과 하얀 셔츠에 걸린 넥타이를 들고 따라 들어왔다. 들자 하니, 출근길에 지하철에서 뇌출혈로 쓰러진 30대 남성이었다. 그렇게 저마다 다른 곳에서 같은 증상(뇌출혈, 뇌졸중)으로 이곳에 모여 누워있게 되었다. 어느 환자는 호전되어 갔지만, 어느 환자는 상황이 더 안 좋아지기도 했다.

　많은 환자들이 들어오고 나가는 다인실 병동에서는, 방문자가 하루에도 몇 명씩 오는 환우가 있는가 하면 아무도 오지 않는 환우도 있다. 병실에서는 여러 방식을 통해, 왜 이 환우가 병동에 들어오게 되었는지, 어떤 사연이 있는지를 자연스레 듣게 된다. 그 때문에 나는 많은 것을 관찰할 수 있었다. 뇌신경질환 병동의 모든 환자들은 하염없이 누워있어야 했다. 그들의 손등에는 그저 바늘 하나가 꽂혀 있고, 목넘김이 불가능해 음식과 수분을 체내에 공급해주는 줄 하나가 코에 연결되어 있다. 대부분 움직임이 쉽지 않은데, 정도에 따라서 온몸이 마비된 환우도 있고 재활이 가능한 환우도 있었다.

　모든 보호자들은 오랜 병상 생활을 지켜보며, 인생에서 정말 중요한 것이 무엇인지 진지하게 되묻게 되는 순간을 맞는다. 깊은 상실의 사건을 경험하다 결국 우리는 스스로에게 '나는 왜 태어났고, 왜 살아가며, 어디로 가고 있는가'라는 실존적인 질문을 던진다. 안타까운 현실이지만 이 질문에서부터 인간다운, 의미 있는 삶으로의 여정이 시작되기도 한다.

　병상에서 모두가 바라는 건 단순하다. 스스로 잘 걷고, 음식을 잘 먹고 소화할 수 있으며, 다른 사람 도움 없이 용변을 보고 그 일을 스스로 처리할 수 있는 것이다. 그리고 온종일 누워있는 지독한 혼자만의 24시간이 아니라 가족과 친구들이 찾아와 함께 시간을 나누고 대화할 수 있는 것이다. 어쩌면 삶에서 거창한 무언가가 필요한 게 아니라는 사실은 이런 사건을 통해 우리가 비로소 깨닫게 되는 쓰라린 선물인지도 모른다.

── 말이 아닌 몸짓으로
   전하는 마음

어느 날 오후였다. 아버지를 뵈러 갈 때마다 간병인 곁에 늘 누워 계시던 할아버지에게 손님 한 분이 찾아오셨다. 중절모를 쓴 세련된 인상의 노신사. 할아버지와 연배가 비슷해 보였다. 나는 그분을 보자마자 병상의 할아버지도 저렇게 멋진 노신사였을 수 있겠다는 상상을 했다.

"친구가 오니까 좋으신가 보네. 발을 움직이면 좋다는 거예요."

한껏 목소리를 더 올리고 크게 말하는 간병인의 말을 듣고 보니, 침상에 누워 계시던 할아버지의 발이 빠르게 박수치듯 움직이기 시작했다. 인간에게는 기본적인 욕구 중 '자기 표현'의 욕구가 있다. 그래서 아이들은 재잘재잘 자신의 모든 이야기를 부모에게 하고, 많은 연인과 친구들은 소위 '쓰잘머리' 없는 수다를 떠는 걸지도 모른다. 그러나 오랜만에 만난 친구 사이라 해도, 혼자만의 독백은 그리 긴 시간을 버티게 하지는 못했던 듯하다. 방문하신 분은 혼잣말을 이어가며 누워있는 친구의 반응을 살피려 애썼지만, 말도, 표정도 없는 얼굴 앞에서 이내 일어날 준비를 하셨다. 그렇게 약 10분쯤 손을 잡고 있었을까. 노신사는 "식사 잘 하고. 꼭 기운내. 응? 또 올게"라는 말과 함께 손을 빼려 하자, 할아버지가 다시 발을 마구 움직이기 시작했다.

"왜요~ 친구도 가셔야죠. 대화가 안 되는데 어떻게 더 있겠어요?"

간병인은 아마도 할아버지의 마음을 단념시켜서 더 속상하지 않도록 감정을 막아주려 했던 것 같다. 슬퍼서 우는 친구를 볼 때, 그 모습이 너무 마음 아파서, "야, 그만 울어. 울 일 아니야"라고 말하는 경우가 있다. 공감의 말 같지만, 이는 결코 "공감적 반응"이 아니다. 그렇지만 때때로 그 감정을 차단하는 반응은 소중한 사람이 더 이상 상처받지 않도록 보호하고 싶을 때 나온다. 간병인은 긴 시간 할아버지 곁을 지키며, 오지 않는 할아버지의 가족들보다 할아버지의 욕구를 더 잘 이해하게 된 것 같다. 그래서 할아버지의 마음을 읽고, 이런 방식의 반응을 해준 듯보였다.

"아이고, 우시네. 우리 할아버지 또 우시네. 가는 게 싫으신가 봐요."

결국 할아버지의 마음을 공감하게 된 간병인은 할아버지의 눈물을 닦아주었고, 그 손길은 마치 어린아이의 눈물을 힘 있게 닦아주는 애써 씩씩한 척하는 엄마의 손길을 닮아있었다. 일어나 모자를 쓰려던 친구는 다시 그 자리에 앉아 한참을 더 머물러 계셨다.

친구가 떠난 후 할아버지는 어떤 생각을 하셨을까. 말은 할 수 없고, 몸도 마음대로 움직일 수 없지만, 우리는 알고 있다. 누군가 보고 싶고, 누군가와 함께 있고 싶다는 그 마음은 신체의 건강함과는 아무런 상관이 없다는 것을. 그토록 발을 움직여 마음을 표현하려 했던 그 순간이, 이별을 거부하고 싶었던 간절한 사랑의 몸짓이 아니었을까. 그날 나는 연민이라는 감정이 관계를 얼마나 단단하게 지탱해주는지를 목격했다. 애처로움, 딱함, 측은지심이라는 이름으로 불리는 이 감정은 단순한 동정이 아니라, '고통을 함께 느끼는 것'이다.

심리학자 폴 길버트Paul Gilbert는 "자비중심치료Compassion Focused Therapy, CFT"에서 연민을 다음과 같이 정의한다. "연민은 타인의 고통을 인식하고, 그것을 덜어주고자 하는 깊은 동기에서 비롯된다."
자비중심치료는 수치심과 자기비난이 강한 사람들의 치유와 회복을 돕기 위해 개발된 치료 기법이다. 여기에서 언급되는 '연민, 자비'는 단순히 상대방의 불행에 반응하는 감정이 아니라, 능동적인 관계를 이어가려는 태도이며, 자기-타자 연결을 회복시키는 심리적 자원이라고 볼 수 있다. 길버트는 특히 트라우마와 우울, 복합적 외상 후 스트레스 장애PTSD로 고통받는 내담자들이 연민을 경험할 때,

비로소 자기 수용이 가능해지고, 대인관계에서도 더 깊은 신뢰와 연결감을 회복할 수 있다는 점을 강조한다. 또한 동양철학에서는 오래전부터 측은지심을 '사단四端' 중 하나로 보며, 인간 내면의 도덕적 기초로 여겨왔다. 맹자는 "어린아이가 우물에 빠지려는 모습을 보고 두려움을 느끼는 것"이 인간의 본성이며, 이 측은지심은 결국 사랑과 도덕의 시작점이라고 강조했다.

할아버지의 그 발짓은 말을 잃은 한 인간의 처절한 사랑의 언어였고, 그것을 보고 눈시울이 붉어진 친구분과 간병인의 존재는 바로 '그만의 언어를 알아들어준 사람들'이었다. 누군가가 나의 침묵 혹은 나만의 언어를 이해해준다는 것은 얼마나 크고 깊은 위로인가.

연민에 기초한 돌봄은 '상대의 욕구를 알아차리는 감각'이며, 이는 연민의 감정에서 출발한다. 돌봄은 약한 자를 위한 시혜가 아니라, 모든 인간이 서로의 필요를 인식하고 응답하는 대등한 상호의존의 관계다. 그날 친구분의 손을 붙잡으며 발을 움직이던 할아버지의 마음 안에는 말보다 더 깊은 사랑과 외로움, 감정의 결이 숨 쉬고 있었다. 그것을 가만히 알아보는 한 사람의 존재는, 말을 잃어버린 사람에게도 다시 '존재'로 기억될 수 있는 기회를 준다. 삶은 참으로 덧없고, 때론 쉽게 잊히는 것처럼 보이지만, 누군가의 손을 잡아준 기억, 눈동자를 마주보며 나눈 감정의 떨림은 오래도록 사라지지 않는다. 나는 그때 그 친구분이 얼마나 참담한 심정으로 할아버지를 바라보셨는지 관찰할 수 있었다. 애처로움과 딱함이라는 감정. 그 감정을 상대에게 느끼면 그 관계는 결코 끊어지지 않는다.

커튼을 걷으면 바로 보이는 다인실 병동에서 우연히 맞은편 광경을 보게 된 아버지는 드시던 요거트를 내려놓으셨다. 침통한 표정으로 바라보시다가, 할아버지께서 우신다는 간병인의 말을 듣고 나서는 더 가슴 아픈 표정으로 한참을 바라보셨다. 우리 식구 모두 복잡한 마음으로 그 시간을 함께했다.

사람의 곁에 누군가가 함께 있다는 것, 손을 잡고 만지고 안아주는 것, 대화를 나누고 감정을 공유하는 것에 대해, 인생의 의미에 대해 다시 한 번 생각하게 된 강렬한 순간이었다.

며칠 후 할아버지는 다른 요양원으로 가셨다고 들었다. 그후 그 할아버지는 긴 하루를 어떻게 보내셨을까? 여전히 살아계실까, 아니면 돌아가셨을까? 돌아가셨다면 그때 누가 할아버지의 마지막 순간을 함께해주셨을까. 사람은 누구나 '기억되고 싶은 존재'이고 싶어 한다. 그것이 사랑이고, 돌봄이며, 우리가 관계를 맺으며 살아가는 이유일 것이다.

- 당신의 곁을 지켜준 친구 혹은 가족에게 '머물러주는 것'으로 따뜻함을 전했던 순간은 언제였나요? 그때 당신은 그 사람의 어떤 감정에 귀 기울였나요?

- 누군가의 아픔이나 침묵을 바라보며, '내가 무엇을 해줄 수 있을까?'가 아니라 '그의 마음은 어떤 상태일까?'라고 먼저 물었던 순간이 있었나요?

우정을 가장한 거짓 관계에서 벗어나기

친밀감이 낮은 다수가 모인 자리를 그리 좋아하지 않지만, 그날은 친한 분이 꼭 와달라고 부탁을 해서 참석했다. 내 직업 때문이었는지는 모르겠지만, 사람들은 자신의 고민과 걱정거리를 이야기하기 시작했고 더러 묻기도 했다. 둥그런 원탁 테이블에서 식사를 하며 담소를 나누던 과정에서 내 옆에 앉아 있던 분이 나를 붙들고 얼굴도 모르는 어떤 사람에 대한 이야기를 한참 동안 이어갔다. 불과 20여 분 만에 나는 그 사람의 이름은 물론 신상정보, 처한 상황까지 알게 되었다. 그런데 그 이야기는 매우 은밀하고, 개인적이었다. 더 당황스러웠던 건, 말을 마친 그분이 처음 보는 사람들에게 모든 이야기를 다 털어놓고는 '비밀'이라고 하는 게 아닌가. 이쯤 되니 실소가 나올 수밖에 없었다. 비밀이라고 부탁하며 했던 이야기를 정작 그 사람을 모르는 우리가 알고 있어야 한다는 사실이.

'그 사람은 저 사람을 믿고 했던 이야기였을 텐데, 모르는 사람들에게 말하고 있다는 걸 알면 과연 괜찮을까?'

그 사람은 혼자 계속 말하다 말고 이런 말을 덧붙였다.

"걔를 생각하면 내가 너무 걱정돼서 그래요."

살다보면 남의 이야기를 흥미롭게 전달하는 이들을 어렵지 않게 만난다. 좋은 이야기도 아닌, 상대의 고통스러운 이야기 때로는 비밀스럽기 그지없는 일까지도 본인의 대화를 위해 사용한다. 그들은 과연 왜 그러는 것일까.

타인의 불행이나 고통을 '걱정'이라는 명목으로 전유하며 이야기하는 사람들의 마음에는 단순한 호기심을 넘어선 심리가 작용한다. 그것은 인간의 사회적 지위욕구, 자기확인, 그리고 감정조절 전략과 밀접하게 관련되어 있다.

1. 도덕적 우월감과 자기확인 욕구

타인의 고통스러운 사연을 반복적으로 언급하며 '걱정된다'라고 말하는 행위는, 자신이 도덕적으로는 그보다 우위에 있다는 느낌을 갖고 싶어 하는 무의식적인 표현일 수 있다. 독일어에 샤덴프로이테 Schadenfreude라는 말이 있다. 타인의 불행이나 실패에서 은밀한 만족이

나 기쁨을 느끼는 감정을 빗대어 하는 말이다. 이것은 단순한 기쁨이 아니라 상대적 우월감, 즉 '너보다는 내가 낫다'는 생각에서 비롯된다. 즉, "걔가 너무 걱정돼"라는 말은 '나는 그래도 남을 걱정할 줄 아는 착한 사람'이라는 자기를 확인하려는 시도일 수 있다.

2. 감정적 전이와 정서적 해소

프로이트적 관점에서 보자면, 타인의 이야기를 반복적으로 퍼뜨리는 행위는 자기 내면의 불안을 외부로 전이시키는 방식이다. 즉, 자신의 불안을 다루지 못할 때 타인의 이야기를 '퍼뜨리는 것'으로 해소하려는 것인데, 이를 "감정 방출적 소문affect discharge gossip"이라고 한다. 만나서 자기 이야기보다 그곳에 존재하지 않는 남 이야기로 혈안을 올리는 이들을 쉽게 볼 수 있지 않은가.

3. 통제감을 확보하려는 시도

퍼트리샤 마이어 스팩스Patricia Meyer Spacks는 소문이, 인간관계가 복잡할수록 더 활발히 일어나고 불안정한 현상을 해소하려는 중요한 관계관리 수단이라고 설명했다. 이런 사람들은 타인의 취약한 이야기를 퍼뜨리며 자신이 그 관계를 주도하고 싶어 하는 욕구, 혹은 자신의 사회적 위치를 확보하려는 통제욕구가 강할 수 있다는 것이다. 즉, '걱정된다'는 말은 관계의 주도권을 쥐고 싶은 무의식적인 조절의 언어일 수 있다.

4. 공감 결핍과 자기중심적 정서 처리

실제로 공감 능력이 높은 사람은 타인의 비밀스러운 사연을 무게감 있게 다루며 함부로 옮기지 않는다. 그런데 일부 사람들은 타인의 고통을 자신의 감정을 해소하는 데에만 사용하며, 그 사람이 겪는 수치심이나 손상된 신뢰에는 주의를 기울이지 않는다. 이런 현상은 때때로 자기애적 성향 narcissistic traits 과도 관련이 있을 수 있다. 즉, '걱정된다'는 말은 공감이 아니라, 자기 감정의 해소를 위한 도구일 수 있다.

침묵을 통해
치유되는 사람들

누군가에게 자신의 고통을 털어놓기 위해 병원과 상담소를 찾는 사람들은 가쁜 숨을 고르고, 용기를 내어 에스컬레이터를 타보고, 지하철을 타는 작은 시도들을 거쳐 간신히 그 자리에 도착하곤 한다. 매 순간 숨 쉬는 것조차 힘들어하는 이들의 아픈 이야기를 듣는다는 건 우리 같은 일을 하는 사람들에게도 힘겨운 순간이다. 이처럼 우울과 불안, 공황 증세를 동반한 고통은 일상을 힘들게 한다. 그럼에도 불구하고 힘든 발걸음을 옮겨 찾아오는 이유는 무엇일까? 아마도 자신의 이야기를 안전하게 나누기 위해서일 것이다. 누군가 단한 사람에게만큼은 믿고, 말하고 싶었기 때문이다.

우리가 보이지 않는 그림자 같은 아픔을 조금이나마 짐작할 수 있다면, 상대의 고통을 조금이라도 느낄 수 있다면 결코 다른 곳에 그의 이야기를 쉽게 하지는 않을 것이다.

나는 그 사람의 '걱정'에서 연민의 마음을 느끼지 못했다. 무엇보다 걱정된다는 말의 내용과 균형이 맞지 않는 경쾌한 목소리, 맛있게 식사하는 모습에서 전해지는 혼란스러움을 견디기 어려웠다. 내가 누군가를 걱정할 때, 저렇게 밥이 잘 넘어갔던 적이 있었던가? 이야기를 듣던 나는 결국 참지 못했다. 아니 참을 이유가 없다고 판단해서 한마디를 건넸다.

"어쩌면 이 이야기는 그분에게는 비밀일 수도 있겠다는 생각이 들었어요. 그분은 자신이 모르는 사람들에게 공개되는 걸 원치 않을 수도 있겠다는 생각이 듭니다. 그래서 저는 더 이상 듣지 않는 게 좋을 듯해요. 선생님께서 정말 걱정되신다면, 그 마음을 그분과 직접 나누시는 게 좋을 것 같아요. 혹시 그분이 선생님께 이 이야기를 저 같은 사람에게 해도 괜찮다고 말했나요? 그리고 선생님은 지금 제가 하는 말을 어떻게 느끼시나요?"

쉴 새 없이 입에 음식을 밀어넣으며 말하는 내 앞의 사람과 이야기 속 가슴 아픈 사연의 주인공. 둘 중 하나만 선택해야 한다면, 나는 얼굴도 모르고 개인적으로 만난 적도 없는 그 주인공의 입장을 헤아리고 싶었다. 내 말이 그 사람을 민망하게 하기를 바라지는 않았다. 하지만 내 말을 듣고 민망함을 느꼈다면, 그 감정을 어떻게 처리할 지는 그 사람의 몫이라고 생각한다.

── 충분히 기다려주는 시간의 힘

누구에게 무엇을 말할지 선택하는 일은 중요하다. 그러나 무엇을 말 하지 않을지를 선택하는 일은 그보다 더 깊은 힘을 가진다. 침묵은 결코 소극적인 선택이 아니다. 침묵은 '말하지 않음'이 아니라 '말하 지 않기로 한 결단'이기에, 때로는 그 어떤 말보다 더 분명한 메시지 를 담는다. 정신분석학자 마이클 발린트$^{Michael\ Balint}$는 다양한 연구를 통해 "치유적 관계는 분석가가 무엇을 해주는가보다 어떻게 '존재' 해주는가에 달려 있다"라고 말했다. 누군가가 내 곁에 머물며 말하 지 않아도 내 감정을 공명해주는 그 순간, 사람은 스스로를 있는 그 대로 느끼기 시작한다. 말하지 않음 상태는, 상대의 마음이 스스로 말하도록 기다려주는 시간이다. 어쩌면 내 앞에서 누군가의 이야기 를 쉴 새 없이 하던 그 사람은, 이제 다른 자리에서 내 이야기를 하 고 있을지도 모른다.

만약 우리를 진심으로 아끼는 친구가 있다면, 그 친구는 세상에 대고 함부로 말하지 않을 것이다. 대신, 조용히 우리를 위해 눈물 흘려줄 것이다. 때로는 아무 말 없이 우리가 다시 일어설 때까지 곁에 있어줄 것이다. 우리는 눈물과 함께 털어놓은 고백을 '이야깃거리'로 삼지 않을 것이다. 나의 수치와 연약함을 있는 그대로 지켜줄 것이다.

가장 깊은 치유는, 가장 조용한 방식으로 다가온다. 그 어떤 말보다도 강한 침묵, 그 어떤 조언보다도 따뜻한 '지켜줌'이 누군가를 일으킨다. 그 순간 우리는 비로소 '말하지 않아도 되는 관계'의 위대함을 배운다. 그리고 나도 누군가에게 그런 사람이 되고 싶다는 다짐을 하게 된다.

- 누군가의 비밀을 지켜주었던 적은 언제였나요?
- 당신은 지금, 자신의 비밀을 지켜줄 이를 곁에 두고 있나요?

사과하지 못해
끝내 가슴에

남겨둔
마음

"끝내 사과하지 못했어요."

석훈 씨는 자신의 어린시절을 회고했다. 45년도 넘은 오래된 기억이지만, 그 일은 여전히 커다란 죄책감으로 남아 있었다. 수십 가구만 있는 작은 지역에서 자란 석훈 씨는, 하교 후 동네 아이들과 함께 흙과 돌, 나무만 가지고 놀아야 했던 어린시절을 보냈다. 어쩌다 누군가 명절이나 큰 일로 서울이나 큰 도시에 다녀오기라도 하면, 새롭고 신기한 장난감을 자랑했고, 모든 아이들은 그 장난감을 돌려가며 만져보았다. 장난감 주인인 그 아이는 단번에 마을의 스타가 되어 어깨를 으쓱하며 자기 마음에 드는 아이들에게만 장난감을 만져보는 특혜를 주곤 했다.

"나 한 번만 만져봐도 돼?"

소년이었던 석훈 씨는 그 장난감을 만지고 또 만졌다. 한참을 가지고 놀다가 문득 생각했다. '저게 내 것이었으면.'

그러고는 자신도 모르게 얼른 땅을 파서 장난감을 묻어버리고 모른 척하며 아이들과 석망까기를 하며 놀았다. 해가 뉘엿뉘엿 지고 하나 둘 집으로 돌아갈 무렵, 장난감의 주인이 장난감을 찾기 시작했다. 그러다 한 아이에게 말했다.

"야, 네가 마지막에 만지고 있었잖아. 어딨어?"

소년이 지목한 아이는 지금 와서 생각하면 발달장애가 있었을 거라 짐작되는 친구였다. 그 친구는 갑자기 다그치는 소년의 말에 어안이 벙벙해서 아무런 말을 하지 못했다. 자기가 입고 있던 바지 주머니를 만지작거리며 쭈뼛쭈뼛하는 틈에 아이들이 말했다.

"어디 있어? 빨리 찾아."

"못 찾으면 네가 물어내!"

장난감의 주인은 그 친구를 마구 다그치기 시작했다.

"네가 훔쳤지!"

일이 커지는 것 같았지만 돌이킬 수 없었던 소년 석훈 씨는 함께 거들며 그 친구를 몰아붙였고, 그 착했던 친구는 자신이 아니라는 변명도 못한 채 허둥지둥 장난감을 찾다가, 결국 울면서 오줌을 지리고 말았다. 다리 사이로 오줌이 흘러내리는 모습은 모든 아이들에게 놀림거리가 되어야 했다. 그 후로 석훈 씨는 서울 친척집으로 보내졌고, 열심히 공부하여 대한민국에서 가장 좋은 대학에 들어갔다. 이후 대기업에 들어가 자신의 커리어를 튼튼히 쌓아갔다.

── 제때 하지 못한 사과가
남긴 죄책감

석훈 씨는 대화 수업에서 어린 시절의 잘못을 털어놓았다.

"저는 그때 그 아이에게 씻을 수 없는 잘못을 했어요. 사과하고 싶었는데 못했어요. 그 일이 저에게 이렇게 큰 부채로 남을지는 몰랐지요. 크면서 누가 저를 칭찬하면 굉장히 거북스럽고 불편해요. '나는 그런 사람이 아닌데' 하는 생각이 들거든요. 그때 제가 그렇게 도망치듯 떠나면 안 됐었는데…. 솔직하게 말하고 그 아이의 누명을 벗겨주었어야 했는데…. 그때 그 장난감에 욕심이 나서 좋은 친구의 관계를 져버렸고, 너무 착한 친구에게 큰 상처를 주고 말았어요."

그분의 잔잔한 고백에서 여전히 복잡한 마음을 읽는 건 그리 어려운 일이 아니었다. 추운 겨울이었는데도, 그 말을 하는 내내 진땀을 흘렸고 붉어진 얼굴은 몇 시간 내내 가라앉지 않았다. 수십 년간 가슴에 간직했던 미안함을 드러낸 그 50대 중년 남성은, 그렇게라도 말하고 싶었던 듯 마지막에 깊은 한숨을 내쉬었다. 그분의 고백을 들은 사람들이 그를 위로하기 시작했다. 그 당시 불과 국민학교 저학년이었던 어린 아이가 충분히 품을 수 있었던 욕심이었고, 행동이었다고. 그는 위로의 말들을 머리로는 이해했지만, 가슴으로는 끝내 받아들이지 못했다. 그 일은 자신이 평생 안고 가야 할 죄책감으로 남을 거라고 말했다. 어떤 일들은 시간이 지나 이해는 되지만, 마음속 깊은 곳엔 후회로 남는다.

> 친구 사이,
> 그리고 우리 사이에 있던 너무나 많았던 일들.
> 한참이 지난 후에야, 그때 몰랐던 것들을 알게 되면
> 우리는 무릎을 친다.
> 그때 그러지 말걸,
> 그때 다른 행동을 할걸,
> 좀 더 용기를 내어 사과할걸.

석훈 씨는 그 기억을 '잊고' 살아간 것이 아니라, 되레 자기 안에서 죄책감과 함께 '지속적으로 살아내고' 있었다. 이 점이 매우 중요하다. 대부분의 사람들은 자신이 저지른 실수를 '사소한 일', '그땐 어쩔 수 없었던 일'로 정당화하며 지나간다. 그렇게 해야 자신의 긍정적 자아상을 유지할 수 있기 때문이다. 그러나 석훈 씨는 '자기정당화'에 실패했다. 어쩌면 이것이야말로 석훈 씨가 지닌 진정한 인간다

움이며 동시에 그를 괴롭힌 '의식적 미안함의 지속'아니었을까. 나는 이 지점에서 석훈 씨가 정말 용감했다고 생각했다. 석훈 씨는 자기 안의 욕망과 그로 인해 상처 입은 타인을 직면하려 했기 때문이다. 문제는 사과하고자 하는 대상과 마주하지 못했다는 아쉬움이다. 그것이 그의 '끝내 사과하지 못한 미안함'을 더욱 아프게 만든다.

—— 우리는 왜
쉽게 사과하지 못하는가?

사과라는 행위는 어찌 보면 자신의 '실수'와 '추락'을 동시에 인정해야 하는 행위인지도 모른다. 인간이라는 존재는 본능적으로 자존감의 손상을 피하려 한다. 타인 앞에서 자신의 잘못을 고백하는 일은 자신의 도덕성과 판단력, 행동에 오류가 있었다는 점을 공개적으로 드러내는 것이기 때문에 고통스럽기까지 하다. 그래서 우리는 침묵하거나 사과를 미루며 사건을 잊어가는 못난 방법을 선택한다.

또한 사과를 하기 위해서는 단순히 용기만 필요한 게 아니다. '관계 회복'이라는 새로운 불확실성에 대한 불안까지도 감당할 수 있어야 한다. 누군가에게 사과를 하기 위해 마음의 준비를 할 때, 떨리던 그 마음을 경험해본 이는 알 것이다. '그 사람이 과연 내 사과를 받아줄까?' 혹은 '이제 와서 괜히 말을 꺼냈다가 상처만 더 키우는 것은 아닐까?' 이러한 생각과 감정은 사과의 타이밍을 놓치게 하고, 결국 '마음속 사과'만 수없이 반복하는 결과를 낳는다.

── 죄책감과 치유는 공존할 수 있을까?

죄책감은 그 자체로도 실존적이고 아름다운 도덕적 정서일 수 있다. 누군가는 '지금이라도 그 친구에게 잘못했다고 느끼는 건, 내가 인간이라는 증거'라고 말할지도 모른다. 그러나 죄책감은 인정받지 못하면, 자기비난을 반복하여 강화시킨다. 그래서 스스로를 용서하지 못한 석훈 씨는 사회적으로는 존경받는 사람이 되었지만, 내면에서는 여전히 스스로를 '비겁했던 소년'으로 남겨둔 것이다.

그러나 나는 그가 끝내 용기를 내어 오래된 그 이야기를 꺼냈다는 사실에 주목하고 싶다. 진짜 회복은 항상 '말하는 것'에서 시작된다. 침묵 속에 묻힌 상처를 말로 풀어놓을 때, 우리는 조금씩 치유될 수 있다. 그것이 바로 '죄책감을 말하고 드러내는 것'의 힘이다.

우리는 때로 친구에게 실수하고, 가족에게 상처 주고, 자식에게 미안한 마음을 안고 살아간다. 인간의 숭고함은 실수 없는 삶이 아니라, 실수 후에도 자신을 돌아보는 자기성찰과 다시 일으키는 용기에서 드러난다. 한 사람의 용기 있는 고백은 우리 모두의 고백의 시작이 될 수 있다. 그가 끝내 사과하지 못한 이야기를 꺼냈을 때, 자리에 있던 많은 이들은 '내 안의 어떤 잘못'을 함께 떠올리며 고백하기 시작했다. 그것만으로 충분했다.

- 살면서 끝내 사과하지 못한 일이 있나요? 그때 무엇이 당신의 입을 막고, 마음을 닫게 만들었나요?
- 당신은 누군가의 잘못을 이해하려 하기보다는 정죄하고 거리를 둔 적이 있나요? 그때 그 관계는 회복될 수 있었을까요?

외로웠어,
그것뿐이야

"엄마, 외롭지 않게 강아지 한 마리 키우면 좋겠어요."

아들이 열세 살 때였다. 어느 날 오후, 종종 걸음을 하며 거실로 나와 말했다. 엄마의 손길에서 급속도로 멀어지고, 친구들을 유난히 좋아하기 시작했던 그때, 아들도 외로움에 대해 생각하기 시작했을까?

"어떨 때 외로웠어?"

"얼마 전에요, 엄마가 할머니랑 점심에 냉면 먹으러 가자고 했을 때, 제가 안 간 적이 있어요. 엄마가 나가고 신나게 게임해야겠다고 생각하니 그냥 신났어요. 그러고는 집중해서 게임을 하고 있는데, 갑자기 창문 밖에서 매미가 엄청 크게 우는 거예요. 조용한 집에 매미 우는 소리가 들리는데 갑자기 외로운 거예요. '내가 왜 이런 게임이나 하고 있지?' 갑자기 재미가 없어지면서 컴퓨터를 꺼버렸어요. 그러고는 잠깐 침대에 누웠다가 친구를 불러 자전거 타고 왔어요. 기억나세요?"

"그래, 기억난다. 그때 네가 자전거 타러 간다고 전화했을 때, 엄마가 왜 게임 안 하고 나가냐고 했지."

"네, 그때 혼자 게임하니까 재미가 없더라고요. 그래서 그 후로는 혼자선 게임 안 하는 거예요."

성인이 된 아들은, 여름날 매미 울음소리를 들으면 어릴 때 느꼈던 외로움이 생생히 떠오른다고 했다. 나는 외로움이라는 단어를 들으면, 아빠와 살던 어린 시절이 떠오른다. 녹이 슨 파란 대문 집, 파란 대문은 열고 닫을 때마다 유난히 삐걱거리는 소리가 났다. 집에 오면 화단 밑에 숨겨둔 열쇠를 꺼내, 내 손보다 큰 은색 자물쇠를 열고 들어갔다. 겨울이면 아침에 아빠가 지펴놓은 누렇게 변한 연탄을 꺼내고 새 연탄을 넣는 일이 내 일과였다. 그 나이의 내게 연탄을 넣고 빼는 일은 힘에 부쳤다. 그 일을 마친 뒤엔, 빈방 아랫목에 잠시 앉아 얼었던 몸을 녹였다. 하지만 아무도 없는 집에 있는 게 싫어서 골목으로 나가곤 했다. 해질 무렵 골목 바닥에 웅크린 내게 맛있는 냄새와 함께 "들어와, 밥 먹어!"라며 아이들을 부르는 엄마들의 목소리가 들려왔다. 그때 나는 많이도 울었다. 굳이 왜 나가서 그런 소리를 들으며 울고 있었는지, 외로움이 싫으면서도 그 감정이 익숙해서 계속 있었던 건지 모르겠다. 아이들이 돌아가면 골목에 앉아 오빠를 기다렸고, 골목 어귀에서 걸어오는 오빠의 모습이 보이면, 오빠를 향해 달려가 함께 집으로 돌아왔다. 오빠를 보던 그 순간 외로움이 사라졌다. "밥 먹자. 오빠가 밥 떠. 내가 반찬 꺼낼게."

브레네 브라운 Brené Brown은 외로움의 반대말은 "연결되어 있다고 느끼는 것 feeling connected"이라고 강조했다. 연결은 단순히 물리적으로 함께 있는 것을 넘어, 내가 당신에게 의미 있는 존재라는 것을 서로 확인하는 관계의 경험이다. 그때 내가 골목에서 오빠를 기다렸던 순간처럼, 오빠와 눈이 마주치는 것만으로도 외로움이 사라졌던 것처럼, 외로움은 결국 우리에게 서로의 존재가 필요함을 깨닫게 한다. 우리 남매는 함께 밥을 먹으면서 종종 식당 놀이를 했다. 내가 식당 주인, 오빠는 손님. 그렇게 둘이 따뜻한 방에 마주 앉아서 작은 상을 펼쳐놓고 밥과 김, 아침에 먹고 남은 찌개를 먹을 때면 조금도 외롭지 않았다.

언젠가 친구에게 물어본 적이 있다. 너는 언제 외로움을 느꼈냐고. "잠시 낮잠을 자고 일어났는데 아무도 없었을 때? 우리 엄마는 이상하게 내가 낮잠 잘 때 나가곤 하셨어. 조용한 한낮이었는데 그때가 외로웠던 것 같아. 그렇게 잠시 있으면, 엄마가 튀김 냄새가 가득 밴 옷을 입고 집으로 왔던 기억이 있어. 지금도 튀김 냄새가 나면,

내 어린 시절과 엄마의 모습이 생각나. 튀김 냄새는 늘 좋아."

외롭다는 것은 어떤 신호일지 생각해보곤 한다. 죽음에 관한 연구를 해온 심리학자 로버트 카스텐바움Robert Kastenbaum은 인간은 죽음의 공포를 마주할 때 극심한 고립감을 느끼며, 그 고립을 완화시키는 것은 '관계 속의 연결감'이라고 했다. 죽음이 다가올수록 사람은 관계의 본질을 성찰하며, '내가 사랑받는 존재였는가, 나는 사랑을 건넬 수 있었는가'라는 질문 앞에 서게 되는데, 그 질문은 외로움을 이겨내기 위한 근본적인 질문이라고 보았다. 카스텐바움의 말을 빌리자면, 외로움을 느낀다는 건 지금 이 순간 나에게 생명을 나눌 수 있는 누군가가 필요하다는 뜻이 아닐까? 혹은 내가 어떤 존재로부터 보살핌을 받고 있다는 감각을 절실히 원하고 있다는 뜻은 아닐까 하는 생각이 들었다.

외로움이 우리에게 주는 진짜 선물은 이것이다. 우리가 서로에게 얼마나 절실한 존재인지 깨닫게 하는 것. 돌봄과 연결 속에서 우리는 인간다움을 느낀다. 외로움은 피해야 할 감정이 아니라, 관계로 향하게 하는 신호다. 그 외로움을 누군가와 함께 나눌 때, 우리는 비로소 살아있음을 느낀다.

── 외로움도 존중받을 가치가 충분한 삶의 방식이다

외로움은 우리에게 서로를 향해 손을 내밀게 하는 신호이며, 관계 안에서 함께할 때 치유된다. 그러나 모든 외로움이 반드시 관계로 연결되는 것은 아니다. 어떤 사람은 끝내 그 외로움을 누군가에게 드러내지 못한 채, 그 안에서 자신만의 세계를 품고 살아간다. 소설가 프란츠 카프카Franz Kafka는 유대계 체코 작가로, 그의 작품 세계와 삶 자체가 외로움의 일기였다. 그는 평생 가족과 단절된 관계 속에서 살았고, 유대인으로서의 정체성 혼란과 병약한 건강 상태, 깊은 자기혐오에 시달렸다. '삶은 해명할 수 없는 고통'이라 여겼던 그는 자신이 사랑한 연인에게조차도 '나는 고독을 원하고, 고독 속에서만 견디며 살아갈 수 있는 사람'이라고 고백했다. 그는 관계를 향해 손을 내밀고 싶으면서도, 다시 혼자가 되어야 숨을 쉴 수 있는 사람이었다. 카프카의 외로움은 결국 치유되지 못했고 젊은 나이에 생을 마감했다. 그러나 그 외로움 속에서 자신만의 언어로 시대의 불안을 꿰뚫는 작품들을 써 내려갔다. 그의 외로움은 단절의 고통이었지만, 그 틈에서 그의 문학 세계는 탄생했고, 그의 글은 수많은 이들에게 삶의 본질을 되돌아보게 해주었다. 카프카에게 외로움은 질병이자 동시에 작품의 샘물이었다.

50대인 수현 씨는 세 번째 파트너와 삶을 함께 보내고 있다. 첫 번째 파트너는 함께 산 지 9년 만에 교통사고로 사망하였고, 어렵게 다시 만난 두 번째 파트너는 함께한 지 2년 만에 다른 여성을 사랑해서 그의 곁을 떠났다. 그녀는 두 번째 파트너와의 이별로 극심한 우울증을 앓았다. 수면제 없이는 잠을 이룰 수 없었고 한국에 머물러 있기를 힘들어했다. 사랑하는 사람과 이별한 슬픔을 넘어 인간에 대한 회의와 깊은 상실감에 휩싸였다. 존재의 뿌리까지 흔들리는 시간을 지나 그녀는 한국에서의 삶을 정리하고 수년간 외국을 떠돌았다. 그리고 다시 고국으로 돌아왔을 때, 그녀 곁에는 세 번째 파트너가 있었다. 파트너의 오랜 구애에도 불구하고 그녀는 더 이상 깊은 관계를 허락하지 않았다. 그녀는 자신만의 공간과 시간을 중요하게 생각했다. 상대와 함께할 때의 충만한 행복감을 경험했음에도 불구하고, 그녀는 자신의 외로움 또한 놓지 않고 있었다. 자신의 외로움을 해결해야 하는 정서로 보지 않았으며 그 외로움을 극복하기 위해 파트너에게 무엇도 요구하지 않았다. 나는 그녀의 모습에서 실패가 아닌 수용을 보았다. 그녀는 파트너와의 일상에서는 좀 더 깊은 관계로 나아가기를 거부했지만, 자기 자신의 내면과는 연결되어 있었던 것 같다. 내가 다 알 수 없지만, 다른 사람들의 말처럼 '두 번의 실패로 인해 마음을 닫은 사람'으로는 결코 보이지 않았다. 그러기에는 그녀가 자신의 삶을 대하는 태도가 가볍지 않았기 때문이다. 오히려 단단해 보였다.

─── 외로움 속에서 살아낸 삶은 결코 실패가 아니다

외로움을 관계로 연결해 치유하지 못한다고 해도, 그 삶에 문제가 있는 것은 아니다. 외로움 속에서 살아가는 이들의 삶 또한 존중받아야 한다. 심리학자 토마스 조이너Thomas Joiner는 《왜 사람들은 자살하는가》에서 외로움(고립감)이 죽음으로 이어지는 위험 요인이 될 수 있다고 경고하면서도, 많은 이들이 외로운 감정을 경험하더라도 실제로 죽음에 이르는 경우는 극히 드물다고 명확히 밝히고 있다. 어떤 사람들에게는 외로움이 비록 견디기 힘든 고통일지라도, 그것이 곧 삶의 의미와 가치를 잃는다는 뜻은 아니기 때문이다. 수현 씨가 그러하고 카프카가 그러했듯, 어떤 사람은 그 고독 속에서야 자신의 삶을 직면하고, 삶의 소리에 귀 기울이며, 깊이 느끼고 사유한다. 이는 '연결되지 못한 삶'이 아니라, 자기만의 방식으로 세계와 연결되어 살아가는 삶이다. 외로움은 때로 우리를 관계로 이끌지만, 어떤 외로움은 그저 외로움으로 남는다. 그리고 우리는 그 외로움 속에서 묵묵히 하루를 살아내는 사람들을 존중해야 한다.

- 당신은 어떤 외로움의 기억을 갖고 있나요? 그때, 그 외로움을 어떻게 다루었나요?

- 당신의 외로움을 함께해준 존재가 있나요? 당신은 친구의 외로움을 어떻게 함께해주었나요?

Chapter 3

일도
삶도
어긋났다

느낄 때

지금 하는 일이

만족스럽지 않은 당신에게

~~~~~

1998년 겨울의 어느 아침, 국내선 비행기는 기상 악화로 이륙할 수 없어 활주로에 대기해야 하는 상황이었다. 비상구 좌석의 한 남성 승객이 마주 앉아 있던 승무원을 향해 큰 소리로 말했다.

"아, 아가씨! 참 나! 왜 안 가? 바빠 죽겠는데 지금!"

"죄송합니다. 지금 저희 비행기가….'

"그건 들었고! 아이씨… 바빠 죽겠는데 이 항공사는 늘 이래!"

"죄송합니다. 손님, 잠시만 더 기다려주세요. 상황이 좋아지는 대로 이륙합니다."

계속 화를 내며 언성을 높이는 승객에게 승무원이 할 수 있는 최선은 그저 죄송하다는 말과 상황을 설명하는 것 외에 없었지만, 그 승객의 감정은 가라앉지 않았고 승무원의 대응이 마음에 들지 않는 듯했다. 이륙 후에도 그 승객은 여러 차례 언성을 높이며 승무원의 응대에 불쾌함을 표하더니, 결국은 컴플레인 레터를 달라고 요구했다. 승무원이 잘못한 것은 도대체 무엇일까.

"손님. 용무가 바쁘실 텐데, 지금 저희가 출발을 못 해 조급한 마음이 드실 것 같습니다. 저도 마음 같아서는 빨리 이륙해서 손님께 불편을 끼치지 않을 수 있다면 좋겠는데요. 손님의 안전을 위한 상황이니, 조금만 양해해주시면 감사하겠습니다."

베테랑 승무원이었다면 고객이 언성을 높여도 자신에 대한 비난으로 받아들이지 않고, 좀 더 세련되게 대응했을 수도 있다. 물론 이렇게 반응해도 업무에서 상대의 마음을 즉시 풀어주지 못하는 때가 더 많다. 또 타인을 향한 기본적인 존중도 모르는 사람에게 공손하게 대해야 하는 것에 대한 저항감이 클 수도 있다.

사회생활을 시작할 때, 우리는 일한 만큼 정직하게 돈을 벌고, 노력한 만큼 성취감을 느끼고, 조직을 위해 열정을 바치면 당연히 긍지와 명성을 얻을 줄 알았다. 그러나 실제 겪으면서 느낀 사회생활은 우리가 생각하던 것과 달랐다. 내 잘못이 아닌 숱한 일들에 대해 미안함을 표시해야 하고, 그 과정에서 생긴 자괴감까지 마음에 담아야 하는 과정이 사회생활이다. 참고 견디면 누군가는 알아주고, 성과가 올라가고, 인정받을 수 있을 거라는 기대가 무참히 짓밟힐 수도 있다는 것을 미처 몰랐다. 지독히도 냉정하고 외로운 사회생활에서 어떻게 꿈이라는 단어를 새길 수 있을까.

── 꿈을 생각해본 적 없던 때, 꿈을 물어봐준 사람

고등학교 1학년 기말고사의 내 학급 등수는 48명 중 47등이었다. 기말고사 성적표가 나오고 겨울방학을 앞둔 어느 날, 담임 선생님께서 교무실로 나를 호출하셨다. 선생님은 초록색 고무판 위에 유리가 깔린 큰 책상 위로 전국 대학 열람표를 펼치고 나에게 꿈을 물으셨다. 꿈이라니. 나는 가슴이 쿵 하고 내려앉던 그날을 잊지 못한다. 한 번도 들어보지 못했던 그 질문을 받아 들고 교무실에서 한참을 생각에 잠겼다.

"선생님, 전 꿈이 없는 것 같은데요."

선생님께선 뭐가 되고 싶은지 진지하게 생각해보라고 하셨다. 교실로 돌아온 나는 몇몇 친구들에게 꿈이 있는지 물었다. 꽤 많은 친구들이 어느 대학에 가고 싶은지, 무엇을 하고 싶은지를 생각하고 있었다.

'나는 왜 꿈도 없을까.'

'왜 나는 꿈에 대해 말해본 적도 없을까.'

집에 가는 버스 안에서 창밖을 보며 한참을 되뇌었다. 집에 와서 따뜻한 방바닥에 엎드려 다시 고민에 빠졌다. 그러다 문득 친척 언니가 떠올랐다. 내가 아주 어렸을 때 지방에 살던 친척 언니는 국내 모 항공사의 승무원이었고, 서울 우리 집에서 김포공항을 오가며 승무원 생활을 했다. 출근할 때면 향이 좋은 분내를 풍기고, 예쁘게 화장을 하곤 했다. 다음날 나는 선생님을 다시 찾아갔다.

"선생님, 저 승무원이 하고 싶어요!"

친척 언니가 나온 학교의 항공운항과를 대며 어떻게 하면 그 대학, 과에 갈 수 있는지 물었다. 선생님께서는 15등급으로 이미 1년을 마무리했으니 앞으로 남은 2년간 열심히 해서 7등급까지는 올리라고 하셨다. 따라잡기 어려운 수학과 물리 같은 과목은 제쳐두더라도 암기 과목들과 국어, 영어만큼은 최선을 다해보라고 조언해주셨다. 하고 싶은 게 없다면 일단 할 수 있는 걸 하자는 생각을 그때부터 하게 된 것 같다. 진심으로 날 안타까워하고 아껴주는 마음으로 조언해주신 담임 선생님이 고마워 어떻게든 답을 하고 싶었던 것도 같다.

가정 형편이 넉넉지 않아 과외나 좋은 학원은 무리였지만 독서실은 다닐 수 있어서, 겨울방학에 독서실을 등록하고 내 자리를 만들어두었다. 한 번도 진지하게 해본 적이 없던 공부가 쉽진 않았다. 독서실에 앉아 있다 보면, 잠이 쏟아져 책상에 엎드려 몇 시간씩 자기 일쑤였다. 그래도 엉덩이를 의자에 붙이고, 자리에 앉아 있는 연습부터 했다. 공부를 하든 안 하든 매일 새벽 한 시까지는 독서실에 있었다. 겨울방학을 그렇게 보내고 2학년이 되어 치른 첫 중간고사에서 20점 미만이던 암기 과목을 최소 90점 이상 다 받아냈다. 학급 등수는 꼴찌에서 중간 가까이 올랐다. 2학년 담임 선생님은 교무실로 나를 불러서, 시험지를 꺼내고는 과목별로 몇 문제를 랜덤으로 풀어보게 하셨다.

"너, 공부 정말 열심히 했구나."

커닝한 것으로 오해하신 선생님의 태도가 불쾌하기보다는 짜릿한 순간이었다. 그 후 공부가 꽤 재미있어지기도 해서 하루에 세 시간만 자며 공부하기도 했다. 그렇게 고3을 보내고 목표했던 대학의 항공운항과에 입학했고, 얼마 지나지 않아 꿈에 그리던 항공사에 취업도 했다. 그런데 불행하게도 IMF로 인해 전원이 무급휴직을 당하게 되었다. 나는 그때 사직을 했고, 이후 재입사를 하여 승무원 수련 과정을 최우수 성적으로 마무리하고 안정적으로 비행을 시작했다. 그러나 잘할 수 있는 것과 무관하게 그 일이 행복하지 않았다.

── 진짜 내가 궁금해하고
하고 싶었던 일을 찾아서

필리핀 마닐라 지역에는 사명을 띠고 가난한 지역의 아이들을 가르치는 많은 교사들이 있다. 나는 그중 컴패션이라는 단체에 3년째 방문하며, 100명이 넘는 교사들을 대상으로 대화 훈련 워크숍을 진행했다. 그 과정에서 빈민가의 아이들을 지도하고 돌보는 그 교사들 대부분이 봉사직이라는 것을 알게 되었다. 봉사직이라는 의미는 그들이 대부분 직업을 갖고 있으면서 시간을 내어 아이들을 위해 교육을 제공한다는 뜻이다. 단언하건대 그들은 교사로서 대단했다. 그들이 가슴에 품고 있는 신앙심과 자부심, 열정은 내 호기심을 잔뜩 불러일으키기에 충분했으며 함께 갔던 사람들 모두 저마다 그들의 열정을 궁금해했다. 어떤 연로한 여자 선생님은 필리핀 지역에서 유수한 기업의 리더로 은퇴한 후 아예 빈민가의 아이들을 전담으로 돌보면서 교육을 담당하고 있었다. 그들은 스스로의 행동을 통해 '내가 진정 가치있게 생각하는 일'을 찾아가고, 궁극적으로는 '자신이 누구인지'를 발견하고 있었다.

미국의 진로발달이론가 도널드 슈퍼Donald Super는 진로는 단회적인 선택이 아니라고 했다. 자아개념self-concept은 인생이라는 전체의 시간과 과정에 걸쳐 변화하고 성장하는 것이고, 결국 자아를 실현해가는 과정으로 본 것이다. 진로가 인생 전체의 시간과 과정을 걸쳐 발달한다는 말을 되새겨보자면, 그것은 단지 커리어적으로 '무슨 일을 하느냐'보다 좀 더 깊은 '나는 누구인가'에 가까운 이야기라고 해석할 수 있다. 슈퍼의 견해와 같이 나는 사람들이 일생에 걸쳐 다양한 역할을 수행하면서 자기 자신을 확장해간다는 것이 좀 더 편안하게 다가왔다. 특히 "일생에 걸쳐"라는 말이 너무 좋다. 우리가 하고자 하는 일은, 젊은 날 한 번의 선택으로 끝나는 것이 아니라 50의 나이에도 행복하고 의미 있는 또 다른 일을 찾을 수 있음을 뜻하기 때문이다. 나 역시 처음에는 비빌 언덕 없던 내 젊은 날의 생존을 위해, 그다음에는 그 분야에서 능력을 입증하기 위해, 그리고 이제는 내가 누구인지를 더 잘 이해하고자 이 일을 시작했고, 계속 해오고 있다. 그리고 이 시기의 중년과 곧 다가올 노년에 어떤 꿈을 향해 갈지 상상해보곤 한다.

마닐라 지역의 많은 선생님들은, 자신들이 이렇게 아이들과 함께 지내면서 교육을 하게 될지는 몰랐다고 고백했다. 기도하며 자신의 삶의 방향을 찾아가는 과정에서 돌고 돌아 아이들과 함께하게 되었지만, 그간의 자신들이 해온 일들이 큰 도움이 된다고 했다.

그렇게 본다면 진로라는 것이 꼭 명확하게 계획된 길이 아니라, 우리가 예측하지 못했던 사건이나 만남, 경험 속에서 구체적인 방향이 만들어진다는 점에서 존 크롬볼츠John Krumboltz의 "계획된 우연이론Planned Happenstance Theory"을 떠올리게 된다. 그는 다양한 연구를 통해, 진로 선택과 경력을 개발하는 과정에서 우연히 일어나는 사건과 기회가 실제로 우리 성장에 중요한 영향을 미친다는 점을 강조한다.

일터에서 만난 청년들은 자신의 일에 대한 깊은 고민을 내게 털어놓곤 한다.

"지금은 뭐라도 해야 하니까요."

"적당히 일하고 나중에 더 나은 곳으로 옮겨야죠."

"꿈꿀 여유가 없어요. 그냥 사는 거죠."

나 역시 꿈이라는 것이 낯설고 멀기만 했던 시기가 있었기에 꿈에 대한 이러한 말들이 낯설지 않다. 그러나 중요한 건, 꿈은 거창한 계획이 아니라 자잘한 감정의 파동으로 시작되기도 한다는 것이다. 우리는 그 파동을 따라가며 아주 천천히 자신을 알아간다. 그러니 지금의 일이 시작이든 끝이든 혹은 잠시 머무는 지점이든, 그것은 여전히 내 진로의 일부일 수 있다. 마닐라 선생님들의 고백처럼 나 역시 돌이켜보니 모든 경험이 하나도 버릴 것이 없었다. 그렇기에 무엇이든 할 수 있는 일부터 찾아 해보는 것은 멋진 일이며 가치있는 일이다. 우리가 어떤 일을 좋아하는지는 해봐야 알 수 있다고 말했던 '비폭력 대화'의 창시자 마셜 로젠버그Marshall B. Rosenburg 박사의 말처럼, 나 역시 '해본 덕'에 그 일을 일찍 그만둘 수 있었다. 목표를 세우고 준비했던 시간과 그것을 위해 노력했던 열정, 그로 인한 자신감은 내 가슴에 작지만 깊이 새겨졌기에 결코 헛수고가 아니다. 그것은 또 다른 길을 걸어갈 때에 값진 자원이 된다. 당장 앞이 보이지 않는다고, 혹은 생각해보지 않았다고 해서 우리에게 꿈이 존재하지 않는 것은 아니다. '꿈'이라는 단어를 가슴에 품고 깊이 생각해보라. 상상은 인간이 가진 커다란 무기이면서 동시에 현실화할 수 있는 인간의 위대한 능력이다. 또한 꿈이 있으면 지금 하는 사소하고 작은 일도 의미가 달라진다. 나 역시 아직도 내 가슴에 새로운 꿈이 떠오르는지 호기심을 갖고 살펴보곤 한다.

- 지금의 일이 만족스럽지 않더라도, 그 일을 통해 당신이 알게 된 '내 모습'을 떠올려 보세요.

- 우연히 마주한 오늘의 작은 사건이나 감정 속에서, 당신의 '다음 길'에 대한 힌트를 발견한 적이 있었나요?

일터에서의 참을 수 없던 눈물

"소장님, 오늘은 제가 머리 감겨 드릴게요."

수년 전, 내가 자주 다니던 헤어숍에 갔을 때다. 늘 맞아주던 스태프가 보이지 않고, 헤어 디자이너가 맞아주었다. 이상하다고 생각했지만, 샴푸실에 앉아 등을 쭉 기대고 눈을 감았다. 샴푸를 마치고 커피를 마시는데, 디자이너가 걱정 어린 얼굴로 말했다.

"소장님, 사실 제가 고민이 있어요. 우리 스태프가 지금 저 방에서 울고 있어요."

'스태프는 어떤 이유로 업무 시간에 울고 있을까?' 하는 생각이 들었다.

"저희 숍에 까다로운 단골 손님이 계세요. 정말이지, 저도 그 고객이 안 왔으면 좋겠는데, 늘 와요. 너무나 까다롭고 예민해서 드라이할 때부터 스태프들이 전부 긴장을 해요. 오전에 그분이 오셔서 스태프에게 큰 소리를 내면서 말했어요. 뜨겁다, 따갑다, 그러다 결국 드라이기를 손으로 확 치셨는데 그만 드라이기가 땅에 떨어졌죠. 경력이 좀 있는 스태프들은 별일을 다 겪다 보니 그러려니 넘기는데, 그 스태프는 소리에 예민해서 얼어붙더라고요."

스태프가 울게 된 사연을 말하면서 응대하기 어려운 그 고객을 어떻게 대해야 할지, 또 그 스태프에게 어떤 말을 해줘야 할지 고민하는 디자이너를 보며 생각했다.

'그래도 그 스태프에게 이런 사람이 상사여서 정말 다행이다.'

—— 무력감이 나를 압도할지라도

잠시 후, 벌게진 눈으로 방을 나온 스태프는 애써 마음을 진정시킨 듯했다. 그녀는 최대한 담담한 표정으로 다시 일에 복귀했다. 내 눈을 정면으로 마주치지는 않았지만, 조심스럽게 잡지를 가져다주며 내 머리 상태를 체크했다. 그 모습을 보자니 마음이 뭉클해졌다. 입가에 떠오른 억지 미소는, 분명 방금 전까지의 울음을 꾹꾹 눌러 담은 안타까운 흔적이었다.

"이제 좀 진정이 되었어요? 누가 이렇게 많은 눈물을 흘리게 했을까. 얼마나 힘들었으면, 일을 하다 말고 저 방에 들어갔겠어요."
내 말에 그녀는 다시 눈물이 북받쳐 오른 듯 가슴을 헐떡이며 흑흑 소리를 냈다. 그녀를 더 울게 만들고 싶지는 않았지만, 그 고통스러운 마음을 애써 외면하기는 더 어려웠다.

"저도 예전에 서비스직에서 일하며 참지 못하고 운 적이 여러 번 있어요. 주체할 수 없을 만큼요. 오늘 승현 님의 모습이 예전의 저를 떠올리게 하네요. 기운 잃지 말아요. 우리 삶엔 눈물을 자극하는 사람도 있지만, 그 눈물을 닦아주는 사람도 있어요."

잠시 후 그녀는 작게 말했다.

"저는 누가 소리를 지르면 아무 생각이 안 들고, 몸이 얼어붙어요."

그 말에 나는 고개를 끄덕였다. 그렇다. 우리 몸은 무척 똑똑하다. 자율신경계는 견디기 어려운 자극 앞에서 즉각 반응한다. 그중 교감신경계는 심장을 뛰게 하고 호흡을 가빠지게 하며 그 상황을 해결하기 위해서 싸우게 하거나 혹은 도망치게 준비시킨다. 그러나 그마저도 불가능한 상황이라면 우리는 등쪽 미주신경 반응$^{dorsal\ vagal\ shutdown}$으로 인해 부동화^{freeze}를 경험한다. 다리에 힘이 풀리고, 현기증이 나면서 아무 생각이 들지 않고, 말문이 턱 막히는 것도 모두 그러한 반응의 일부로, 고통에 처한 우리 자신을 보호하기 위해 몸이 보내는 신호라고 볼 수 있다.

헤어숍의 스태프였던 승현 씨처럼, 나 역시 처음 강의를 시작했을 때 쉽게 긴장했고 실수하지 않으려 애썼다. 비난을 듣는 게 두려워서 조용히 사라지고 싶었던 날도 있었다. 익숙하지 않은 일 앞에서 우리는 실수할 수밖에 없지만 타인의 시선은 너무나 냉정하다. 때론 그 시선 안에서 우리는 '무가치한 인간'이 되기도 한다. 그래서 우리는 내면의 감정을 억누르고, 슬퍼도 웃는 법을 배우고, 생각과 전혀 다른 말을 하는 법을 터득하게 된다. 그러나 과연 그런 억압과 회피가 성숙하게 '단단해진다'라고 부를 수 있을지는 모르겠다. 어쩌면 사회는 '단단함'이라는 이름을 빌려 '무감각해지는 법'을 가르치고 있는지도 모른다.

사회학자 피에르 부르디외Pierre Bourdieu는 우리가 일터에서 경험하는 감정 노동이라는 것이 자본주의 구조 안에서의 권력 시스템과 그 안에서의 위계 작동 방식임을 말하면서, 구성원들의 정서와 신체가 수용되는 공간이 점차 축소되거나 사라지고 있음을 경고했다. 나는 일터에서의 괴롭힘이나 갑질이 단지 '무례한 인간의 개인적 태도'로 축소되어선 안 된다고 생각한다. 조직 내에서 상하 간의 대화, 서비스 접점에서의 대화를 들어보면 그것은 사회적 권력관계의 축소판이며, 그 피해자는 단순히 기분 나쁜 하루, 한순간을 넘겨야 하는 것이 아니라 '존엄성' 자체를 공격받는 것일 수 있기 때문이다.

십수 년 전, 처음 비폭력 대화에 기반하여 조직 내에서의 대화 훈련을 시작했을 때 나는 적지 않은 공격을 받았다. "뜬구름 잡는 소리하네", "조직 생활 얼마나 해봤어요?" 이런 비아냥에도 불구하고 예나 지금이나 나는 조직이 인간적인 온기를 유지해야 한다는 생각을 여전히 붙잡고 있다. 조직 생활을 많이 해보지 않았지만, 수없이 다양한 조직에서 구성원들이 겪는 고통을 마주했기 때문이다.

조직의 시스템은 결국 사람이 만든다. 그렇기에 그 공간은 사람이 사람답게 숨 쉴 수 있는 곳이어야 한다. 우리는 그렇게 만들 수 있다. 그러기 위해서는 누군가가 무례한 말을 쏟아낼 때 그걸 당연하다는 듯 넘겨서는 안 된다. 우리의 조직문화는 이제서야 조금씩 연대하면서 피해자들의 입장에서 말할 수 있는 힘을 갖게 되었고, 우리는 그 목소리들을 비로소 조금씩 듣고 있다. 그 귀한 변화의 순간을 지켜내야 한다. 감사를 표현하고, 부당함을 개선하는 공간이 우리 곁에 더 많이 생겨나기를 진심으로 바란다.

── 조직도 결국
사람이 만든 곳

어떤 일을 하더라도 인간에게는 존중받고 싶은 욕구가 있다. 최소한의 예의를 갖추려는 서로의 노력이 필요한 이유다. 우리에겐 존엄성을 포기하지 않으면서 성장하고, 배우고, 유능감을 갖춰가는 일이 필요하다.

수만 명이 일하는 대기업이든 수십 명이 일하는 작은 조직이든 리더십은 정말 중요한 요소다. 나는 주로 대기업을 중심으로 일해왔고 후배와 팀원들을 잘 이끄는 리더들을 보았다. 그들은 간혹 팀원들의 눈물을 자극하는 역할도 해야 하지만, 그 눈물을 어떻게 닦아주어야 하는지도 알고 있는 사람들이다. 헤어숍에서 만난 디자이너 역시 단순히 업무의 효율을 관리하는 상사가 아니었다. 그는 일터 내 구성원들의 감정의 흐름을 읽고, 스태프들의 정서를 살피며, 위기를 함께 책임지는 사람이라는 생각이 들었다. 조직행동연구자이자 하버드 경영대학원 교수인 에이미 에드먼드슨Amy Edmondson이 강조하는 심리적 안정감이란, 우리의 취약함과 실수를 인정하고 감정을 표현해도 괜찮다고 믿을 수 있는 마음의 상태라 볼 수 있다. 감정이 북받쳐 승현 씨가 고통스러울 때 상사인 디자이너가 그 고통을 진심으로 존중해준다는 사실 하나만으로도, 그 조직은 단단한 신뢰 위에 서 있다는 것을 알 수 있었다. 리더는 조직 내에서 업무를 지시하고, 분배하고, 점검하는 일을 넘어서 그 안에서의 정서적 분위기를 조율하는 사람이라고 본다면, 이 디자이너는 명백히 그 역할을 수행하고 있었다. 그래서 나는 서비스를 받는 고객으로서도, 조직 내의 갈등 관계를 중재하고 훈련하는 직업인으로서도 깊은 감동을 받았다.

 염세주의적이라 할 정도는 아니더라도, 일터라는 공간에서 내가 보는 나의 인생, 내가 바라보았던 타자들의 인생은 그다지 핑크빛은 아니었다. 그러나 내가 좌절할 때마다 손을 잡아준 사람들도 있었고, 나보다 더 힘든 상황에서 고통스러워하는 이도 있었으며, 그런 상황들 가운데에서도 툭툭 털고 일어나 무소의 뿔처럼 묵묵히 걸어가는 이들도 분명 있었다.

인생이라는 게 따뜻하고 달콤한 바닐라라테 같기만 하다면 얼마나 좋을까. 내가 살아온 인생과 내가 바라본 사람들의 인생을 돌아보면, 달콤한 바닐라라테는 가끔 마시는 것이고, 쓰디쓴 커피같이 인상을 찌푸리게 하는 일들이 더 많았다. 마냥 핑크빛 인생을 꿈꿀 수도, 그려낼 수도 없는, 인생을 너무 알아버린 나이가 되었다. 그럼에도 불구하고 오늘 또 일상을 살아낼 수 있는 힘은, 지나온 날들을 되돌아보니 잘 버텼고, 살 만했고, 무사히 지나왔다는 안도감 덕분이다. 또한 그 과정에서 만나온 사람들의 온기가 큰 버팀목이 되었음을 경험했기 때문이기도 하다.

날 선 긴장이 감돌고 생산성을 추구하고 능력을 보여야 하는 일터에서도 순간순간 서로의 손을 잡아주거나 지칠 때 따뜻한 차 한잔을 내어주며, 그렇게 또 털어내고 홀로 걸어갈 수 있는 힘을 얻기도 한다.

"아이가 아파서 정말 힘들었을 때, 저희 팀장님이 술을 한 잔 사주신 적이 있어요. 그때 팀장님의 첫째 아이에게 발달장애가 있다는 사실을 처음 알았어요. 함께 일한 지 몇 년이 되었는데 말입니다. 그날 너무 죄송하기도 했고, 한편으로는 큰 위로가 되었어요. 팀장님을 그 후로 다시 보게 되었지요. 제가 정말로 존경하는 분입니다. 상사로서도, 아빠로서도요."

　많은 조직에서 리더십을 역량과 정량적인 성과, 수치와 결과로 평가하지만, 그 못지않게 중요한 요건은 감정을 이해하고, 사람이 다치지 않게 지켜주는 정서적 역량이다. 강하게 팀을 끌고 가는 사람보다, 조용히 옆에 있어주는 사람이 더 위대한 리더일 때가 있다. 과업 중심에 치우치다 보면 관계에 소홀해지곤 한다. 그럴 때는 일시적으로는 그 과업의 고비를 넘길지라도 결국 그 관계로 인해 더 중요한 과업에 실패하는 일이 허다했다. 그날 만난 디자이너는 머리를 감겨주는 손끝에서도, 커피를 앞에 두고 고민을 꺼내는 말에서도, '좋은 리더란 어떤 사람인가'에 대한 질문을 나에게 던지고 있었다.

- 나만 힘들다고 느낄 때, 당신 옆에는 어떤 사람들의 모습이 보였나요?

- 일에 능숙하면서도 유연성을 갖추고, 동료를 보듬을 줄 아는 리더가 되어가는 경험을 한 적이 있나요?

일터에서 필요한

존중과 배움

존경하는 분이 해주셨던 이야기가 마음에 오래 남아 있다.

하나님께서 지옥과 천국에 보낼 사람들을 불러 그들의 생애를 하나하나 짚어주셨습니다. 당신이 어떻게 살아왔기에 지옥을 가야 하는지, 당신이 어떻게 살아왔기에 천국을 가야 하는지에 대해서 말이지요. 그 말씀이 끝나자 지옥과 천국에 가야 할 모든 사람들이 같은 질문을 하였다고 합니다.
"제가 언제 그랬단 말입니까?"

잘못을 저지르며 산 사람은 자신의 악함을 합리화하며 자기기만에 빠져 살았기에 자신의 과오를 보지 못해 신의 말에 저항했고, 선하게 살아간 사람은 자신의 행실에 자만이 없고 진정성이 자리하고 있었기에 당연히 살아온 삶 속에서 자신의 선함조차 의식하지 못했다는 말로 들렸다.

─── '자신이 옳다'는 확신이 대화를 가로막을 때

그 이야기를 들으며 문득 한 기업에서 진행한 내규모 조직 평가 결과가 떠올랐다. 전사적으로 시행된 업무 만족도와 동료 간 상호소통 만족도 조사에서 가장 낮은 점수를 받은 부서가 있었는데, 그 부서의 구성원은 대부분 고학력자이자 전문가들이었다.

"각자의 전문성은 뛰어나지만 서로의 말을 잘 들으려 하지 않아요. 자기가 옳다고 믿고 있기 때문에 타인의 관점에 여지를 두지 않고, 오히려 그 확신이 대화를 막아버려요."

담당자의 말을 들으며, 이런 일이 이 조직에서만 발생하는 특수한 문제가 아님을 언급했던 적이 있다. 왜냐하면 그동안 교육 현장에서 자기기만과 자기확신으로 인해 생기는 비극적인 사례를 수없이 목격했기 때문이다. 사람은 각자의 기질, 생애사, 사회적 환경, 그리고 그로 인해 형성된 인지 구조(스키마)를 기반으로 행동한다. 모든 사람이 서로 다른 색을 지니고 있기에 인간관계에서 하나의 보편적 해결책이 존재한다는 건 어쩌면 환상일지도 모른다. 그럼에도 불구하고 소통이 잘 되는 조직에서 공통적으로 관찰되는 태도가 하나 있다. 그것은 다름 아닌 배우려는 태도와 상대를 존중하는 태도다.

지금까지 기업, 공공기관, 종교단체, 교육기관, 비영리조직 등 매우 다양한 조직과 대화 훈련 워크숍을 진행해오면서, 각종 리더십 및 대인관계 평가 결과에서 상위권을 받은 리더들에게는 놀랍도록 일관된 특징이 있음을 발견했다. 그것은 바로 그들이 모두 '전문성' 못지않게 타인을 대하는 태도에서 '겸손과 경청, 열린 자세'를 지녔다는 점이다. 그들은 스스로 특정 분야에서의 전문가일 뿐 완벽한 인간이라고 생각하지 않았다. 워크숍에 오면 메모를 하고, 질문을 던지고, 피드백을 주고받으며 배움을 즐겼다. 어느 회사에 특강을 갔던 날, 연세가 꽤 지긋하신 그 회사의 부회장님이 제일 앞에 앉아 작고 낡은 수첩을 꺼내어 끝없이 메모하고 집중하며 강의를 듣던 모습이 굉장히 인상적이었다. 또 어느 기업의 대표님은 스스로 대화 훈련 워크숍에 참여하여 중역들의 이야기를 귀 기울여 듣고, 함께 웃고 울기까지 하는 모습을 보여주었다. 그 모습을 보며 왜 그분이 그토록 존경받는 리더인지 알 수 있었다. 그룹 워크숍을 진행할 때면 꼭 한두 분씩 이런 분을 만났고, 오히려 이분들에게서 내가 더 많이 배운다는 생각을 자주 했다. 또 삶에서 겸손과 배우려는 태도의 중요성을 깨달을 수 있었다.

반면, 다면평가에서 동료와 팀원으로부터 반복적으로 낮은 점수를 받은 리더들은 왜 자신이 그런 평가를 받았는지 돌아보려 하지 않는 경우들이 꽤 있었다. 기술은 탁월하지만, 사람을 다루는 데 있어 '나보다 당신이 틀렸을 것'이라는 고정된 시선에서 벗어나지 못하는 태도가 엿보이는데, 그것이 그들의 성장과 존경을 가로막는 가장 결정적인 이유였다.

─── 리더십은 기술보다 태도로 증명된다

대니얼 골먼^{Daniel Goleman}은 리더십에서의 핵심이 지적 능력이 아니라 '감성지능^{EQ}', 특히 자기인식, 자기조절, 공감, 사회적 기술이라고 강조한다. 공감은 단순히 '이해하려 애쓰는 것'이 아니라, 타인의 존재와 감정에 마음을 여는 용기이기도 하다. 또 그는 고정적인 리더십을 넘어 상황에 따라 리더십 스타일을 전환할 줄 아는 사람이 가장 효과적인 리더라고 설명하며, 그 근저에는 '자기 이해와 타자 존중'이 있음을 강조했다. 또한 조직심리학자 에드거 샤인^{Edgar H. Schein}은 리더십의 본질이 '질문하는 태도'에서 시작된다는 점에 주목했다. 즉 리더가 모든 것을 통제하고 지시하는 존재가 아니라, 오히려 모르는 것을 인정하고 질문을 통해 사람들과 연결되려는 태도가 진정한 리더십의 시작이라고 강조한다. 샤인은 효과적인 리더는 지식과 명령으로 사람을 움직이기보다, 질문과 경청으로 더 깊은 신뢰와 협력을 이끌어낸다고 보았던 것이다. 이러한 이론들은 결국 한 지점을 향하고 있다. 진짜 리더는 기술뿐만 아니라 태도로 증명된다는 점이 바로 그것이다. 나 역시 내 일에 있어서 경험이 쌓이고, 강의와 컨설팅의 숫자가 늘어날수록 편안해지고 쉬워질 거라 기대했던 적도 있었다. 하지만 그건 단단한 착각이었다. 더 많은 경험은 더 깊은 자각을 가져왔고, 나 자신조차도 여전히 많은 편견과 오만에 물들 수 있다는 사실을 마주해야 했다. 내가 이 일을 통해 깨달은 건, 어느 정도의 전문가인지를 알아가는 것보다 사람으로서 어떻게 살아야 하는지를 더 깊이 고민해야 한다는 것이다.

우리는 매일 누군가와 대화하고 관계를 맺으며 살아간다. 내가 건네는 말, 경청하는 자세, 내가 정한 경계는 모두 내 '존재 방식'을 보여주는 것이다. 존중의 태도는 한순간에 완성되지 않는다. 그것은 '언제 배워야 할지를 자각하는 순간들'을 통해 조금씩, 그러나 점점 더 섬세하게 다듬어진다. 우리는 나 자신에게 다시 질문할 필요가 있다.

"나는 정말 다른 사람의 존재를 존중하고 있는가?"

그리고 가끔은 신 앞에서든, 사람 앞에서든 "제가 언제 그랬단 말입니까?"라고 자기기만의 말을 내뱉고 있지는 않는지 돌아볼 필요가 있다. 우리가 기억하지 못한 어떤 태도, 의식하지 못한 표정, 들으려 하지 않았던 누군가의 목소리. 어쩌면 그것이야말로 전문가가 되기 전에 먼저 회복해야 할 '사람의 기본적 태도'일지도 모른다.

── 진심으로 존중하는 태도는 마음을 열게 한다

고통스러우면서도 매우 흥미로웠던 한 가지 발견은, 오래전 한 기업에서 진행된 8주간의 대화 훈련 워크숍 현장에서 일어났다. 이 교육은 한 조직에서 하위 평가를 받은 리더들만을 대상으로 진행되었는데, 나는 시작부터 긴장한 상태였다. 내 안에는 이미 선입견이 자리를 잡고 있었기 때문이다.

'이 사람들을 어떻게 변화시킬 수 있을까? 과연 이들이 정말 달라질 수 있을까?'

그 생각은 내 태도와 표정 곳곳에 스며 있었고, 나는 그들을 '문제적 인간'으로 바라보며 그 존재 자체를 온전히 존중하지 않았다. 그 결과 자연히 그들의 의견에 귀를 기울이지 못했고, 오직 '변화시켜야 한다'라는 마음만이 앞섰다.

결과는 예상보다 큰 실패였다. 그분들은 워크숍을 이끄는 나에게 방어적이었고, 교육의 흐름이 경직되었다. 그날, 나는 온몸에 진이다 빠질 정도로 힘들었고 매우 부끄러웠다. 나의 태도로 인해 실패한 시간이었다.

칼 로저스Carl Rogers는 진정한 관계는, 상대를 '고쳐야 할 존재'로 보기보다는 그 사람이 지금 이 자리에서 '이해받을 자격이 있다고 믿는' 데서 시작된다고 보았다. 그것이 바로 "무조건적 긍정적 존중 unconditional positive regard"이라는 개념이다. 관계란 상대를 있는 그대로 받아들이고, 그가 처한 조건과 상황, 내면의 감정까지도 열린 마음으로 들여다보려 할 때 비로소 열리는 것이라 강조했다. 나는 그날 이 중요한 태도를 '완벽하게' 지켜내지 못했다. 아쉬움이 가득하게 남은 교육을 돌아보며 이런 생각을 했다.

'내 경험을 존중하면서 동시에 타인의 경험도 존중하기로 한다.'

'내 임상경험을 인정하면서 동시에 교육생들로부터 배워가야 함을 인정한다.'

그 후 다시 비슷한 조직의 교육을 맡게 되었다. 나는 지난 실패의 경험에서 얻은 깨달음을 떠올리며, 단 한 사람도 '문제적 인간'으로 보지 않겠다고 마음먹었다. 대신 한 사람 한 사람을 '그럴 만한 이유가 있는 존재'로 바라보기로 했다. 놀랍게도 교육의 분위기는 훨씬 따뜻했고, 몇몇 참여자들은 '사실 내가 억울했다'고, '수치심 때문에 더 이상 나아갈 수 없었다'고 털어놓기도 했다. 진정한 변화는 기술이 아니라 존중에서 시작된다는 사실을 다시금 깊이 깨닫는 경험이었다. 그러나 이런 태도로 다가간다고 해서 모든 관계가 회복되는 것은 아니다. 어떤 리더들은 결코 자신의 그림자를 보려 하지 않는다. 프랑스 정신과 의사인 프란츠 파농Frantz Fanon은 오랜 억압을 겪은 사람은 자신도 모르게 타인을 억압함으로써 정체성을 세운다고 했다. "나는 괜찮은데, 너희가 문제야"라고 말하는 순간, 그는 이미 자신의 취약함을 타자화하는 것이다. 팀원들의 성장을 가로막고, 무능함을 낙인찍으며, 자신의 훌륭함을 증명하려 애쓰는 리더들은 오히려 내면의 연약함을 숨기기 위해 권위를 과시한다. 교육을 끝낸 이후에도 그중 몇몇은 끝까지 마음의 문을 열지 않았다. 이런 경험은 대화 훈련가로서 내 역량의 한계 역시 겸허하게 받아들여야 한다는 깨달음을 주는 계기가 되었다.

내가 뭘 좀 안다 싶은 확신이 들 때, 그 확신을 내려놓고 "타인은 어떻게 바라보고 있을까?"라는 물음으로 바꿔보는 건 어떨까? 어쩌면 이것이 일터에서 가장 중요한 자세일지도 모른다.

생각 나누기

- 당신은 일터에서 서로를 존중하며 대화하고 있나요?
- 상대를 존중하고 상대의 말을 잘 들어보려 노력하나요? 상대는 당신을 존중하고 당신의 의견을 귀 담아 들어주나요?

> 우리,
>
> 오늘
> 하루도
> 참 수고했다

"그 방에 들어갔다가 세 시간이 지나서야 나왔어요. 저한테 얼마나 소리를 질러대던지…. 제가 그 방에서 나왔을 때 그분의 비서가 묘한 표정으로 저를 바라보더군요. 그게 동정심이었는지 조롱인지는 구별이 되지 않았어요. 제 자리로 걸어가는데 아무도 말을 걸지 않았고, 저를 바라보는 사람들의 시선만이 느껴졌어요. 자리에 앉자마자 떨리는 손으로 사직서를 쓰기 시작했어요. 그러나 낼 수 없었죠. 그렇게 보내던 주니어 시절이 있었습니다."

이 일을 겪은 당시 주니어였던 김정욱 씨는 현재 커리어 정점에 있는 중역이 되었다. 요즘이라면 상상하기조차 어려운 그 경험은,

중년의 무게와 함께 한 조각의 슬픔을 간직한 채 교육 현장의 모든 이에게 다소 떨리는 목소리로 전해졌다.

당시 그의 아내는 임신 중이었다고 한다. 사직서를 반쯤 썼을 때, 왼손에 끼워진 반짝이는 금반지가 눈에 들어왔고, 그 반지는 펜을 놀리는 그의 손을 붙잡았다. 곧 태어날 아이는 그가 견디고, 버텨야 했던 이유다. 강연 중에 만난 많은 분들이 인생에서 절대로 잊히지 않는 얼굴을 가진 사람을 만난 적이 있다고 고백한다. 그중에는 우리를 성장하게 만들어준 사람도 있고, 분노케 한 사람도 있으며, 감동을 준 사람도 있다. 특히 조직에서 만나는 리더는 우리 삶의 방향과 내면의 신념을 바꾸어놓을 만큼 깊은 흔적을 남긴다. 어떤 리더는 우리를 존엄하게 만들고, 또 어떤 리더는 우리를 그저 도구로 만든다.

── 우리를 견디게 해주는 힘

우리를 버티게 해주는 이유는 무엇일까? 많은 사람들은 가족을 떠올리며 코 푼 휴지를 구겨버리듯 자신의 수치심도 조용히 마음 한구석에 구겨 넣곤 한다. 그렇다고 해서 모든 인내가 불행만 의미하는 것은 아니다. 빅터 프랭클Viktor E. Frankl의 말처럼 고통이란 깊은 의미를 지닐 때 비로소 기꺼이 견딜 수 있는 값진 것이기 때문이다. 그날 금반지를 본 정욱 씨는, 단순히 버티고 견딘 것이 아니라 선택한 것이라고 보아야 할 것이다. 나는 정욱 씨가 한 선택은 결코 굴욕의 결과가 아니라 사랑의 방향으로 가는 것이었다고 생각한다.

많은 사람들이 때때로 사직서를 쓰고도 끝내 제출하진 않는다. 어떤 날은 사직서 대신 사랑하는 가족사진을 꺼내고, 어떤 날은 연대의식을 느끼는 동료와의 커피 한 잔으로 그 마음을 멈춘다. 우리 안의 존엄은 그렇게 작고 사소한 것들로 회복되기도 한다.

'지켜야 할 것이 있어서 멈춘 선택'은 결코 비겁하거나 수치스러운 행동이라고 할 수 없다. 그것은 오히려 위엄이며, 때로는 사랑의 표현이거나 의지의 결정이 아닐까? 정욱 씨에게 그 기억은 직장 생활에서 얻은 큰 상처이자 동시에 성장의 전환점이 되었다. 그리고 결심을 하나 했다고 한다.

'언젠가 저 자리에 가게 된다면 나는 절대로 저런 상사가 되지 않겠노라.'

자기와의 약속을 지키며 그렇게 살아냈다. 실제 정욱 씨는 그 조직에서 팀원들로부터 유능하고 신뢰할 수 있는 리더라는 평가를 받고 있었다.

같은 직급의 중역들이 참여한 교육 대화 훈련 시간에, 정욱 씨가 먼저 자신의 아픈 경험을 털어놓자 이야기를 듣던 동료들이 진심으로 위로해주기 시작했다.

"정말 수고 많으셨습니다. 저도 그런 비슷한 일이 있어서인지 가슴이 많이 아팠네요."

"애 많이 쓰셨습니다. 그래서 지금 이렇게 리더십이 좋은 중역이 되셨나 봅니다."

"고생하셨습니다. 그분 진짜 안 된 사람이네요. 그 사람 오래가던가요?"

함께 교육받던 동료들의 위로와 의견을 경청하던 정욱 씨는 차분하고, 무게가 느껴지는 반응을 보였다.

"이렇게 많은 동료들에게 위로를 들으니, 마음이 한결 가벼워지네요. 그렇게 오래된 일인데도 제게 위로가 필요했나 봅니다. 진심으로 감사합니다."

알랭 드 보통Alain de Botton은 우리가 힘들 때 결코 당신은 혼자가 아니라는 점을 알려주는 것이 가장 근사한 위로라고 했다. 또한 중요한 타인의 관심과 돌봄이 우리를 고립감에서 벗어나게 해주며 소중한 이들과의 관계 안에서 우리의 정체성이 확인된다고 강조한다. 한 사람의 기억 속에 오랫동안 갇혀있는 고통이 주변 동료들의 말 한마디로 정화되고, 무겁던 방 안의 공기가 달라지는 순간이었다.

정량적인 숫사, 결과, 효율성이라는 세 단어는 대부분의 조직이 숭배하는 가치다. 그런데 아이러니하게도, 우리는 결과 중심의 직장에서조차 인간의 기본 욕구인 사랑으로부터 벗어나거나 도망치지 못한다. 인정과 보상이라는 말로 포장되지만 그 깊은 내면을 들여다보면 감사를 나누고, 인정받고, 환대받고, 무엇보다도 사랑받고 싶은 근원적 욕구로 이어진다. 우리의 일터는 단순한 생계의 공간이 아니라 인생의 절반이 흘러가는 무대인 것이다. 그렇기에 더 많이 존중하고 함께 걷는 리더가 필요하다. 가장 빠르게 걷는 사람이 아니라, 함께 걷는 사람이 진짜 리더다. 나는 어느 자리에서건 오늘을 견뎌낸 사람들에게 이렇게 말하고 싶다.

"그래, 너도 애쓰고 있구나. 나도 애쓰고 있어."
"우리 둘 다, 오늘 하루 참 수고 많았어요. 내일도 건강하게 다시 만나요."

- 가장 힘들었던 직장 내 경험은 무엇이었나요? 그때 당신이 지키고자 하는 것은 무엇이었나요?

- 당신은 일터에서 어떤 '눈'으로 사람들을 바라보고 있나요? 경쟁의 눈인가요, 공감의 눈인가요?

낙인을 넘어서야

가능한 이해의 길

"아니 왜 자꾸 그러세요? 팀장 되시더니…."

"제가 못 할 말 하는 건 아니잖아요. 중간 리더면서 자꾸 주니어들에게 일을 넘기기만 하니까요."

"제 나름대로 주니어들이 일을 배울 수 있게 기회를 주고 성장시키는 건데요?"

"그럼 본인은 무슨 일을 하고 있나요?"

"정말 사사건건 간섭이시네요. 꼰대 마인드 아니세요?"

평균 연령 30대 중후반으로, 비교적 '젊은 구성원'들이 대다수인 회사에서 있던 일이었다. 전형적으로 꼰대라 할 나이대는 없었던 그 회사에서도 꼰대 문화를 해결해달라며 대화 훈련 요청이 왔다.

도대체 어떤 사건이, 어떤 대화가 서로를 꼰대라는 이름으로 낙인찍게 만들고, 대화가 끊어지고, 갈등이 깊어지게 된 것일까. 꼰대란 젊은 세대의 특성을 존중하지 않고 무조건 자신의 경험과 권위를 내세우려는 기성세대를 비꼬는 표현인데, 30대 초반 나이대가 가장 많은 이 조직에서는 누가 꼰대였을까. 자기 주장만 하는 사람, 기본이 없는 사람, 남의 말을 안 듣는 사람, 눈치 없는 사람, 시대적 흐름을 못 쫓아가는 사람, 권위적인 사람, … 이들이 서로에게 만들어준 적 이미지는 끝이 없었다.

── 적 이미지가 만든
마음의 거리

일터에는 꼰대들이 존재하기 마련이다. '꼬대'라는 말은 어느 한 사람을 지칭하는 '꼬리표'가 된다. 꼰대뿐일까. 방금 나열한 다양한 '○○한' 사람들은 모두 그들의 '꼬리표'다. 다시 말해 서로에게 쉽게 꼬리표를 붙이고, 상대를 하나의 이미지로 단정 짓는 '적 이미지^{enemy} ^{Image}'를 자주 만들어낸다. 비폭력 대화를 개발한 마셜 로젠버그 박사는 적 이미지가 인간에 대한 인식을 좁히고, 인간을 그저 행동으로만 환원시켜버리는 점을 분명히 지적했다.

"그 사람은 이런 사람이야", "그 사람의 문제는 이거야"라는 식으로 특정한 부정적 이미지의 꼬리표를 붙이고 나면, 우리는 그 사람을 오로지 그 이미지의 틀 안에서만 보게 된다. 이는 인간 관계에서 매우 흔히 일어나는 심리적 오류다. 심리학에서는 이를 '확증편향confirmation bias'이라 부른다. 확증편향이 생기면, 우리는 특정 신념이나 생각을 가지게 될 때 그 생각을 뒷받침하는 정보만을 선택적으로 인지하고, 반대되는 정보는 무시하거나 축소하여 해석하는 오류에 빠진다. 즉, 이기적인 모습만 찾아내서 나의 '적 이미지'를 공고히 진실로 만들어두는 것이다. 이렇듯 어떤 존재를 특정한 틀로만 보게 되면, 그 틀에서 벗어난 다른 모습은 눈에 잘 띄지 않는다. 관심을 기울이지 않는 순간, 중요한 모습이 보여도 우리의 인식은 그것을 걸러내고 지나치기 때문이다. 이런 현상을 '무주의 맹시inattentional blindness'라고 한다. 우리가 누군가를 '이기적인 사람'으로 규정하면 그 사람이 베푸는 선행이나 친절함조차 '위선'이나 '계산된 행동'으로 해석하게 되고, 그 사람의 단점만을 증거 삼아 우리의 판단을 굳건히 고착시킨다. 우리 뇌가 '그 사람은 문제 있는 사람'이라는 전제를 세우고, 그 전제를 강화하는 정보만 수집하고, 그 전제를 깨뜨릴 수 있는 정보에는 주의를 기울이지 않는 것이다. 이러한 인지적 오류는 단순히 상대방을 왜곡하여 바라보는 데 그치지 않고, 우리의 일상을 더 팍팍하게 만든다. 미운 사람, 못마땅한 사람들이 많아질수록 일상에서 부딪히는 작은 일에도 짜증과 분노가 증폭되며, 결국 그 심리적 스트레스는 나 자신의 몫으로 돌아오기 때문이다. 관계에서 중요한 것은 고정된 이미지를 갖는 것이 아니라, 상대방의 변화 가능성과 다양한 면모를 인식하려는 태도다. 그러한 시선이 우리 자신의 마음도 덜 괴롭히고 관계를 더 건강하게 만든다.

강렬하고 다양한 적 이미지가 있는 지긋지긋한 곳을 떠나 새로운 곳으로 옮기는 사람들을 많이 보았다. 그러나 안타깝게도 어디를 가든, 누구를 만나든 곧 '적 이미지-새로운 꼰대'가 생겨난다. 이 고통스러운 반복은 어떻게 해야 끊어내거나 완화할 수 있을까? 피할 수 없고 매일 마주쳐야 하는 관계 속에서, 괴로운 마음을 우리는 어떻게 다룰 수 있을까?

여러 기업에서 교육을 할 때마다 이 질문에 대해 많은 탐색을 하곤 했다. 새로운 변화를 위해 적극적으로 개선을 요청하거나, 때로 환경을 바꾸기 위한 연합과 노력도 중요하지만, 인간에게는 '적응'이라는 과제 또한 중요하다. 인생에는 우리가 원치 않아도 이혼, 별거, 실직, 급여 조건, 사망, 질병 등 급작스럽고 느닷없는 변화가 불청객처럼 찾아오기도 한다. 인생을 살다 보면, 언젠가 그 불청객의 의미를 알게 되는 나이에 이른다. 일터도 다르지 않았다. 내가 만났던 수많은 리더, 혹은 중간 관리자는 매일 찾아오는 반가운, 혹은 반갑지 않은 손님을 맞이하며 변화와 그에 따르는 '적응'을 해내느라 애쓰고 있었다. 많은 사람들이 도전과 변화를 적응과 반대되는 개념으로 이해하곤 한다. 그러나 도전과 변화 역시 그 사이사이의 적응 없이는 불가능한 목표로 남기 쉽다.

여러 차례 구조조정이 이어졌던 어느 해, 한 기업에서 있었던 일이다. 소위 희망퇴직이라는 제도 안에서 많은 이들이 회사를 떠나고 동료와 팀원을 잃은 사람들은 비어있는 공간을 보면서 심란한 마음으로 근무를 해야 하는 상황이었다. 그러다 보니 다른 팀이 하던 일을 우리 팀에서 떠맡기도 하고, 다섯 명이 하던 일을 단 두 명이서 해내야 하는 일도 생겼다. 어느 날, 오 팀장이 다른 팀의 업무를 맡아 오게 되었고, 그 업무를 팀원들에게 분담한 과정에서 팀원 중 한 명인 이 PM으로부터 강한 불만을 듣게 되었다.

"오 팀장님 마음을 모르는 건 아니죠. 그렇지만 남은 직원들이 무슨 봉도 아니고, 왜 계속 다른 팀에서 하는 일을 당연한 듯 떠맡아야 합니까? 팀장님의 역할은, 팀원들의 불편함을 듣고 고민해서, 윗선에 보고하고 조정해주는 것이라고 생각합니다. 그건 결국 팀장님 자신을 위한 일이기도 해요. 솔직히 말씀드리면, 오 팀장님이 무능력한 사람으로 생각돼요."

"회사 구조조정은 누구의 탓도 아니에요. 모두에게 비극입니다. 출근할 때마다 오늘은 누구의 자리가 없어질까 하는 생각에 가슴이 철렁해요. 내가 아니기를 진정으로 바라지만, 막상 내가 아니었을 때 느껴지는 안도감은 짧아요. 그런 안도감을 느끼는 내가 너무 비겁하다 느낄 때도 있어요. 이런 상황에서 업무가 늘어나는 건 피할 수 없는 현실입니다. 그런 현실에 적응하면서 서로 조금씩 양보하려는 노력이 왜 무능한 팀장, 꼰대 같은 팀장으로 낙인찍힐 일입니까. 오히려 저는 이 PM이 이기적인 사람이라는 생각을 지울 수 없어요."

오 팀장은 이 PM을 이기적이라고, 이 PM은 오 팀장을 무능력한 사람이라고 낙인찍었다. 이렇게 수많은 관계에서, 서로가 서로를 특정 꼬리표를 붙여 바라보는 '적 이미지'를 마주한다. 사람들은 마음이 상하면 간단하고 명료하게 상대를 낙인찍을 수 있는 단어를 어떻게든 찾아내 표현했다. 서로의 이야기를 끝까지 들어보면, 서로가 무엇을 원하는지를 충분히 알 수 있다. 그럼에도 서로가 규정해놓은 적 이미지 하나 때문에 감정이 상하고 상처받아서 더 중요한 '말의 의미'를 파악하려 들지 않는다. 이보다 더 안타까운 일이 있을까.

── 비난을 멈추고,
진짜 마음 꺼내보기

조금 다르게 말해보면 어떨까? 조금 다르게 들어보면 어떨까? 서로가 정말로 하고 싶었던 말의 의미와 의도를 있는 그대로 표현하고, 또 그렇게 들어줄 수 있다면 어떨까? 대개 서로를 비난하느라 많은 시간과 에너지를 낭비했다는 사실을 깨닫고 나면, 더 이상 상대를 비난하고 낙인찍는 데 힘을 쏟기보다 자신에게 중요한 것이 무엇인지 의식하고 표현하려 애쓰는 쪽을 선택하기도 한다.

"제가 오 팀장님을 향해 무능력하고 바보 같다고 표현했지만, 그것이 진짜 제가 하고 싶은 말은 아니에요. 제가 원했던 건 우리 팀이 명확하게 일할 수 있도록 중간 리더로서 팀원들을 보호해주길 바라는 것뿐이에요. 그게 제가 하고 싶었던 말이에요."

"저 역시 이 PM을 이기적인 사람이라는 적 이미지로 표현했지만, 진짜 제 마음은 아니었어요. 제가 정말 바란 건 회사의 어려움을 공유하고, 이해하고, 어쩔 수 없는 상황은 함께 협력해주는 것이었어요. 그게 제가 진짜 하고 싶던 말이에요. 이 PM의 말처럼 언제까지 다 떠맡을 수 없는 것도 사실이죠. 이기적이라 할 수만은 없을 것 같아요."

고통스러운 상황에서 사람들은 쉽게 서로를 비난하고 폭력적으로 변하지만, 자신의 진짜 욕구를 마주할 때는 그 방식을 바꾸기도 한다는 걸 경험해왔다. 대화의 목적은 상대를 비난하고 낙인찍는 것이 아니라 자신이 원하는 것을 상대에게서 이해받고자 하는 것이다.

"우리 상사는 생각이 없어요."
┗, "저는 상사와 일할 때 이 일을 하는 이유를 듣고 싶어요. 이왕 하는 일, 조금은 신나게 하고 싶거든요."

"제 팀원은 음흉해요. 속을 알 수 없는 사람이에요."
┗, "저는 팀원과 대화를 통해 서로에 대해 좀 더 이해하고 싶어요."

누군가와의 관계 맺기는 단순한 사건이라고만 볼 수 없다. 그것은 어쩌면 여운을 남기는 예술적 작업이 되기도 한다. 낙인과 오해, 꼬리표와 단절은 결국 관계의 소외를 낳는다. 하지만 관계란, 때로 다정한 말 한마디, 정직한 표현 하나로 복원될 수 있다.

그러니 다시 한번 묻자.

우리가 서로에게 하고 싶은 말은 무엇이었을까? 우리는 정말 '비난'하고 싶었던 걸까, 아니면 자신이 '원하는 바를 이해받고' 싶었던 걸까?

이 질문을 마음에 품고 일터로 들어선다면, 빈 책상도, 늘어난 업무도, 조금은 다르게 보일지도 모른다. 그리고 무엇보다, 내가 먼저 비난을 멈추고 진심을 전하는 사람이 될 용기를 낼 수 있을지도 모른다.

- 최근 누군가에게 '적 이미지'를 붙인 적이 있나요?
- 그 사람이 미운 이유 너머에, 당신이 진짜로 바라던 건 무엇이었나요?

불편한 상황에서의 대화 연습

'불편한 말을 어떻게 들어야 할까'를 주제로 유튜브에서 강의를 했을 때의 일이다. 상대가 나에게 불편한 말을 할 때, 마셜 로젠버그 박사의 조언처럼 상대의 모든 비난의 말을 왜곡된 방식의 부탁으로 들어보라는 것이 강의의 핵심이었다. 그러나 '부탁으로 들어보자'는 말에, 어떤 이들은 "내가 보살이냐", "그런 인간은 똑같이 쏘아 붙여줘야 한다"며 불편한 마음을 담아 댓글로 표현했다. 평소 나는 모니터링을 위해 한두 번 내 강의를 다시 보는 것 외에는 영상을 거의 시청하지 않는다. 하지만 가끔은 일부러 댓글을 보며 부정적인 말들을 '그 사람이 하고 싶은 말'로 바꾸는 연습을 한다. 아마도 '나도 해볼 만큼 다 노력해봤는데 한계가 있습니다. 불편한 말을 건네는 사람에게는 그를 이해하려는 노력보다 나 자신을 보호하고 강하게 불편함을 표현할 필요가 있습니다'라는 메시지가 아니었을까. 불편한 심정을 담은 익명의 댓글 대부분은 교감신경이 활성화되어, 말 그대로 '파이트FIGHT' 모드로 돌입한 상태에서 쓰여졌다고 볼 수 있다. 그래서 여러 영상 매체의 댓글들을 읽다 보면, '이분들이 함께 대화 훈련을 나누면 참 좋을 텐데' 하는 아쉬움을 느끼기도 한다.

예전에도 지금도, 그리고 아마 미래에도 나는 꿋꿋하게 이 방식의 훈련을 이어가지 않을까 싶다. 왜냐하면 대화 훈련의 목적은 논쟁을 통해 이기고 지는 것에 있지 않기 때문이다. 즉, 서로 비난하거나 싸워서 상대를 굴복시키거나 내가 굴복당하는 것은 내화의 목적이 아니다. 특히나 그 대상이 부모와 자녀, 사랑하는 파트너 사이라면 더더욱 그렇다. 그래서 〈연결의 대화〉 워크숍에서는 상대에게 마음 상하는 말을 들었을 때 어떻게 대처해야 하는지 방법을 알려준다. 먼저 그런 말을 들은 교육생의 속상한 마음을 잠시 공감해주고, 이내 손가락을 돌리게 하면서 '그 사람의 말이 부탁일까, 감사일까'를 판단할 수 있도록 돕는다. (상대의 말에 대해서 우리가 '예스'를 할지 '노'를 할지는 그 이후의 문제다.) 특히 그 사람이 나보다 힘이 있는 사람이라면 더더욱 '부탁'으로 듣는 것이 자존감을 지켜내는 데 도움이 된다. 그러나 이 방법은 오랜 훈련의 결과로 얻어진 경험일 뿐, 유일한 정답은 이니다. 조금 더 자세히 설명해보겠다.

대화는 겉으로 보면 단순한 '말을 주고받는 일'처럼 보이지만, 그 이면에는 신경계의 정교한 작용이 깊이 개입되어 있다. 몸의 자율신경계는 크게 교감신경과 부교감신경으로 나뉘며, 그중 부교감신경은 배쪽 미주신경과 등쪽 미주신경으로 나뉜다.

- 배쪽 미주신경: 사회적 연결, 안정적인 대화 유지
- 교감신경: 싸우거나 도망가기
- 등쪽 미주신경: 얼어붙거나 무기력해지기

특히 배쪽 미주신경은 차분하고 합리적인 대화를 가능하게 하는 핵심 요소지만, 스트레스 상황에서는 가장 먼저 기능이 떨어지게 된다. 대인관계나 직장 환경에서도 이런 신경계 반응이 그대로 드러나는 사례를 살펴볼 수 있다.

── 불편한 상황에서 나타나는 반응

김 매니저는 대기업의 마케팅 부서에서 일하는 5년 차 직장인이었다. 그는 팀장인 박 부장과 함께 큰 프로젝트를 3개월간 진행하고 있었다. 열네 명의 팀원이 모두 집중해서 만든 자료를 모아, 중요한 클라이언트 앞에서의 발표를 앞두고 있었다. 그런데 중간 관리자 몇 명이 프레젠테이션 자료를 돌아가며 확인하는 과정에서 단 한 사람도 핵심 데이터의 오류를 발견하지 못했다. 이 때문에 팀장인 박 부장이 프레젠테이션을 하던 도중 난처한 상황에 놓였고, 그 계약은 보류되었다. 회의가 끝난 후 클라이언트가 돌아가자마자, 몹시 화가 난 박 부장은 팀원들 앞에서 목소리를 고래고래 높였다. 그는 이미 이성을 잃었고, 곧 후회할 말을 하고 말았다.

"야! 넌 도대체 뭘 한 거야? 몇 번이나 체크하라고 했잖아! 이런 식이면 우리가 하는 말이 먹히겠어? 이제 이 건은 끝난 거야!"

김 매니저는 실수를 인정하지만 부장님을 포함하여 매니저 몇몇이 같이 최종 검토를 했음에도 책임이 전부 자신에게만 돌아오는 상황이 몹시 불편했다. 게다가 주니어들의 시선이 집중된 자리에서 부장님의 날 선 말을 들었을 때, 김 매니저의 몸이 순간적으로 굳었다. 이 순간 그의 신경계는 과연 어떻게 반응할까?

1. 함께 일하다 보면, 참을 수 없게 만드는 누군가의 말과 행동을 경험하게 된다. 이럴 때 우리 몸은 순차적으로 신경계가 활성화되는데, 이때 가장 필요한 능력은 바로 차분하고 합리적으로 대응하는 것이다. 다시 말해, '부장님이 저렇게 비난하는 게 목적이 아닐 텐데, 정말 하고 싶은 말은 뭘까'라고 해석하며 상황을

이해하고 문제를 해결하는 것이 중요하다. 하지만 아이러니하게도 이런 해석을 하고 문제를 해결할 수 있는 능력을 담당하는 배쪽 미주신경의 기능이 가장 우선적으로 떨어지게 된다.

2. 그러면 어느 순간 교감신경이 활성화되어 같이 폭언하고 싸우거나 아니면 그 사람을 가급적 피하게 된다. 그런데 이 교감신경의 활성화 반응(싸우거나 도망가는)은 사회생활에서 적을 만들거나 혹은 만만한 사람으로 취급받게 만들 확률을 높인다.

싸우거나 도망가기
ㄴ "팀장님, 저만의 실수가 아니에요! 다른 팀원들도 같이 검토 했잖아요."

도망가거나 얼어붙기
ㄴ "죄송합니다. 할 말이 없습니다."

3. 그러나 견딜 수 있는 수준을 넘어가는 더 심한 자극이 오면 싸우거나 도망갈 능력마저 없어지고, 등쪽 미주신경이 활성화되어 기억을 잘 못하거나 호흡에 문제가 생겨 무기력해지고 몸이 완전히 고갈된다(부동화). 이렇게 되면 모든 것을 내려놓고 주저앉고 만다. 김 매니저의 상황처럼 생존을 위협할 만한 상황이 아닌

경우라면 논리적으로 생각하고 대화할 수 있는 상태가 아닌 상황에서 그저 "죄송합니다"를 반복할 수도 있다. 이때는 도망가기의 반응일 수도 있지만 경미한 상태의 부동화 반응일 수도 있다. 즉, 부동화 반응은 아주 약한 상태의 멍한 상황에서 극심한 해리까지 다양하게 나타날 수 있다. 이는 개인마다 갖고 있는 신경계 상태의 차이와 함께 평소 우리가 지닌 대화패턴에 따라 다소 차이가 있을 수 있다.

이처럼 신경계를 조금 더 깊이 들여다보면, 우리 몸의 감각과 정서, 행동과 생각, 그리고 말이 얼마나 긴밀하게 연결되어 있는지, 내화의 능력에 얼마나 큰 영향을 미치는지 조금 더 쉽게 이해할 수 있다. 이런 대화 방식은 소위 직장 생활을 얼마나 오래 했는지에 따라 그 능력이 터득되는 것이라기보다는 우리의 신체, 정서, 대화, 관계를 이해하는 것에서 배울 수 있다.

우리를 공격하거나 무례한 말을 하는 사람들 역시 신경계 관점에서 바라본다면, 성장 환경에서 대상관계의 건강하지 못한 경험으로 인해 배쪽 미주신경(대개 지혜로운 보호자의 노력으로 완성되는)이 발달하지 못한 탓으로도 볼 수 있다. 이런 관점으로 본다면 이들을 나쁘게 간주하기보다는 안쓰러운 대상으로 바라볼 수도 있다.

─── 불편한 상황에서의 건강한 대화

건강한 대화란, 단순히 말을 잘해서 상대를 꼼짝 못 하게 만들거나 내 뜻대로 상대를 움직이게 하는 것이 아니라, 배쪽 미주신경을 활성화하여 심리적 안정감과 사회적 참여 능력을 유지하는 것이다. 즉, 침착하고 명확하게 자기가 하고자 하는 말을 잘하는 능력을 갖추는 것인데, 이것을 신경계로 설명하자면, 배쪽 미주신경(자극되면 가장 먼저 타격을 받는)의 기능을 잘 유지해야 가능한 능력이다. 피할 수 없거나 소중한 대상이라면 나 자신을 보호하면서도 그들을 돕기 위해서는 배쪽 미주신경을 유지해야 하는 것이 무엇보다 중요하다. 나 역시, 이 신경이 발달하지 않았던 어린 시절을 지나오며 싸우거나 피하거나 얼어붙고마는 반응에 익숙했다. 그래서 이 과정을 배우고 적용하는 일이 처음엔 쉽지 않았고, 지금도 여전히 그렇다.

불편한 상황에서 위축되는 사람이라면 지금부터 함께 이 방법을 연습해보자.

호기심을 유지하기

- 코로 숨을 마시고, 입으로 숨을 끝까지 뱉기(들숨 4초 - 날숨 6초)
- 3~15분간 자리에서 벗어나기
- 논리적인 사고가 가능한 상태로 돌아온 후 대화하기

"저 사람은 무슨 말을 하고 싶었던 걸까."
└, 호기심 유지하기

박 부장의 말에 김 매니저가 바로 반응하기는 쉽지 않을 수 있다. 감정을 쏟아내는 상사 앞에서 잠시 참는 것 또한 지혜로운 일이다. 그것은 할 말이 없어서가 아니라 이미 뚜껑이 열린 상사에게도 진정할 시간이 필요하기 때문이다. 처음부터 방어적으로 반응하지 않고, 호흡을 가다듬으며 '무엇 때문에, 왜 저렇게 화를 낼까?'라는 호기심을 유지하는 태도는 이런 상황에서 매우 중요하다.

── 상대의 생각, 감정과 욕구를 반영해주는 대화

상대방이 감정적으로만 빠져있을 때, 상대가 원하는 것이 무엇인지를 추측하고 짚어주며 대화를 이끌어본다.

생각-감정 접근 방법

"팀장님, 이번 실수로 인해 회사 계약이 성사되지 않을까 봐 걱정되시는 거지요. 저도 같은 마음입니다."

ㄴ, 이 말을 들은 박 부장은 "당연하지. 프로젝트가 설득되어야 계약이 되는 거야"라고 말하며 감정을 가라앉힐 수 있다.

감정-욕구 접근 방법

"팀장님, 저도 팀장님과 같습니다. 저도 굉장히 당황했습니다. 우선 회사 신뢰와 계약을 성공적으로 하기 위해서 어디서부터 문제가 생겼는지 더 구체적으로 같이 알아보는 것이 어떨까요?"

ㄴ, 이렇게 질문하면, 비난의 흐름을 멈추고 해결책으로 논의가 전환될 가능성이 높다.

상대의 말을 부탁으로 해석하기

박 부장의 비난을 단순한 공격이 아니라, '프로젝트의 완성도를 높이고 싶다'라는 요청으로 해석하면 감정적으로 휩쓸리지 않을 수 있다.

적용 방법

"팀장님, 다음 PT 때 이런 실수를 줄이고 회복하기 위한 방법을 생각했습니다. 제가 어떤 방식으로 점검하고 준비하면 좋을까요?"

ㄴ, 이렇게 접근하면, 구체적인 해결책을 함께 모색하는 방향으로

대화로 나아갈 수 있다.

직장 내에서 불편한 대화를 하게 될 때는, 신경계뿐만 아니라 실행 기능executive function도 중요한 역할을 한다. 실행 기능은 전두엽에서 담당하는 인지 능력으로, 충동을 조절하고 논리적으로 사고하며 감정을 다스리는 역할을 한다. 이에 더해 임상심리학자 러셀 바클리Russell Barkley는 자기조절self-regulation의 중요성에 대해 말하면서, 스트레스 상황에서 실행 기능이 약해지며 감정적으로 반응하게 되는 점에 주목했다. 다시 말해, 배쪽 미주신경의 기능이 저하되는 순간, 실행 기능도 제대로 작동하지 않아 이성적인 판단이 어려워지는 것이다.

이러한 전략들은 신경계를 안정시키고, 실행 기능을 회복시켜 보다 합리적인 대화를 가능하게 한다. 2019년에 개정된 근로기준법을 통해 〈직장 내 괴롭힘 방지법〉이 만들어졌지만, 대한민국의 직장 문화는 여전히 권위적이고, 감정을 통제하지 못한 채 비난이 난무하는 경우가 많다. 하지만 우리는 신경계를 이해하고 대화 훈련을 통해, 감정적으로 휩쓸리지 않고 배쪽 미주신경을 유지하는 평화로운 대화 방식을 배울 수 있다.

- 피할 수 없는 대상이라면, 배쪽 미주신경이 잘 기능하도록 유지하는 것이 핵심이다.
- 대화 훈련은 단순한 화법 훈련이 아니라, 신체와 정서를 조절하

는 과정을 포함한다.
- 불편한 상황에서의 대화는 생존훈련과 같다.

일터에서 우리는 모두 누군가의 선배이며, 후배이고, 동료다. 대화의 기술을 배우는 것도 중요하지만, 불편한 상황에서 우리는 왜 서로 상처 주는 말을 하는지, 왜 아무 말도 못하게 되는지, 또 왜 때로는 건강한 대화를 통해 문제를 풀어가기도 하는지를 이해할 수 있다면, 우리 자신을 좀 더 흥미롭게 관찰하고 이해할 수 있을 것이다.

이러한 대화 방식이 직장에서 자리 잡는다면, 우리나라의 조직 문화도 한층 더 건강한 방향으로 나아갈 수 있다고 나는 믿는다. 지난 18년간 수많은 조직에서 대화 훈련을 하면서, 우리의 몸과 마음에 대해 함께 논의했다. '곧 돌아서서 후회할 줄 알면서도' 그때 왜 그렇게 모질게 말을 했는지를 신경계 이론을 포함하여 여러 각도에서 탐색해본다면 상대를 향한 이해의 폭도 조금씩 넓어질 것이다. 그래서 대화 훈련은, 어떻게 말하고 듣는지에 관한 전략이나 기술만이 아니라, '왜' 그렇게 말하게 되었는지, '왜' 그렇게 들렸는지에 대한 내적 구조의 이해에서부터 시작한다.

- 누군가의 말에 상처받았던 순간, 그 말 속에 담긴 '왜곡된 부탁'이나 '두려움'을 들여다본 적이 있나요?

- 최근 직장에서 누군가와의 갈등 상황이나 불편한 대화 속에서, 당신의 신경계는 어떤 반응을 보였나요? (그 순간 싸우고 싶었나요? 피하고 싶었나요? 아니면 아무 말도 하지 못한 채 얼어붙었나요?) 그리고 그 상황에서 당신이 진심으로 원했던 상사의 태도나 동료의 반응은 어떤 것이었나요?

> 존중받고 싶은
> 우리,
>
> 존중해야 할
> 우리

"시키는 일이라도 제대로 좀 해. 잘못했다고 말만 하고 왜 고치질 않아?"

사무실 근처의 골목길을 지나던 한낮이었다. 그 좁은 골목길은 인산인해였다. 나는 멈춰 서서 커피를 마시며 잠시 벽에 기대어 있었다. 상사와 팀원으로 보이던 그들은 불편한 말을 이어갔다.

"죄송합니다….”

고개를 살짝 숙이고 작은 목소리로 말하던 팀원에게 상사는 화가 난 이유를 더 큰 소리로 말하기 시작했다. 바로 옆에 서 있기가 민망해서 살짝 옆으로 비켜섰지만, 이미 그곳에는 많은 사람들이 있었다. 상사는 장소를 옮기지도 않은 채 말을 이어갔다.

"난 죄송하단 말을 듣고 싶은 게 아니야. 관심도 없어. 네 마음도 모르겠고, 그냥 시키는 일만 제대로 해. 넌 그 정도야 딱. 그게 네 수준이라고 착각하지 마. 네가 아니라도 그 일 할 사람 많아. 너나 나나 다 부속품이야, 부속품. 시계도 부속품이 제대로 돌아가야 기능하는 거야. 알았어?"

그런 말을 듣고도 그 직원은 움직이지 않았다. 고개를 숙이고 시선을 바닥에 둔 채 연신 죄송하다고 말하고 있었다. 마음 같아선 주눅든 팀원의 손을 잡고 그곳에서 탈출시켜 주고 싶었다. 이미 이런 분위기에 익숙해진 듯 서 있는 그 모습이, 왠지 모르게 불편하고 안타까워서 차마 바라보기조차 힘들었다.

우리는 기계와 같은 부속품이 아니다. 조직 안에서 생산성을 책임지지만, 각자 존귀한 인간이다. 분명, 세상에서 하나뿐인 소중한 생명체이고 고유한 인격체인데, 우리는 왜 일터에서 그런 존재임을 잊게 되는 걸까?

── 한 명 한 명이 소중한 사람이라는 사실 기억하기

"고객님, 지금 고객님을 응대하는 직원은 누군가의 소중한 자녀입니다."

 어쩌다 이 안내 멘트가 관용적 표현에 그치게 되었을까? 인간으로서의 존중감을 상실한 결과로 인해 일어나는 수많은 사회 소식이 눈과 귀에 들어오지만 쉽게 잊혀지곤 한다. 영국의 대중 철학자이자 공감을 오랫동안 연구한 로먼 크르즈나릭$^{Roman\ Krznaric}$의 말처럼, 우리는 공감 피로 사회에 살고 있기 때문이다. 수많은 가슴 아픈 사건들을 마주하며, 그 아픔을 고스란히 느끼고 살아가는 건 생각만으로도 지치고 버거운 일이다. 그래서 우리는 뉴스를 보며 크고 작은 사건, 심지어 누군가의 죽음조차 혀를 몇 번 차고 잊어버리고는 이내 짧은 영상 앞에서 웃고 있다. 크르즈나릭은 현대인이 공감을 부인하는 공감 피로 사회에 살고 있지만, 이런 문화에 저항하고 공감적인 자아를 회복하는 일이 지금 우리에게 얼마나 중요한지를 강조했다.

 가끔 뉴스에서 비정규직 청년들이 일을 하다 사고로 소중한 생명을 잃는 외상적 죽음을 접할 때가 있다. 얼마 전 그 뉴스를 보다가 무심코 넘기지 못한 채 한참을 생각에 잠긴 적이 있다. 심정이 너무 복잡하고 괴로웠다. 한창 어린 나이, 특성화고등학교를 나와 찜통같이 더운 날 기계를 고치다가 쓰러져 죽은 한 청년이 있었다. 어느새 내 머릿속에는 고인의 가족인 부모님의 모습이 떠올랐고, 그 상황이 그려졌다. 또한 그 지경까지 갔을 때의 모든 상황이 짐작되어 분노의 마음이 끓어올랐고 매우 침통했다. 왜 일면식도 없는 그 청년의 죽음에 분노가 일었을까?

내게 그들처럼 부모가 없지는 않았지만, 가난과 소외감, 설움을 경험했던 내 아픔과 그들을 동일시하는 마음도 어느 정도 있었기에 마음이 더 아픈 건지도 모르겠다. 나는 힘이 없는 아이들, 그저 열심히 살아내야만 먹고살 수 있는 젊고 어린 청년들이 왜 이렇게까지 기본적인 권리를 보호받지 못하는지, 이런 일들이 우리 사회에서 왜 자주 발생하는지를 생각할 때마다 화가 난다. 우리의 사회 시스템은 왜 취약하고 힘없는 일터의 사람들을 보호할 수 없는지 분노가 치밀어 오르기도 한다.

정책과 제도는 결국 사람이 만든다. 그런데 그 사람들의 마음 안에 사람에 대한 존엄성의 가치 기준이 없다면, 우리 사회는 앞으로 어떤 방향으로 흘러가게 될까? 인간답다는 것, 즉 인간성이란 결코 삶을 풍요롭게 하기 위한 보조적인 요소가 아니라, 생존을 위한 필수 요소임이 분명하다. 한 개인이 온전히 타인에 대한 배려를 갖춘 성인으로 성장하려면 보호와 공감이라는 자양분이 반드시 필요하다. 그런 자양분 없이 자라나는 인간은, 가슴이 없이 머리만 비대해지는 부조화 속의 생명체에 불과할 테니 말이다. 더불어 인류학적 연구에 따르면, 상호협력과 공감은 인류생존의 핵심 요소였다. 진화 과정 속에는 인간들이 관계 내에서 경험한 다정함과 인간다움도 분명히 존재했다. 그런 다정함과 인간다움을 상실하는 일은, 어떤 것과도 비교할 수 없을 만큼 사회 전체에 큰 위협이 되는 요소다.

─── 동료의, 이웃의, 나의 존엄성을 지키려면

그럼에도 불구하고 나는 아직 우리 사회에 희망과 사랑이 존재한다고 믿고 싶다. 그 청년의 죽음 앞에서 함께 눈물을 흘리는 사람들이 있고, 상황을 개선하기 위해 노력하는 사람들이 있다. 그리고 우리 역시 자신의 삶 안에서 주변 사람들에게 사랑을 주고, 그 사랑을 가르치기 위해 노력하고 있다. 이처럼 우리의 마음에서 꺼지지 않는 사랑의 에너지를 기대하는 마음을 포기할 수는 없다. 그 불씨가 다시 활활 타올라서 서로를 돕고 존중하는 사회가 되면 좋겠다고 바라던 순간, 지두 크리슈나무르티Jiddu Krishnamurti의 말이 떠오른다. 그는 확실한 사회의 변화는 철저한 개인의 변화를 경험할 때만 가능하다고 말했다. 뉴스에 나온 청년의 죽음은 시간이 흐르면서 잊힐지 모른다. 그 청년의 나이도, 죽음의 이유도, 가방에 남겨진 한 개의 컵라면도 잊힐지 모른다. 하지만 이 사건이 그저 개인의 사고로 끝나서는 안 된다는 것은 기억할 것이다. 힘없는 아이들과 청년들을 소중한 인격체로 대하고, 서로를 존중하는 삶의 가치를 일터에서 배울 수 있도록, 기성세대인 우리가 행사할 수 있는 힘이 있다고 믿는다. 마땅히 그래야 한다고 생각한다.

골목길의 젊은 회사원의 하루는 어떻게 마무리 되었을까. 직장에서 우리는 성장해야 하지만, 존엄성을 훼손해가면서까지 희생해야 할 필요는 없다. 그건 진실한 발전도 아니니까. 또한 자신을 돌보는 것은 일을 잘하는 것만큼이나 중요하다. 부디 그 회사원이 자신의 존엄을 짓밟는 상사로부터 벗어나기를 바란다. 만약 그러지 못한다면, 그가 조금 더 용기 내기를 바라는 마음으로 몇 가지 방법을 제안해본다.

1. 감정적 거리두기- "이건 저 사람의 문제야. 내 가치와 무관해."
"직장 내 괴롭힘"에 대해 연구한 크리스틴 포래스Christine Porath는 무례함을 경험할 때 그것을 자신의 문제로 내면화하지 않는 것이 가장 중요하다고 말했다. 마셜 로젠버그 역시 상대의 비난을 해석함에 있어서, 상대가 나에게 쏟아붓는 비난은 "나에 대한 이야기가 아니다"라는 분명한 경계를 세워두었다. 실제로 조직에서 발생하는 무례한 일들은 개인이 스트레스에 차 있거나 자기 감정을 다루는 능력이 미숙해서 혹은 조직문화와 같은 외적 요인에서 비롯되기에 더더욱 자기 비난은 불필요하다.

2. 자기 연민 언급하기- "나는 힘든 시간을 보냈어. 충분히 잘 버텼어."
하버드 심리학자 크리스틴 네프Kristin Neff는 자기 연민self-compassion이 정서적 회복력의 핵심이라는 점을 강조한다. 자신에게 가혹한 평가를 하지 않고, 따뜻하게 대해주는 것이 중요하다. 내가 부족하기 때문에 모멸과 무시를 당한 것이 아니라, 상대의 미성숙한 언행에도 불구하고 내가 잘 견뎠음을 이해해주는 것이다.

3. 건강한 대처 방식 선택하기
- "그렇게 말씀하시면 제가 듣기 힘이 듭니다. 구체적인 피드백을 주시면 좋겠습니다."
- "제가 더 나아지려면 어떤 점을 개선하면 좋겠습니까?" (성장을 위한 질문으로 전환하기)
- "지금 상황을 좀 정리하고 다시 이야기 나누면 좋겠습니다." (감정 정리하기)

4. 관계적 안전망 social engagement 만들기
- 동료나 친구에게 "나 오늘 이런 일이 있었는데, 정말 힘들었어"라고 솔직히 말하기
- 신뢰할 수 있는 멘토, 상급자에게 조언을 구해보기
- 너무 힘들 때는 외부 상담(직장 내 고충처리제도 포함)도 고려해보기

5. 건강한 회피 고려하기- 퇴사도 선택지가 된다는 걸 기억하기
- 이 회사가 정말 나를 존중하는가
- 나는 이 조직에서 성장할 수 있을까
- 나의 가치와 존엄성을 지킬 수 있는 다른 환경이 있는가

이 질문들에 '그렇다'고 답할 수 없다면 건강한 회피를 고려해보기

그 청년에게 꼭 말해주고 싶다, 일터에서 우리는 기계가 아니라고. 그곳이 어디든, 무엇보다 존중받아야 할 존재는 '사람'이다. 그리고 당신 역시, 일터에서 소중한 인격체라는 사실을 절대 잊지 않기를 바란다.

생각 나누기

- 최근 일터에서 존엄성이 위협당하다고 느꼈던 순간이 있었나요? 그때 어떤 말이나 행동이 당신을 가장 아프게 했나요, 그 상황에서 당신은 어떤 방식으로 자신을 지키려 했나요?

- 당신이 속한 조직에서 '사람이 먼저'라는 가치가 존중받고 있다고 느끼나요? 그렇지 않다면 당신은 동료나 후배들에게 어떤 방식으로 존중을 실천해왔나요? 앞으로 실천하고 싶은 방식은 무엇인가요?

내 품위를 지키는 방법

관계에서 이용당했다거나 배신당했다는 생각이 들면, 마음이 깊이 상한 나머지 복수하고 싶은 마음에 온갖 폭력적인 충동이 머릿속을 떠다닐 때가 있다. 이럴 때 스스로에게 하는 말이 있다.

"이럴 때일수록 허리를 곧추세우고 앉자. 고개를 들고 먼 곳을 조용히 응시해. 코로 천천히 숨을 마시고 입으로 끝까지 호흡을 뱉어봐. 아무런 말도 행동도 하지 말고 잠시 기다리고 침묵해. '그 사람이, 그 상황이 날 고통스럽게 만들었어'라는 생각이, '나는 고통스러운 마음을 느끼고 있어'라고 인식할 수 있을 때까지만."

── 화와 원망에 잠식되는 마음에서
어떻게 멀어질 수 있을까?

내 마음에 깊은 원망으로 자리한 사람이 있었다. 그 사람은 오랜 시간 동안 여러 거짓말로 나를 속여왔다. 나는 정신적으로 완전히 무너져내렸다. 자신의 욕망을 위해서는 타인의 마음에 상처를 남기는 것에 대해 일말의 죄책감을 느끼지 못하는 그 사람은 진정한 사과가 무엇인지도 알지 못했다. 우리의 관계를 잘 알고 있던 가까운 사람들에게, 그 사람을 욕하고 비난하는 데 나는 수년의 시간을 낭비했나. 그러나 아무리 비난하고 욕을 해도 내 마음이 풀리지 않았다. 나는 피해자가 할 수 있는 모든 폭력적인 생각과 말을 마구 쏟아낸 끝에, 상대를 벌주고, 그 대가를 반드시 치르게 해야겠다고 결심했다.

어느 날, 약속 시간보다 조금 일찍 도착해 야외 벤치에서 카푸치노를 마시고 있었다. 갑자기 떨어지는 빗방울이 발등에까지 튀어 오르는 풍경을 보며, 그 사람과의 관계 속으로 나를 몰아갔다. 나는 틈만 나면, 혼자 있는 시간에 그 사람을 내 생각 속으로 끌어들였다. 마음껏 원망하고 욕할 수 있는 장소는 늘 내 머릿속이었다. 그런데 그날 그 순간은, 누군가를 미워하고 원망하는 나 자신이 썩 마음에 들지 않았다. 내 마음 안에는 그 사람을 저주하는 하나의 인격체와 이제는 좀 다르게 살길 원하는 또 다른 인격체가 상주했다. 나는 내면에서 대화하는 두 인격체의 목소리를 가만히 들어보았다.

"이제 그만, 비난과 원망을 멈추는 게 어때?"

"난 아직 시작도 안 했어. 이 정도도 말할 자격이 안 되는 거야? 나는 그 사람을 망쳐놓을 거야. 내가 당한 만큼 그 사람도 당해봐야지."

"너는 비난만 지속하고 있을 뿐이야. 상대를 벌주려 하기보다, 네가 원하는 것이 무엇인지 집중해봐."

"내가 너무 바보 같아. 왜 그렇게 감쪽같이 속았을까. 내가 이렇게 어리숙하고 멍청한지 몰랐어. 나는 내가 너무 싫어."

"그래, 상대가 미운 만큼 네 자신도 한심하고 미울 수 있어. 이제 그 생각 안에 있는 네 마음을 한번 들여다보면 어떨까? 거기서 네가 원했던 것을 찾아봐. 너는 사람 사이의 깊은 신뢰가 중요했던 거잖아."

    상대를 공격하는 대신 나 자신의 필요에 고요히 집중하고, 상대를 판단하려는 마음보다는 내 안의 슬픔을 마주하고 싶었지만, 좀처럼 쉽지 않았다. 내가 피해자라고 생각된 그 순간부터 나는 나 자신이 얼마나 폭력적인 사고에 매몰되어 그 상상 속에서 살아가고 있는지를 보게 되었다. 어니스트 헤밍웨이$^{Ernest\ E.\ Hemingway}$는, "우리는 결국 우리 자신으로부터 도망가지 못한다"라고 했다. 이 말처럼 나는 내 안에서 나 자신을 바라보아야만 했다. 그즈음 결심했던 것 같다. 나를 속인 그 사람의 행동은 분명히 잘못된 것이지만, 지금 이 순간부터는 그 사람을 비난하지 않겠노라고. 이 결심은 그 사람에 대한 배려가 아니라, 정서적으로 나를 보호하기 위한 선택이었다. 내가 지키고 싶은 최소한의 품위이기도 했다. 욥이라는 인물은, 건강, 자식, 재물, 우정 등 모든 것을 다 잃어버린 자신의 비참한 처지와 상황을 탄식하면서도 품위라는 단어를 사용했다고 한다(욥 30:15). 물론 나는 《'성경'》의 욥처럼 믿음이 강하지 못한 지극히 평범한 사람이기에 욥과 같은 인내와 초연함을 유지하지 못할 때가 많다. 여전히 미숙한 나에게는 품위를 지켜내기 위한 약간의 허세적 도구가 필요하다고 생각했다. 그래서 마음이 괴로울 때는 용모를 단정하게 가꾸거나 전시를 가기도 했고, 풍경이 좋은 카페를 찾아가기도 했다. 또한 마음이 차분해지는 노래를 듣기도 하고, 마음이 정화되는 작가들의 책을 읽기도 했다. 이런 작은 도구들은 힘든 순간마다 내면 깊숙이 자리한 바른 품성이자 품위를 되찾는 데 도움을 주곤 했다.

그러나 이런 작고 허세적인 도구들보다 훨씬 더 중요한 것은 바로 정신분석이었다. 나는 나 자신의 내면을 바라보고 이해할 수 있는 능력이야말로 인간이 지닌 깊은 품위라고 생각했다. 정신분석가로부터 받은 도움은 내가 살면서 해왔던 후회 없는 선택 중 하나였다. 매주 그 시간은, 여전히 내 무의식 속에 감춰진 고통스러운 기억을 건드리며, 어리석게 속아 넘어갈 수밖에 없었던 나의 한계를 명확하게 바라보게 해주었다. 많은 시간을 지나오며, 나는 조금씩 상대를 향한 미움과 원망의 시선을 거두고, 내면으로 시선을 옮겨 자신을 바라볼 수 있게 되었다. 이 과정에서 나는 많이 울었고, 슬픔에 마음껏 잠겨 있었다. 그 시간은 나에게 충분한 애도의 과정을 선물했다. 그 결과 상대와 나의 책임을 분리할 수 있게 되었고, 이는 나를 자유롭게 해주었다. 더 이상 그 사람을 미워하는 데 시간을 쓰지 않게 된 일은 나를 꽤 품위 있는 사람으로 느끼게 해준 계기가 되었다.

지금도 가끔 생각한다. 어떤 순간, 어떤 일을 마주했을 때, 나는 왜 그렇게까지 품위를 지켜내고 싶었을까? 남이 알아주지 않아도, 우리 내면은 안다. 성숙한 품위란, 사건을 있는 그대로 바라보게 하면서도 즉각적으로 반응하지 않게 해주고, 우리를 잠시 멈추게 한다. 그 멈춘 시간 속에서야 비로소 우리가 진정으로 원하는 것이 무엇인지 알아차릴 수 있다. 화가 났을 때 머릿속에 떠오른 모든 것을 쏟아내며 서로를 공격하는 대신, 그 자리에 잠시 멈춰서서 스스로를 들여다보는 시간은 무척 중요하다.

나는 지금 어떤 마음인가?
내 몸은 어떤 반응을 하고 있는가?

내가 진정 원하는 것은 무엇일까?
나는 진실로 어떤 행동을 바라는 걸까?
나는 그것을 위해 지금 무엇을 할 수 있을까?

일터와 가정에서 마음 불편한 사건들이 발생할 때 바로 욱하며 반응하거나 도망가는 것이 아니라, 내 판단과 생각을 바라보기 위해 잠시의 멈춤과 숙고를 선택할 수 있다면 그것이 바로 품위라고 말하고 싶다. 품위는 오로지 인간의 내면에서만 나오는 고귀한 에너지다. 이런 의미에서, 나에게 깊은 상처를 준 사람은 결코 소중한 사람이 될 수는 없겠지만, 많은 '성장'을 가져다준 사람일 수는 있다.

오늘, 당신만의 향기로운 품위를 지키며 살아냈는가?
그렇다면 진심으로 축하하고 싶다.
당신이 지난 날보다 한 뼘 더 아름다운 삶을 살아가고 있음을 알려주고 싶다.

- 품위를 지키기 위해 '즉각 반응하지 않기'를 선택한 적이 있나요? 그때 나는 어떤 감정을 경험했고, 그 감정은 어떻게 흘러갔나요?

- 당신이 누군가를 깊이 원망하거나 비난할 때, 그 안에 숨겨진 당신의 '상처받은 마음'은 어떤 모습이었나요? 지금 그 사람을 미워하느라 내 시간을 다 소비하고 있나요, 아니면 상처받은 마음을 돌보며 살아가고 있나요?

비난의 언어를 넘어, 마음의 언어로

우리 자신을 향해 쏟아지는, 상대의 비난 섞인 말 속에서 진짜 의도를 읽어내는 일은 대화에서 무척 중요한 작업이다. 하지만 그 작업은 생각보다 많은 감정 에너지를 소모시키며, 때로는 억울함과 분노를 불러일으켜 우리를 한껏 흔들어놓는다.

많은 이들 앞에서 강의를 하다 보면, 종종 비난을 마주하게 된다. 어떤 비난은 날카롭게 가슴을 찌르고, 어떤 비난은 조용히 나를 흔들며 스스로를 돌아보게 만든다. 때로는 내가 비난의 화살을 쏘는 쪽이 되기도 하고, 그 화살이 다시 나를 향해 돌아올 때도 있다. 어떤 비난은 듣는 순간 마음이 불편해지지만, 마음 한편에서는 고개를 끄덕이게 된다. 반면, 어떤 비난은 도무지 받아들일 수 없어 내면 깊숙한 곳에서 거센 저항이 일어난다. 이유 없이 툭 던진 말들은 나를 방어하게 만들고, 때로는 내 존재 자체가 부정당한 듯한 위협감을 느끼게 한다. 분명한 것은, 비난은 언제나 듣기 유쾌한 언어는 아니라는 점이다. 그것은 때로 내 안의 연약한 부분을 건드리고, 아직 꺼내지 못한 감정을 강제로 끌어올리기도 한다. 그럼에도 불구하고, 비난의 이면에 담긴 감정과 욕구를 마주할 수 있다면, 우리는 관계 속에서 조금 더 깊은 이해와 회복의 가능성에 닿을 수 있다. 그것은 결코 쉬운 일이 아니다. 오히려 더 고귀한 일이다.

　대화 훈련 속에서 이 고귀한 과정을 거치며 조금씩 치유되어 가는 교육생들의 모습을 자주 볼 수 있었다. 그들과 함께하면서 나 역시 누군가를 미워하고 비난하는 데 시간을 쓰는 것이 얼마나 아까운지를 거듭 깨닫게 되었다. 또 죽음학을 공부하면서 삶의 유한성을 더욱 자주, 깊게 체감했다. 이 과정에서 소중한 삶의 시간 동안 누군가를 미워하고 비난하며 살아가는 것이 얼마나 소모적인 일인지 깨닫기도 한다. 삶의 시간이 찰나처럼 짧게 다가올 때면 더욱 현재에 집중하고 싶어진다. 타인을 향하던 시선을 거두어 내 삶을 바라보고, 지금, 이 순간 누리고 있는 것들에 집중할수록 마음속에는 평온함과 감사가 피어오른다. 그러한 마음 상태에서는 누군가의 불편한 말이 들려와도 쉽게 화가 치밀지 않고, 상대를 향한 비난도 자연스레 잦아들게 된다. 즉, 일상의 부족함에 집중하기보다는 이미 가진 것들에 마음을 두면, 타인을 향한 비난도 줄어든다. 결국 비난이라는 감정은, 내 안에 채워지지 않는 어떤 결핍이 투사되어 나타나는 방식일 수 있다는 것을 배우게 된다. 뒤집어 생각해보면, 누군가가 나를 비난할 때도 마찬가지다. 마셜 로젠버그 박사의 말처럼 그들은 자신의 결핍과 고통을 감당하지 못해서 결국 자신의 아픔을 가장 날카로운 방식으로 밖으로 흘려보내는 것인지도 모른다.

자기심리학의 창시자 하인츠 코헛은, 공감이 결여된 사람은 자기 존재의 위협을 느낄 때 타인을 공격함으로써 자기 자신을 지키려는 경향을 보인다고 설명한 바 있다. 그의 이론에 따르면, 비난과 공격은 내면의 공허함과 외로움이 표현된 방식일 수 있다. 누군가 우리의 진심을 왜곡하고 깎아내리며 비난할 때, 그 이면에는 종종 그들 안의 허기와 고립감이 자리하고 있다는 점을 기억한다면, 그 상황에 휘둘리기보다는 우리 스스로를 단단히 지킬 수 있다.

── 희생했다 생각했는데, 도리어 비난받을 때

강지원 팀장은 IT 서비스 기획팀을 이끌고 있었다. 강 팀장은 론칭 예정인 건강 관련 앱 프로젝트를 맡고 있었는데, 이는 당시 회사의 핵심 전략 과제로, 조직 전체의 주목을 받고 있는 상황이었다. 강 팀장은 밤을 새워 버전별 사용 흐름을 점검하고, 오류를 수정하며 마감 전날까지도 QA$^{Quality\ Assurance}$(품질보증) 자료를 손에서 놓지 않았다고 했다. 주니어 디자이너가 퇴근하면 혼자 남아 기획서를 정리해 팀원들의 작업이 수월하도록 돕고, 개발자들이 늦게까지 일할 때는 그 역시 함께 남아 일하며 간식까지 챙겼다. 그는 자주 이렇게 말했다. "이번 프로젝트는 팀 전체의 이름으로 나가는 거니까, 누구 하나 뒤처지지 않도록 챙기고 도와야 해요."

그러던 어느 날, 팀의 막내 디자이너가 익명 피드백 플랫폼에 글을 올렸다.

"혼자 다 하려고 하는 팀장님. 결국 우리를 신뢰하지 않는 것 같다. 내가 낸 아이디어도 무시당했다."

"주도권을 내려놓지 못하고 모든 걸 본인 기준으로 판단한다."

피드백을 본 강 팀장은 온몸에 힘이 빠지는 기분이었고, 한동안 어떤 말도 할 수 없었다. 그의 머릿속에는 되묻는 말이 맴돌았다.

'나는 도우려 했을 뿐인데, 그게 다 누군가에게는 간섭이었을까?'

'자기들 힘들지 않게 뒤에서 노력했던 내 노고가 그저 꼰대의 행동이었단 말일까?'

그는 진심으로 팀원들을 생각했고, 누군가가 무너지지 않도록 더 많은 짐을 짊어지려 했다. 이런 자신의 마음이 이토록 왜곡된 것에 대해 그는 말할 수 없이 상심했다고 털어놓았다. 그날 밤, 그는 노트북을 덮지 못한 채, 텅 빈 모니터를 오래도록 바라보았다. '이 조직에서, 내가 제대로 하고 있는 걸까'라는 질문이 마음속에 웅크리고 있었다. 그러자 어느새 팀원들에 대한 원망과 미움이 스멀스멀 피어올랐다. 그 글을 남긴 사람도 짐작이 되었고, 확인하고 싶고, 따지고 싸우고 싶은 마음에 며칠을 괴롭게 보냈다. 하지만 그는 싸우고 싶은 마음을 잠시 내려두고, 서로에게 중요한 것이 무엇인지를 생각하기 시작했다. 며칠 후, 그는 회의실을 예약했다. 피드백을 누가 남겼는지 따지지 않았고, 회의 목적도 자신의 입장을 설명하려는 것이 아니라 팀원들의 말을 듣기 위해서였다.

그는 이렇게 말했다.

"내가 팀원들에게 신뢰를 주지 못했다는 글을 보고 마음이 아팠어요. 분명 의도는 서로를 도우려 했던 것인데, 누군가에게는 내 손길이 간섭으로 느껴졌다는 점에서요. 혹시 내 방식이 누군가의 성장을 막았거나 마음을 불편하게 했다면 사과하고 싶어요."

아무 말이 없던 팀원들 중 한 명이 조심스럽게 말을 꺼냈다.

"사실 팀장님이 너무 완벽하게 다 해주셔서 저희는 할 일이 없다는 느낌이 들었어요. 도와주신다는 건 알았지만, 저희 입장에선 '우릴 믿지 않으시는구나'라는 생각이 들기도 했어요."

그 말에 강 팀장은 고개를 끄덕였다. "그렇게 느낄 수 있었겠네요. 저도 걱정이 많았던 것 같아요. 이 일이 무너지면 우리 팀이 무너지지 않을까 싶어서요."

그 한 번의 대화로 모든 갈등을 풀진 못했지만, 한 가지는 확실히 알게 되었다. 강 팀장은 처음으로 팀원들이 자신을 어떻게 바라보는지에 진심으로 귀 기울였고, 팀원들 역시 처음으로 팀장의 진심을 들었다. 그날 이후 강 팀장은 의도와 결과가 항상 같을 수 없다는 것을, 진심이라 하더라도 정확히 표현하지 않으면 상대에게 전달되지 않을 수 있다는 사실을 마음에 새겼다.

그렇다고 해서, 그가 했던 헌신이 무가치하다는 뜻은 아니다. 모든 관계가 완벽한 전달과 해석으로 이루어질 수는 없기에, 때로는 오해가 진심보다 먼저 누군가의 마음에 도달하기도 한다. 그러나 진심이 닿지 않았다고 해서, 진심이 존재하지 않았던 것은 아니다. 강 팀장은 '비난받는 것'과 '틀렸다는 것'이 다르다는 사실을 배웠다. 그리고 그 깨달음은 그를 더 나은 리더로 성장시켰다. 소중한 사람들과, 이해관계자들을 마주하는 일터에서 우리의 헌신은 때때로 오해받고 왜곡되기도 한다. 하지만 그 오해가 우리의 본질을 지워버릴 수는 없다. 우리가 지켜온 가치, 우리가 흘린 수고의 땀방울은 여전히 값진 진실로 남는다. 진심이 즉시 이해받지 못할 수는 있지만, 결코 그 가치는 사라지지 않는다. 도달하는 데 시간이 걸릴 뿐이다. 그 시간 덕분에 우리의 진심은 더 품위 있게 증명되기도 한다.

── 오해로 인한 단절에서
   연결로 가는 길

이처럼 오해의 간극을 줄이기 위해 우리가 할 수 있는 일은 무엇일까?

강 팀장은 성실하고 묵묵하게 팀의 짐을 짊어진 리더였다. 하지만 그 헌신은 '모든 걸 통제하려는 사람', '우리의 역량을 신뢰하지 않는 사람'이라는 이미지로 돌아왔다. 아이러니하게도 돕고자 했던 의도는 팀의 성장 기회를 앗아가고 소통을 차단하는 리더로 받아들여졌다. 안타깝게도 이 장면은 생각 없는 선의가 어떻게 체제 속 악의 일부가 될 수 있는가에 대해 깊이 생각했던 철학자 한나 아렌트 Hannah Arendt의 통찰과 닿아있다. 대인관계도 그렇지만 조직 내 리더십 역시 의도가 선하다고 해서 좋은 결과로 이어지는 것은 아니다. 리더가 자신만의 기준을 반복하며 타당성을 검토하지 않는다면, 그 행위는 타인에게 강요나 배제로 비칠 수 있다. 비판 없이 지속되는 '선의'는 결국 조직을 해치는 미세한 균열이 될 수 있으니 말이다. 그럴 때는 심리학자 폴 블룸Paul Bloom의 통찰처럼, 공감은 때로 통제되거나 조율되지 않으면 특정인에게 편향적 행동이나 공동체의 불공정으로도 이어질 수 있는 것이다. 일부 구성원에 대한 과도한 책임감과 감정이입은 팀 전체의 균형을 무너뜨릴 수 있다. 리더에게 필요한 덕목은 팀 전체와의 건강한 거리, 감정의 경계를 세우는 일이다. 그러지 않으면 아무리 좋은 의도라 해도, 조직 안에서 오히려 갈등을 유발하는 역설로 이어질 수 있다. 이런 경험은 실제 대화 훈련 과정에 참여했던 많은 교육생들을 통해서 확인하곤 했다.

이런 오해를 이해로 바꾸기 위해서는 어떤 태도를 가져야 할까?
첫 번째, 자신의 의도를 솔직하게 말로 표현해야 한다. '도와주려 했다'는 마음은 말로 전하지 않으면, 오히려 간섭으로 받아들여질 수 있다. 진심은 표현될 때 존재한다. 두 번째, '대신 해주는 돌봄'보다 '함께 조율하는 책임'을 선택해야 한다. 리더의 지나친 보호는 구성원의 성장을 막고, 스스로를 고립시킨다. 세 번째로, 심리적 안정감을 만드는 것이 중요하다. 팀원들이 의견을 말할 수 있는 공간, 피드백을 주고받을 수 있는 문화 없이는 진정한 소통은 일어나지 않는다. 네 번째는 리더도 자신의 유한함과 약함을 인정할 수 있어야 한다. "이건 나도 힘듭니다. 같이 고민하고 싶어요"라는 말은, 리더십의 취약함이 아니라 성숙함의 표현이다. 마지막으로, 리더가 다시 중심을 잡아주어야 한다. 의사결정을 명확하게 해주고 되는 것과 되지 않는 것의 경계를 잘 세워주어야 한다. 이것은 공감하면서도 동시에 모든 것을 허용하는 것이 아니라, 그 범위를 설정해두는 것과 같다.

강 팀장의 사례는 우리에게 묻는다. 진심이 왜곡되었을 때, 우리는 어떻게 다시 관계를 회복할 수 있을까? 공감이 넘쳐날 때조차 어떻게 그 감정을 건강하게 조율할 수 있을까? 좋은 리더란, 자신의 마음을 숨기지 않고, 타인의 감정을 들을 준비가 되어있으며, 서로의 성장을 응원하고, 자신의 부족함 또한 받아들일 줄 아는 사람이면서 한 발을 먼저 내딛는 사람이다.

강 팀장도, 우리도, 그렇게 조금씩 배워가는 중이다. 비난과 오해를 넘어, 마음의 언어를 건네는 법을. 그리고 그 언어가 결국 조직을 더 깊게 연결하고, 우리 모두를 조금 더 사람답게 성장시켜 주리라는 믿음을.

생각 나누기

- 당신이 지금까지 속했던 조직이나 관계에서, '내 진심이 오해받았다'고 느꼈던 순간은 언제인가요? 그때 당신은 어떤 방식으로 그 오해를 다루었나요?

- 리더가 타인을 도우려는 '선한 의도'가 실제로는 조직 내 균형을 해치는 결과를 낳았던 경험이 있다면, 그때 필요한 조율은 무엇이었을까요?

인정받고 싶은 마음

매주 지방으로 교육을 다닐 때의 경험이다. 기차 시간이 좀 빠듯하여 택시 기사님께 기차 시간을 말씀드리고는 조금 빨리 가달라고 부탁을 드렸다. 그때 기사님이 이렇게 말씀하셨다.

"몬가요. 기차 출발 시간 전까지 역에 도착 몬해요. 좀 빨리 탔어야제."

"그러게요. 일을 마무리하다 보니 시간이 이렇게 되었어요. 기사님 저 기차 꼭 타야 하는데요."

"하… 또 그라믄… 내 아는 길로 가야겠네."

기사님은 거의 드리프트에 가까운 유턴을 하더니 엑셀을 밟기 시작했고, 기차를 놓칠까 봐 조바심 내는 나에게, "내니까 이래 가는 거요"라는 말을 반복했다.

"네, 감사해요."

"감사는 뭐… 손님이 알고는 있으라고. 자, 이제 저기만 건너서 한 블록만 더 가면 기차 탈 수 있어요. 캬! (시계를 보시더니) 기가 맥히다. 내니까 이래 도착했지."

고마운 마음에 나온 요금보다 조금 더 많이 드렸다. 기사님이 왜 이리 많이 주냐고 하시길래 "기사님, 제가 이렇게 죽지 않고 살아서 도착했는데 금액이 문제겠어요. 따뜻한 국밥이라도 드셔요. 그리고 돌아가실 때는 안전운전 하세요"라고 당부드렸다.

기차역에 도착해 편의점까지 들를 시간을 확보한 덕에 초코우유를 사서 살아있음을 자축했다.

나를 살려준 기사님께서 그토록 강조한 한 문장, "내니까 이래 온 거요"라는 그 말에는 자기 자신에 대한 긍지와 타인에게 자신의 가치를 증명하고픈 열망, 즉 '인정 욕구'가 담겨 있다. 심리학자 크리스토퍼 피터슨Christopher Peterson과 마틴 셀리그먼은 인간의 강점 중 하나로 '사회적 지능social intelligence'을 들었다. 이 학자들은 성격 강점 연구를 통해, 자신이 누군가에게 쓸모 있고, 의미 있는 존재라는 사회적 가치와 연대감의 중요성을 깊이 있게 설명했다. 누군가를 위해 무언가를 해내고, 그것이 받아들여지고 인정받을 때, 우리는 삶의 만족감이 높아지는 경험을 하게 된다.

기사님만의 인정 욕구일까? 내 삶도 딱히 다르진 않았던 것 같다. 나는 늘 아들에게 멋진 엄마, 존경받는 엄마이고 싶었다. 그렇게 달려온 나의 24년은 단 한 번도 쉼이 없었지만, 그럼에도 늘 힘이 있었다. 서럽고 초라했던 순간들도 아들의 얼굴을 떠올리면 모두 견딜 수 있었다. 아들이 하고 싶은 거, 먹고 싶은 거, 배우고 싶은 것을 지원해줄 수 있는 능력 있는 엄마, 아들이 힘들고 고통스러울 때 기댈 수 있는 넉넉한 마음을 가진 강한 엄마라는 이미지는 언제나 나를 일으켜 세웠다.

자녀에게 멋진 부모가 되고자 하는 마음은, 내 삶의 의미와도 깊이 연결되어 있었다. 에리히 프롬은 인간은 단순히 생존하는 것이 아니라 "존재의 의미를 찾고자 하는 존재"라고 보지 않았던가. 이는 관계라는 것이 결국 사랑, 창조, 소속감을 통해 채워지며, 그 과정에서 인정은 결코 사소한 요소가 아니라는 말이기도 하다. 누군가를 위해 애쓰고, 그로 인해 "당신 아니면 안 되는 일이었어요" 혹은 "엄마 아빠가 계신 덕분이에요"라는 말을 들었을 때, 사람은 비로소 자신의 존재가 의미 있다고 느낀다. 아들이 군에 입대해서 상병이 되었을 때 "사랑하는 엄마, 지금까지 저를 잘 키워주신 엄마의 진심 어린 노력을 존경합니다"라는 글을 담은 편지를 보내왔다. 그 긴 편지를 두고두고 읽으면서 뜨거운 눈물을 흘리던 그 순간을 나는 결코 잊지 못한다.

——— 감사는 인정의 에너지로부터
##　　　나누는 것

누군가를 위해 애쓰는 사람들의 마음속 진짜 욕구는 인정이다. 그 인정이, '고맙다'라는 감사의 말로 돌아오기를 바라는 것이다. 어떤 관계에서든 사람들 대부분은 누군가의 수고나 도움을 당연한 것으로 여긴다. 상사가 팀원을 관리하고 성장을 돕는 것, 부모가 자녀를 돌보고 책임지는 것, 돈이 많은 사람이 베풀고 밥을 사는 것. 우리는 이 익숙한 행위들 속에 숨어있는 많은 배려와 감정을 보려 하지 않는다. 진심을 다한 누군가로부터 돌아오지 않았던 감사, 혹은 너무 당연하게 여겨졌던 헌신은 언젠가부터 마음의 골이 되었고, 그 골은 결국 관계의 문을 닫게 만들곤 했다. 사회 곳곳에서 일하는 다양한 사람을 만나며 작은 확신 하나를 갖게 되었다. 그것은 바로 누군가 자기 자리에서 더 크게 성장하거나, 많은 이들의 신뢰를 얻게 되는 경우, 그 사람은 '언제나 타인의 도움을 기억할 줄 아는 사람'이었다는 것이다. 그리고 '그 기억을 감사의 말과 행동으로 돌려줄 줄 아는 사람'이었다는 것이다.

미국의 심리학자 로버트 에먼스$^{Robert\ Emmons}$는 감사가 개인의 정신 건강에 미치는 긍정적 영향을 실험을 통해 증명했다. 그는 "감사일기"를 꾸준히 쓰는 사람들의 삶의 만족도와 심리적 회복탄력성이 현저히 높아졌다고 밝혔고, 감사가 스트레스를 완화하고 우울과 불안을 낮춘다는 연구도 발표했다. 기업이라는 조직 내에서 감사가 미치는 영향은 조직심리학자 애덤 그랜트$^{Adam\ Grant}$의 연구에서도 드러난다. 그는 직장 내에서는 감사가 생산성과 협업의 질을 높이고, 신뢰를 기반으로 한 팀 문화를 조성하는 데 핵심적 역할을 한다고 주장한다. 그는 한 실험에서 고객으로부터 감사 인사를 받은 콜센터 직원들이 자발적 전화 응대 시간이 늘고, 이직률이 줄어들었으며, 성과는 오히려 향상되었다는 사실을 보여주었다. 이 실험은 감사가 단순한 매너에 그치지 않고 동기부여를 자극하고, 생산성에 영향을 미치며, 나아가 일의 의미를 재정립하게 만드는 힘이 있음을 증명해준다. 이처럼 감사는 단순한 칭찬의 표현이 아니라, 성과와 연결된 전략적인 정서의 과정이라고도 할 수 있다.

—— 인정과 감사의 선순환

교육을 통해 만난 김정주 팀장은, 구조조정으로 20년 넘게 일했던 회사에서 원치 않는 퇴사를 하게 되었다. 그는 마지막으로 팀원들과 점심식사를 하고, 혼자 옥상으로 올라갔다. 서울 시내가 한눈에 내려다보이는 그곳은 마음이 답답할 때마다 종종 혼자 올라와 커피 한 잔을 하던 그만의 애정 어린 장소였다. 옥상에서 마지막 시간을 혼자 조용히 보내고 자리로 돌아온 그는 그동안 일했던 팀원들 한 명 한 명에게 고마운 마음을 담아 인사를 전했다. 인사를 마무리할 즈음, 사무실에서 음악 소리가 들리기 시작했다. 현재 팀원들뿐만 아니라 예전 팀의 팀원들까지 뜻을 모아 그에게 감사패를 만들어 전달한 것이다. 감사패에는 그간의 고마운 마음이 깨알같이 새겨있었다. "우리의 팀장님으로 계셔주셨던 시간들이 정말 행복했고 진심으로 감사했습니다." 딱히 갖고 나올 것도 없다고 생각했던 그의 손에, 평생을 소장해야 할 의미가 있는 감사패가 들려있었다. 그날은 그의 인생에 조기 퇴사라는 쓸쓸하고 두렵기만 한 상실의 사건일 수 있었지만, 오히려 지금까지의 시간이 얼마나 값지고, 의미 있었는지를 확인하는 충분한 인정의 순간이 되었으리라.

나에게 찾아오는 기회와 성장의 경험을 놓치지 않는 방법은, 그것을 제공한 이들에게 감사의 마음을 되돌려주는 일이다. 그 과정을 통해 그는 진정한 내 사람이 된다. 우리는 스스로에게 질문할 필요가 있다. 누군가에게 감사할 줄 몰라서, 우리는 얼마나 많은 이들을 떠나 보냈는지에 대해 말이다. 그때 진심을 담은 감사의 말을 전할 수 있었다면, 어쩌면 우리의 관계는 전혀 다른 모습이었을지도 모른다.

지금이라도 늦지 않았다, 감사하는 마음을 떠올리고, 마음을 전하자. 그저 "당신이 있어서 무척 고마웠어요"라는 한마디면, 그의 하루는 물론 나의 하루도, 어쩌면 우리의 삶이 바뀔 수도 있으니까.

생각 나누기

- 당신의 삶에서 "네가 있어서 가능했어"라는 말을 듣고 싶었던 적은 언제였나요? 그때 당신은 누구에게, 어떤 방식으로 헌신하고 있었나요?

- 지금 당장 마음속에 떠오르는 '감사를 아직 전하지 못한 사람'이 있다면, 그 사람에게 어떤 말을 건네고 싶나요? 그리고 그 말은 당신의 삶에 어떤 의미를 남길 것 같나요?

**가장 중요한
인정은**

**나 자신에 대한
인정**

인정에 대해 생각하다 보면 가끔 슬퍼지기도 한다. 팀원들의 감사패를 받았던 김정주 팀장은 '반드시 내가 인정받는 사람이 되고 말겠다'고 생각한 적이 없다고 했다. 김 팀장은 아내와 함께 종교 생활을 하며 마음을 내려놓는 훈련을 꾸준히 해오고 있었다. 만약 자신이 누군가에게 무언가를 베푼다면, 그것은 신앙에서 비롯된 힘이며, 이생에서 마땅한 해야 하는 일이라고 생각한다고 했다. 그리고 무엇보다 그 일은 자신에게 기쁨을 준다고 했다. 나 역시 마음은 늘 그러하면서도, 무의식에는 '깊은 인정 욕구'가 도사리고 있었기에 그분의 품위 있는 태도가 존경스러웠다.

타인에게 베풀고 선한 행동을 많이 하면서도 기쁨을 느끼지 못하는 사람들을 나는 적지 않게 만나왔다. 또한 그들에게서 '강박적인 인정 욕구'가 스스로의 삶을 얼마나 지치게 만드는지를 보아왔다. 내가 가장 후회하는 일 중 하나는 좋은 사람으로 보이고 싶은 마음이 지나쳐, 마땅히 싸우고 주장해야 했던 순간들 앞에서 '괜찮다'라는 말과 '웃음'으로 마무리했던 그 기억이다. '저런 일을 하는 사람이니 잘 참겠지', '이 정도는 감당할 만한 단단한 내적 힘을 가졌겠지'라는 기대에 부응하고 싶어서, 더 나아가 "대단하시네요"라는 인정을 받고 싶은 마음에 선을 넘은 무례한 언행들을 시간과 함께 그저 흘려보낸 것이다. 마음속에는 억울함과 슬픔이 서려 있으면서도 아무렇지 않은 듯 웃었고, 침묵으로 넘겼다. 그렇게 하면 내 업에 걸맞은 사람으로 인정받을 거라 기대했기 때문에. 그러나 되돌아보면 내가 그럴수록 가슴에는 슬픔이 차올랐고, 기쁨이 자리할 공간은 존재하지 않았다.

── 베풂도 선택이고
기쁨이어야 한다

칼 융Carl Jung은 우리가 사회 속에서 타인에게 보이는 '사회적 가면'을 '페르소나Persona'라고 불렀다. 사회생활을 위해 우리는 다양한 페르소나를 사용하지만, 문제는 그 페르소나가 '진짜 나'라고 생각하며 동일시하며 살아가거나 '진짜 나'와 크게 괴리될 때 발생한다. 내 경우, '따뜻한 중재자'라는 페르소나를 갖고 있지만 그것이 나의 전부는 아니다. 오히려 그 페르소나를 유지해야 한다는 강박적 사고 때문에 감정을 억압하고 외부 인정에 몰입했던 경험들이 많다. 그러다 보니 아이러니하게도 갈등을 피하려 하고, 상대의 좋은 점을 과하게 평가하며, 심지어 화를 낼 때와 참아야 할 때를 분별하는 능력이 약화되었고, 내면에는 우울이 점점 차오르게 되었다. 융은, 개인이 내면의 진짜 자아를 찾고 자신을 있는 그대로 인정할 때 진정한 성장을 이룰 수 있다고 보았다. 즉, 타인의 인정이 아니라 내면의 목소리에 귀를 기울이는 과정이 필요한 것이다.

마셜 로젠버그는 저서 《비폭력 대화》에서 이렇게 말한다. "기쁘지 않다면 어떤 일도 하지 말라."

이 말의 또 다른 의미는 어차피 해야 할 일이라면 욕구에 기인하는 선택을 해서 기쁜 일로 만들라는 뜻일 테지만, 무엇을 하든 기쁨이 바탕이 되어야 한다는 큰 의미 안에서 다르지 않다.

이석원 씨는 교회공동체에서 늘 '좋은 집사님'으로 불렸고 회사에서는 '서윗(스윗한) PM'이라는 별명으로 불렸다. 부드러운 말씨와 온화한 미소는 남녀를 불문하고 편안함을 느끼게 했다. 그가 후배 몇 명을 불러 저녁을 사주기로 한 날이었다. 세 명이 모이기로 한 자리였는데, 동기와 후배 몇 명 더 오는 바람에 열네 명이나 모이게 되었다. 즐거운 분위기에 취해 술과 안주를 더 시키다 보니 예산보다 훨씬 더 많은 비용이 나왔다. 잠시 고민하던 그는 자기가 사기로 한 자리이니 화끈하게 카드를 긁었다. 술에 취한 몇 명은 그가 계산하는 것을 보고도 아랑곳하지 않았고, 심지어 기억조차 하지 못한 사람들도 있었다. 그는 늘 돈 계산을 할 때 분위기가 어색해질 것 같으면 "내가 사주고 싶어"라고 말했다. 사람들은 그가 계산하는 것에 점점 익숙해졌다. 자신보다 경제적으로 넉넉한 친구와의 자리에서도, 심지어 친구의 승진 축하 자리에서도 자신이 계산하곤 했다.

수업 주제가 '감사와 인정'이었던 날, 이런 질문을 했다. "소장님, 배려심이 있다거나 타인에게 너그럽고 잘 베푼다는 말은 제가 늘 듣는 말이에요. 저는 이 말이 큰 칭찬과 인정이라고 생각하면서 살아왔는데, 왜 기분이 별로일까요? 제가 잘못 살아온 걸까요?"

그는 자기 행동을 돌아보면서, 기뻤던 순간과 그렇지 못했던 순간을 구분해서 인식하기 시작했다. 그 과정에서 알게 된 것은, 기쁘지 못했던 순간은 의무감 때문에 하거나 사람들에게 좋은 사람으로 보이고 싶어 했던 선택이었다는 점이다. 후배들과 동기들이 열네 명이나 모였던 그날은 계산하고 돌아오는 길에 괜히 화가 치밀어 올랐다고 했다. 결국 편의점에 들러 탄산수 한 병을 단숨에 마시고서야 집에 들어갈 수 있었다. 집에 도착했을 때, "당신이 호구야?"라는 아내의 말에 애써 참은 화가 결국 폭발하고 말았는데, 지금 와 돌이켜 보면 아내의 말이 맞는 말이었기 때문에 그토록 화가 났던 것 같다고 털어놓았다. 앞으로는 무엇보다 '정말 원하는지'를 내면에 먼저 묻고, 상대에게 베풀고 싶다는 말을 남겼다.

나도 모르게 남들에게 맞추려는 나를 위한 몇 가지 계획을 세울 수 있다.

- 타인의 인정이 아니라 내 만족을 기준으로 삼기
- 베푸는 행동을 하기 전, '나는 이게 기쁜가'를 스스로에게 묻기
- 거절을 연습하고 자기 자신에게 친절하기
- 타인의 기대보다 내 가치와 욕구를 우선순위에 두기

인생에서 자신이 중요하게 생각하는 가치나 욕구가 없으면, 우리의 말과 행동의 기준이 자꾸 다른 사람에게 맞추어지고, 그 평가기준에 머물게 된다. 타인의 평가가 우리 언행의 기준이 되는 순간, 나 자신도 괴롭지만, 상대 역시 불편해질 수 있다.

우리의 시선을 나 자신에게 집중하는 시간, 즉 '내가 이 순간 무엇을 원하고 있는가'를 탐색하는 일은 꼭 필요하다. 타인에게 밥을 사는 대신 나를 위해 맛있는 브런치를 사 먹고, 남들에게 친절을 베푸느라 에너지를 소진하는 대신 혼자만의 시간 속에서 나 자신을 돌보며 삶의 균형을 찾으면 어떨까? 나 자신이 소중하고 충만해짐을 느끼고, 내 안의 기쁨이 차오르는 경험을 무엇보다 우선해야 한다는

것을 배우길 바란다. 나를 소중하게 여기면, 타인도 자기 자신을 가장 소중하게 여긴다는 사실에 도달하고 인정하게 된다. 그제야 우리는 나 자신을 귀히 여기듯 타인을 귀하게 대할 수 있지 않을까.

- 지금까지 타인을 위해 했던 베풂 중에서 진심으로 기뻤던 순간은 언제였나요? 그와 반대로, 끝내 마음 한편이 허전하거나 억울했던 베풂은 무엇이었나요?

- 혹시 지금 당신이 유지하고 있는 '좋은 사람'의 모습이, 당신 내면의 진짜 욕구나 감정과 괴리되어 있지는 않나요? 그 가면을 잠시 내려놓는다면, 당신이 가장 먼저 하고 싶은 일은 무엇인가요?

불안과 시기심에

휩싸일 때

출장길 기차 안에서 영화 〈미션 임파서블: 데드 레코닝〉을 보았다. 2시간 40분, 생각보다 긴 러닝 타임과 흥미롭지 못한 이야기 전개는 결국 '괜히 봤다'는 후회로 남았다. 어느 날, 친구와 영화 이야기를 나누다가, 최종회가 정말 재미있으니 꼭 영화관에서 보라는 추천을 받았다. 며칠 후, 극장에 가서 최종편을 보는데, 집중하며 영화에 몰입하고 있는 나를 발견했다. 몰입의 바탕에는, 얼마 전 지루하게 봤던 전편의 기억이 있었다. '그때 그 영화 안 봤으면, 이 장면 이해 못 했을 텐데'라는 생각과 함께, 전편의 장면들이 퍼즐처럼 제자리를 찾아 들어갔다.

"쓸모없는 인생의 경험은 없다."

우리가 살면서 하는 작은 경험들이 다 나름의 의미가 있었다는 것을 수시로 발견하곤 한다. 지루하고 의미 없다고 느꼈던 일들이 훗날 어떤 중요한 이해와 연결될 수 있다는 것을 이런 작은 경험으로도 알게 된다. 어쩌면 우리 삶에 무가치하게 생각되는 지금의 이 시간이, 언젠가 우리의 삶을 풍성하게 하는 기반이 될지 모른다. 이게 미래가 기대되는 이유다.

심리학자 대니얼 카너먼Daniel Kahneman은 인간의 기억은 '경험하는 자아'와 '기억하는 자아'가 사건을 다르게 해석한다고 보았다. 어떤 경험이 지금은 무의미하거나 불쾌하게 여겨졌더라도, 시간이 지난 뒤의 기억 속에서는 전혀 다른 의미로 재구성될 수 있다는 뜻이다. 현재의 감정이 경험의 가치를 정의하지 않는다는 그의 설명은, 우리가 쉽게 '쓸모없다'고 여기는 사건들에 대해 다시금 생각하게 만든다. 중년이 된 내 삶을 돌이켜보면 애석하게도 안 좋았던 사건들이 꽤 있다. 그 일들은 내 인생의 계획 속에 단 한 번도 의도하거나 포함된 적이 없는 것들이다. 그러나 우리 삶은 여전히 완결되지 않은 서사이기에 지금 당장은 경험의 의미를 알 수 없을지라도 시간은 경험에 의미를 부여하고, 우리는 그 의미를 통해 삶을 다시 써 내려갈 수 있는 존재라고 믿는다.

── 쓸모없는
   경험은 없다

지방에서 큰 음식점을 운영하는 부부는 자녀가 가업을 물려받기 원했지만, 자녀는 그 일이 적성에 맞지 않았다. 내성적인 탓에 손님들이 들어와도 인사하기 어려웠고, 몸이 느려서 빠르게 움직이는 것도 힘들었다. 늘어나는 부모님의 잔소리에 비례하여 자녀의 자존감은 계속 낮아졌다. 어느새 자녀는 무능력한 사람이 되어있었다. 그렇게 음식점에서 나와 취업 준비를 했지만, 수차례 실패하고 부모와의 갈등 속에서 우울증을 앓게 되었다. 그녀는 전문상담사에게 찾아가 상담을 받기 시작했고, 자신의 기질적 특성을 발견하게 되었다고 고백했다. 그 경험은 늘 자신이 무언가 부족하고 이상한 사람이라는 생각에서 벗어나게 해주었고, 그 경험이 상담심리사의 길로 들어서는 결정적 계기가 되었다는 고백을 들은 적이 있다. 그녀는 가장 힘들었던 시간 덕분에 자신과 비슷한 청소년기를 보내는 타인의 아픔에 더 깊이 공감할 수 있었고, 지금은 그 경험이 '선물'이었다고 말할 수 있는 사람이 되었다. 그 이야기를 듣던 나도, 고통은 사라지는 것이 아니라 의미로 전환된다는 진리에 다시 한 번 닿을 수 있었다.

군 제대를 마친 아들이 진로 문제로 고민할 때였다. 아들은 제대 후 학교로 돌아가 학업을 지속할지, 자퇴를 하고 사회생활을 빨리 시작할지, 자신의 미래에 대해 진지하게 고민하기 시작했다. 주어진 시간이 별로 없다는 조급한 마음과 신중하게 고민해서 확실한 진로를 정해야 한다는 압박감을 동시에 느끼다 보니 어떤 것도 쉽게 결정하지 못하고 있었다. 그때 아들에게 뻔해 보이지만 내가 느낀 솔직한 생각을 전했다.

"인생의 경험에는 쓸모없는 것이 전혀 없더라. 그러니 어떤 길이든 가봐도 좋아. 확실한 길을 찾아야 한다는 생각을 내려두고, 지금 하는 노력들이 괜한 수고라고 판단하지는 마라. 괜한 게 하나도 없더라. 엄마가 지금의 너라면 당장 하고 싶은 일이나 할 수 있는 일을 시작해볼 것 같아. 그러고 나면 그게 정말 네가 원하는 것이었는지 아닌지도 명확해질 테니까."

교육을 하며 사회 초년생들을 간혹 만난다. 박소영 씨는 모 기업 입사 3년 차인 저연차 직장인이었다. 대화 훈련 대상자가 아닌 교육 진행 담당자였던 소영 씨는 늘 바쁘고 초조함을 느끼는 자신이 버겁다고 했다. 성과를 내야 한다는 압박감, 빨리 인정받아야 한다는 불안함, 남보다 뒤처지면 안 된다는 두려움에 쫓기듯 살고 있었다. 하지만 그녀가 맡은 일은 회사에서 기획하는 행사나 교육 연수를 지원하는 일이었기에, 가시적인 성과가 잘 드러나지 않고, 설령 드러난다 한들 지원하는 역할이다 보니 없어도 그만인 존재처럼 느껴지는 순간들이 많다고 했다. 그러다 보니 상사의 작은 말에도 민감하게 반응했고, 동료가 칭찬을 받을 때면 괜스레 자신이 더 초라하게 느꺼지곤 했다. 동시에 이런 생각들도 꼬리를 물고 따라왔다. '내가 지금 헛수고를 하는 게 아닐까? 지금이라도 내 일을 찾아야 하나? 이 일을 오래 하면 다른 일도 못 하게 되는 건 아닐까?' 이런 생각들 때문에 자신이 하는 일이 점점 더 하찮고 괴롭게 느껴졌다.

회사 워크숍 중 "당신이 지금 이 자리에서 10년 후 당신을 보고 있다면, 무슨 말을 해주고 싶은가요?"라는 질문에, 그녀는 연수원 뒷자리에서 조용히 생각했다.

'일이 잘 안 풀린다고 생각될 때 자책하고, 남과 비교하면서 스스로를 미워하지 마. 너무 힘들게 버티지 말고, 그 시간에 너를 좀 더 믿어주면 어떨까? 어떤 일을 하든 지금 하는 일이 분명 도움이 될 거야. 그리고 조금씩 다른 일을 탐색해봐. 충분히 그래도 돼. 아직 늦지 않았어.'

내면의 대화를 나눈 소영 씨는 눈시울이 붉어졌다. 교육생들이 다 떠나고 난 뒤 소영 씨가 나에게 다가왔다. 이 말을 하는 그녀의 목소리는 떨리고 있었지만, 나는 그 떨림 안에서 그녀가 성장하려는 몸짓을 하고 있다는 생각이 들었다. 소영 씨 역시 자신과 조금 떨어져 객관으로 볼 수 있는 경험이 되었으리라 믿는다.

나의 첫 번째 직업은 승무원이었다. 2년간 준비했고, 2년이 채 안 되어 퇴사했다. 커리어라고 하기엔 너무 짧은 시간이지만, 각양각색의 사람들을 만나면서 값비싼 경험을 한 곳이기도 하다. 비행기가 이륙하는 순간이면, 나는 늘 승객들을 한 번 둘러보고 천장을 확인하며 문제가 없는지 점검했다. 그러고는 작은 비행기 창문으로 눈을 돌려 멀어지는 현실 세계를 바라보곤 했다. 창밖으로 깨알같이 작아지는 풍경들을 보고 있자면, 문득 '인생 별거 아니네'라는 생각과 함께 담대한 용기가 솟구치곤 했다. 당장의 고민은 언제나 크고 무겁게 느껴지기 마련이다. 그러나 인생을 조금 길게, 멀리서 바라보면 그 고민의 강도와 크기는 조금씩 줄어들면서 '까짓것, 뭐'라는 생각으로 바뀐다. 소영 씨가 자신의 10년 후의 모습을 떠올리며, 지금의 자신에게 건넨 말도 이런 마음에서였을 것이다. 비행기 창밖으로 현실 세계가 점점 멀어지듯, 그녀도 자신의 삶을 잠시 멀리서 내려다보는 조망의 시간을 가졌던 것이리라.

우리는 오늘도 하루의 끝에서 크고 작은 '실패'와 '지루함', 그리고 '아무것도 아닌 것 같은 시간'을 마주한다. 하지만 그런 경험들조차 내일의 중요한 연결점이 될지도 모른다. 나에게 아무런 의미가 없다고 느꼈던 영화 한 편이 어떤 사건의 해석을 가능케했던 것처럼. 인생의 장면들 역시 마찬가지다. 지금은 낙서처럼 보여도, 언젠가 그것이 가장 중요한 예술작품의 복선이 될 수 있다. 그러니 어느 순간도 함부로 낭비라고 단정 짓지 말자. 삶은 회상 속에서 완성된다. 그리고 인생은 언제나 나중에야 이해되는 것이 아니던가.

── 우리에겐
조망 효과가 필요하다

미국의 법철학자 마사 누스바움Martha Nussbaum은 삶의 정서적 성찰을 중요하게 여기는 학자다. 그녀는 인간은 본래 불안을 느끼는 감정적 존재며, 우리가 느끼는 '쪼그라듦'과 '불안'이야말로 인생을 통합적으로 이해하게 만드는 힘이라고 보았다. 또한 프랑스 철학자 미셸 푸코Paul-Michel Foucault는 '자기 돌봄'을 강조하며, 외부의 기준과 타인의 시선에 휘둘려 자신의 삶을 소비하지 말고, '자기 스스로 삶을 구성할 것'을 요구했다. 나는 그런 철학자들의 시선을 우리 삶 속으로 늘 여와야 한다는 생각을 하곤 한다.

왜냐하면 흥미롭게도, 우리가 사는 사회에서 불안을 삶 가까이에 두면, 그 틈을 타고 시기심이 스며들기 때문이다. 우리는 스티브 잡스나 일론 머스크처럼 세상 모두가 아는 인물을 질투나 시기하기보다는 나와 엇비슷한 내 옆의 동료가 잘될 때 질투심을 넘어 시기심에 더 쉽게 사로잡힌다. 즉 질투심('나도 저 사람처럼 되고 싶어')이 이내 시기심('저 사람을 망치고 싶어')으로 바뀌곤 하는 것이다. 세상 모두가 아는 사람에게는 기립박수를 아끼지 않으면서도 내 친구, 내 동료의 작은 성공에는 그 박수를 망설이게 되는 이유가 무엇일까. 마음에 불편한 감정이 올라오기도 하고, 그 성공을 은근히 깎아내리거나 과소평가하고 싶은 마음은 너무나 슬픈 우리 사회의 모습이 아닐 수 없다. 우리가 자신들의 삶과 미래에 대한 조급함에 매몰되기 시작하면 그렇게 엉뚱한 방향으로 꼬리를 물고 이어지는 것이다.

우리는 자주, 가까운 거리에서 자신을 바라본다. 그리고 동료의 승진이나 지난달의 그와 나의 성과표 같은 것으로 자신의 가치를 판단한다. '멀리 보지 못하는 근시안적인 터널 시야'로 종종 눈앞의 것이나 지금 당장 시급하게 보이는 것, 내가 갖지 못한 것에만 시선을 둔다. 그러나 비행기 창문으로 풍경을 내려다보듯 때로는 멀리서 나를 바라보는 훈련이 필요하다. 인생을 길게 보면, 지금의 이직과 승진이 결코 인생의 전부가 아니다. 회사를 잠시 쉬는 일도, 삶의 속도가 느린 것도 인생의 실패가 아니다. 인생을 조금 멀리서 바라본다면, 지금 내가 고군분투하는 시간도 아름다운 풍경의 한 장면이 될지도 모른다.

조망 효과overview effect란, 실제로 우주 비행사들이 우주 밖에서 지구를 바라보며 겪는 심리적 각성 상태를 의미한다. 그들은 그 광경을 보고, 삶의 모든 것이 근본적으로 달라졌다고 고백한다. 작고 연약한 소중한 지구, 그 안에서 벌어지는 다툼과 경쟁이 한없이 무의미하게 느껴졌다고 한다. 좋은 차, 넓은 집, 값비싼 와인, 명품 옷은 늘 상대적이다. 그것들을 좇는 우리의 삶은 모든 세상을 시장경제의 논리로 보게 만들고, 자본만이 행복의 조건인 것처럼 믿게 한다. 그 안에서 느끼는 불안과 질투는 반드시 존재할 수밖에 없는 감정이다. 그러나 조금만 멀리서, 조금만 높은 곳에서 바라보면, 밝은 태양, 시원한 바람, 길가에 핀 들꽃, 향긋한 커피 향, 사랑하는 이의 웃음에서도 깊은 행복과 의미를 발견할 수 있다. 그리고 그 마음으로 내 인생을 살아갈 수 있다. 그것이 어쩌면 진정한 성장과 성취, 성공이 아닐까.

하루를 살아가는 습관과 인생을 바라보는 지혜는 같지 않다. 가끔은 높은 곳에 올라가 아주 멀리서 우리 삶을 바라보자. 지금 당장 답을 내려야만 할 것 같은 질문들이 어쩌면 그리 조급해하지 않아도 되는 문제라는 걸 알게 될지도 모른다.

우리의 삶은 조망하는 만큼 넓어진다.
세상도, 그리고 자기 자신도.

생각 나누기

- 지금은 '실패'나 '헛수고'처럼 느껴지지만, 언젠가 그것이 내 삶의 연결고리가 될 수 있다고 믿는 경험이 있나요?

- 당신의 삶에서 '그때 그 일이 없었더라면, 지금의 나는 없었을 거야'라고 말할 수 있는 과거의 지루하거나 힘들었던 순간은 언제인가요?

Chapter 4

삶의 유한함을

깨닫게 될 때

결코 죽음이 끝이 아니다

"제가 누나한테 더 잘 해줬어야 했는데…."

동급생들로부터 극심한 괴롭힘을 당하던 삶의 마지막 앞에서 해민이는 너무나 두려웠는지 소주를 마시고 한참을 방에서 머무르다 조용히 뛰어내렸다. 당시 집에 있던 동생은 자기 방에 있다가 그 소리를 듣고 뛰어내려가, 누나를 살리기 위해 연신 가슴을 눌러댔다.

내가 해민이의 남동생 민수를 처음 만난 것은, 그 자살이 사회적 이슈가 되어 아버지께서 탄원서를 제출한 이후였다.

"선생님이 저를 처음 만나러 오셨을 때 낯설고 이상했어요."

그 어색하고 낯설었던 만남이 벌써 7년째 이어지고 있다. 이제는 대학생이 된 아이와 즐겁게 식사를 하던 어느 날, 민수는 휴대폰 사진첩에 보관한 누나 사진을 한 장 보여주었다. 누나가 있는 납골당에 다녀온 며칠 후였다. 너무나 궁금했던 얼굴이지만 혹여 아픔을 자극할까 봐, 늘 궁금함으로 간직해왔던 해민이를 드디어 보게 되었다. 예쁘게 미소 짓는 모습에 나도 환하게 웃었던 그 순간을 기억한다.

처음에는 조금이라도 누나에 대한 이야기가 나오면 그 아이는 체한 듯 연신 물을 들이키거나 고개를 떨구고 눈을 마주치기 어려워했다. 수년간 만나면서 감사하게도 우리는 조금씩 스며들듯 자연스럽게 누나의 이야기를 나눌 수 있게 되었다.

"선생님 생각을 말해도 될까?"

"네, 그럼요."

"누나가 떨어졌던 그 순간 네가 뛰어내려 갔잖아. 그리고 네가 누나를 살리기 위해 심폐소생술을 했지."

"네…."

"민수야, 선생님 생각에는 네가 누나의 마지막 길을 함께해준 것 같아."

"그런 걸까요…?"

"그런 것 같아. 차가운 바닥에서 누나가 살아 숨쉴 때, 네가 누나 혼자 있지 않게 그 곁에 있어주어서 정말 다행이었다고 생각해."

죽음학에서는 죽음 직전의 극심한 고통을 줄여주고 정서적 안녕을 높이는 가장 강력한 요소 중 하나가 '누군가 곁에 있어주는 것'이라는 사실을 반복적으로 연구해왔다. 어빈 얄롬Irvin D. Yalom은 말기 암 환자들의 집단 상담에서 "인생의 마지막 순간에 경험하는 인간의 근원적인 두려움은 피할 수 없지만, 그 두려움을 줄여주는 것은 물리적·정서적으로 함께해주는 관계"임을 강조하였다. 실제로 〈말기 환자 돌봄 연구Hospice and Palliative Care studies〉에서도 가족 혹은 돌봄자가 곁에 있어주었을 때, 불안·공포·고통의 주관적 경험이 유의미하게 감소한다는 결과들이 꾸준히 보고되었다. 또한 크리스토퍼 커Christopher Kerr는 임종 직전에 사람들이 어떤 마음의 변화가 있는지를 연구했는데, 죽음 직전의 인간은 '연결'을 통해 삶의 마지막 의미를 찾으려 한다는 점을 발견했다. 죽음이 단절이 아니라 '관계 속에서 맞이하는 새로운 이별의 통과의례'가 될 때, 남겨진 이도 떠나는 이도 외로움과 죄책감으로부터 더 나은 정서적 안녕을 누릴 수 있다. 학자들의 임상 연구를 돌아보더라도, 민수의 행동이 마지막 삶의 순간을 맞이했던 해민이에게 얼마나 큰 위로가 되었을까?

'너는 누나의 마지막 길을 외롭지 않게 함께해준 용감한 동생이었다.'

처음 민수를 만나러 갔을 때, 나는 이 말을 꼭 해주고 싶었지만 할 수 없었다. 그 아이에게는 이 말이 와닿지 않았을 테니까. 그러나 이제는 그 말을 할 수 있게 되었고, 민수도 자신이 누나의 곁을 마지막까지 지켜주었다는 것을 어느 정도 받아들이게 되었다. 누나를 살리지 못했다는 생각에서 비롯된 죄책감에서 누군가를 살리고 싶다는 마음으로 생각이 바뀐 그 대견하고 멋진 아이는 간호의 길을 선택해 대학에 갔고, 현재는 국방의 의무를 다하는 군인으로 지내고 있다. 민수를 만나는 날이면 나는 늘 해민이를 생각하며 기도한다. 해민이가 천국에서 동생을 기특하게 바라보고 있을 거라는 믿음의 마음으로.

—— 사랑하는 이의
갑작스런 죽음을 받아들이기까지

죽음은 가장 고통스러운 상실의 유형에 속한다. 또한 가족의 자살은 갑작스러운 외상적 상실 traumatic loss에 해당한다. 자살과 같은 이런 비자연적인 이별은 남겨진 가족에게 극도의 혼란과 죄책감을 남긴다. 가장 가까우면서 함께 살고 있는 가족을 지켜주지 못했다는 죄책감을 우리가 과연 상상조차 할 수 있을까? 나는 OECD 청소년 자살 1위라는 우리나라의 현실을 처음에는 예민하게 받아들이지 못했다. 그러나 이 가정의 삶을 수년간 지켜보면서 그 비극이 가족들의 삶에 파고들어 얼마나 큰 상처를 남기는지를 목격했다. 그 과정에서 자살이라는 비극적인 상실의 아픔을 조금이나마 이해할 수 있게 되었다.

임상심리학자 테레즈 랜도Therese Rando의 연구에 따르면, 민수의 경험은 예기치 못하게, 정서적으로 밀접한 사람을 폭력적이고 충격적인 방식으로 잃어버린 것이라고 설명할 수 있다. 민수의 경험은 랜도의 이론에 정확히 부합한다. 누나는 사랑하는 가족이었고, 민수는 그 죽음을 목격했으며, 그 현장에 있었고, 누나의 몸에 손을 얹고 어느 때보다 간절한 마음으로 생명을 구하고자 하였을 테니까. 이것은 단순한 슬픔이 아니라 바로 외상trauma이다.

민수를 보면서 나는 그 아이가 보인 외상 후의 반응, 즉, 남겨진 이의 그림자 속에서 겪게 되는 심리적 경로를 이해할 수 있었다. 그것은 바로 첫 번째, 살아남은 자의 죄책감guilt of the survivor이다. 이는 '내가 좀 더 빨리 이 사실을 알았더라면'이라는 생각에서 비롯된 것이다. 두 번째는 재현 기억intrusive memory이다. 죽음의 순간이 반복해서 떠오르고, 심장이 두근거리는 등 몸에 여러 반응이 일어난다. 세 번째는 감정의 회피avoidance로, 누나의 사건과 관련한 대화나 기억 등을 언급하지 않으려는 시도들이다. 마지막은 애도와 외상의 교차intersection of grief and trauma로, 상실에 대한 애도 반응과 외상 반응이 혼재되어 슬픔조차 제대로 느끼지 못하는 감정의 마비 상태를 경험하는 것이다. 그 어렸던 아이가 누나의 마지막 길을 함께하면서 받은 그 충격을 어떻게 감당할 수가 있었을까? 수년간 민수의 얼굴과 마음에 드리워진 그림자를 보아왔기에 지금 이 아이의 얼굴과 마음에 비친 햇살 같은 모습에 진심으로 감사함을 느낀다.

민수에게는 여전히 자신을 사랑하는 엄마와 아빠가 있었고, 누나의 죽음 앞에서 최선을 다했던 민수를 잘 아는 사람들이 있었다. 누나의 죽음을 막을 수는 없었지만, 누나를 위해 기꺼이 누나의 심장에 손을 얹은 민수의 그 손은 누구보다 용감하고 깊은 사랑을 지닌 손이었다. 심리학자 워든$^{William\ Worden}$은 애도가 단지 슬픔을 느끼는 것이 아니라 새로운 방식으로 사랑을 이어가는 것이라고 설명했다. 민수는 누나의 죽음 앞에서 심리적으로 무너졌지만, 그가 한 행동은 죽음 앞에서도 사랑을 멈추지 않은 이의 용기다. 시간이 흘러 멋진 대학생이 된 민수는 비로소 자신의 용기를 받아들이기 시작했다. 민수는 아마 누나를 평생 잊지 못할 것이다. 자신의 전공을 살려 위기에 직면한 이들을 도와야 하는 직업을 선택하였기에 더더욱 그럴 것이다. 그러나 나는 민수가 이 의미를 알지 않을까 하는 기대를 한다. '죽음은 사랑의 끝이 아니며, 사랑은 죽음을 넘어 새로운 방식으로 존재하게 된다는 것'을 말이다.

- 당신은 세상을 떠날 때, 누가 당신의 마지막 순간을 함께해주기를 바라나요? 그 이유는 무엇인가요?

- 당신이 만약 누군가의 죽음을 함께 마무리해야 한다면, 그 사람은 누구인가요? 그리고 왜 그 사람의 죽음을 지켜주고 싶은가요?

세상을 떠난 이에게도

유효한 인간의 권리

민수의 아버지는 첫째 아이를 허망하고 억울하게 보낸 뒤, 해민이를 그렇게 만든 네 명의 아이들이 법적 책임을 다하고, 다시는 이런 일이 발생하지 않기를 바라는 마음으로 끝까지 싸우셨다. 법원의 긴 복도에서 혼자 앉아 계시던 아버님과 만났을 때, 그분의 목에 걸려 있던 해민이의 학생증을 나는 아직 기억한다. 목에서 해민이의 학생증을 빼지 못하던 아버지의 심정은 어떠했을까. 지리한 재판이 이어지는 동안, 해민이를 괴롭혔던 아이들은 고등학교를 졸업하고 대학생으로 살아가고 있었다.

해민이 아버지를 괴롭혔던 것은 2차 상처였다. 2차 가해는 피해자 또는 유가족이 피해 사실로 인해 이미 심각한 트라우마를 겪고 있음에도 불구하고, 사회·법·교육·의료 시스템 내에서 혹은 주변인들에 의해 추가적으로 받게 되는 정서적·사회적 피해를 의미한다. 주변 사람들은 그에게 '이제 그만하라'고 말하며, '그렇다고 죽은 딸이 돌아오느냐'고 말했다. 그 말은 부모가 사랑하는 자녀의 죽음을 통해 경험하는 비통함grief의 고유한 과정을 무시하는 것이다. 부모가 자녀를 잃는 것은 가장 극심한 형태의 상실이다. 이 상실은 결코 '과거의 사건'으로 쉽게 봉합되거나 묻어지지 않는다. 특히 억울하고 비극적인 죽음으로 아이를 잃은 부모의 경우, 억울함을 풀어야만 애도의 과정이 진행될 수 있다. 만약 이 과정이 막히면 "병리적 애도pathological grief"로 전환되어 애도가 진행되지 못한다.

'죽은 아이가 돌아오지 않는데 왜 이러느냐'라는 말은 '이제 그만 애도하라'는 사회적 강요의 메시지였고, 이는 피해자가 사회에서 다시 자리를 잡을 수 있는 기회를 빼앗는 것이기도 했다. 피해자 중심주의적 관점의 회복적 정의restorative justice에서는 피해자의 목소리와 경험을 인정해주는 것이 치유의 시작이라고 본다. 해민이 아버지에게 있어 '싸움'은 단순한 법적 투쟁이 아니었다. 그것은 아이의 억울함을 풀어주기 위한 부모로서의 마지막 책임이며, 죽은 딸을 향한 사랑의 방식이었다.

가해자들은 대학에 진학해 새로운 삶을 살지만, 피해자 가족은 그 이전의 삶으로 돌아갈 수 없다는 사실을 상기해보라. 이것이 얼마나 유가족의 마음에 멍에가 되고, 비통한 억울함으로 남게 되는 과정일지. 애도와 치유는 잊는 행위가 아니라 기억을 품고 가는 과정에서 가능하다. 해민이 아버지가 가해 학생들에게 법적 책임을 묻고, 사회적 인식을 환기하는 일은 자녀에 대한 마지막 보호자 역할이자 애도의 준비 과정이었다. 또한 임상에서 볼 때, 고인을 떠나 보낸 후 지속적이고 반복적인 '만약에'라는 질문과 죄책감은 미해결 애도의 중요한 특징 중 하나다. 해민이의 가정이라고 달랐을까? 밝고 명랑했던 해민이가 숨겨온 고통스러운 사건을, 그 부모들은 왜 미리 짐작하지 못했는지 하늘을 보며 수천 번 되뇌었을 것이다. 이렇듯 유가족들의 깊은 아픔을 이해하기 위해서는 주변 사람들의 경청, 슬퍼해도 된다는 사회의 인정, 딸이 죽어 더 이상 존재하지 않는다는 아픈 진실을 마주하는 과정이 필요하다. 그러나 이 과정에서 '이제 그만하라'는 말은 피해자 가족의 목소리를 억압하고, 그 고통의 진정성을 부정함으로써 2차 트라우마를 유발한다. 해민이 가족은 2차 가해 앞에서 울고 또 울었다. 그 과정을 함께하며 나도 같이 아팠다. 그간 데이터로만 보아왔던 자살율 1위라는 무감한 숫자 뒤에 숨은 아픔의 깊이를 한 가정과 함께 수년을 보내면서 비로소 알게 되었다.

── 애도는 단지 울며 떠나보내는 것이 아니다

아버님도 아셨다. 법원, 교육청, 학교, 죽은 딸 아이의 친구들을 만나며 증거를 수집하고 다닌다 하여 죽은 내 아이가 돌아올까? 다시 내 딸의 환한 웃음을 볼 수 있을까? 딸의 숨결과 온기를 느낄 수 있을까? 재잘거리던 활달한 딸의 얼굴을 다시 만져볼 수 있을까? 이 모든 것은 끝났다. 해민이네 가족은 딸이 죽기 전과 같은 삶으로 다시는 돌아갈 수 없다.

죽음학에서 거론되는 많은 학자들은 상실과 애도의 중요성에 대해 한 목소리를 낸다. 로버드 네이마이어Robert A. Neimeyer는 애도가 단순히 눈물로 하는 것이 아니라, 삶의 서사를 다시 써나가는 과정임을 지적했다. 해민이 아버지는 딸을 떠나보내며, 그 삶이 단지 '운이 없던 피해자'로 기억되지 않기를 바랐다. 딸의 삶이 비록 고통 속에서 끝났더라도, 그 죽음이 비극으로 사라지지 않기를 원했다. 나는 지난 4년간의 해민이 아버지의 기나긴 노력을 보며, 그분이 달리 보였다. 딸에 대한 서사를 다시 쓴 사람으로. 딸은 단지 괴롭힘의 피해자가 아니다. 아버님에게 그 딸은 이 사회의 부조리를 드러낸 증언자다.

이 과정은 '상징적 애도'라 할 수 있을 것이다. 슬픔을 넘어 죽은 이를 위한 존엄과 기억을 지켜주는 과정이기 때문이다. 그것은 곧 살아남은 자기 자신과 세상이 다시 관계를 맺는 과정이기도 하다. 나는 아버님의 노력이 죽은 딸의 인권을 지켜주고자 하는 혈투였다고 생각한다. 자녀를 낳아 키우는 모든 부모는 이런 사건 앞에 자신의 삶을 대입하여 생각하고 함께 분노한다. 나라고 달랐겠는가. 나 역시 내 몸이 부스러진다 해도, 해민이 아버지와 같은 길을 걷지 않았을까. 죽음학 분야의 세계적 권위자이기도 한 하비 초치노프Harvet Chochinov는 "심리적 존엄Psychological Dignity"이라는 개념을 통해, 모든 인간이 삶과 죽음의 순간에도 고유한 가치를 지닌다는 점을 알려준다. 죽은 이에게 인권을 말하는 이유는, 그 사람의 존재가 사라졌다고 해서 그 의미마저 사라진 것은 아니기 때문이다. 해민이가 죽었다 하더라도 그 죽음 이후에도 '이 고통은 정당하게 이루어져야 한다'라는 요구는 여전히 유효하다. 해민이 아버지는 이 사실을 끝까지 지켜낸 것이다.

나 역시 수년간 해민이 부모님 곁에 머물면서, 육체적인 죽음이 결코 인생의 끝이 아니라는 사실을 깊이 깨달았다. 죽은 딸은 돌아오지 않지만, 그 딸의 인격을 지켜주려 했던 부모를 통해, 세상을 떠난 사람에게도 여전히 이 세상에서 지켜지고 회복되어야 할 것이 있다는 사실을 알게 되었다. 그때까지 그 사람은 결코 죽지 않은 것이다.

해민이 아버지는 법정에서 무너지지 않고, 사라진 딸의 존재를 다시 세우며 살아내었다. 가족은 그렇다. 소중한 내 자식을 위해, 존경하는 내 부모님을 위해 끝까지 지켜주고 싶은 무언가를 지니고 살아가는 관계다.

- 그 아이는 그런 아픔 속에서 무엇을 겪었을까?
- 사회는 어떤 침묵으로 아이를 몰아세웠는가?
- 우리는 이 죽음을 어떻게 기억하고 책임질 것인가?

이 질문을 붙잡고 해민이 아버지는 끝까지 싸우셨다. 거듭 말하지만, 그 싸움은 단지 '책임을 묻는 일'이 아니라 사라진 존재의 존엄을 회복하는 일이었다. 죽은 사람의 인권은, 단지 죽은 이를 위한 것이 아니라 이 사회가 '생명'을 얼마나 소중하게 여기는지, 존엄이 사라진 자리에 무엇을 다시 세우려 하는가를 보여주는 바로미터인 것이다.

결국 가해자들이 재판에 회부되어 교도소에 들어가게 되었을 때, 축하하는 마음도 잠시, 다시 소리내지 못하는 침묵이 이어졌다. 그날 아버님께서는 나에게 이런 말을 남기셨다.

"이제 저는 무엇을 위해 살아야 할지 모르겠습니다."

이제야 딸의 죽음을 받아들이고 애도의 시작임을 말하는 아버님의 목소리에서, 나는 눈물을 흘리기도 조심스러웠다. 소중한 사람을 잃고 나면, 아무리 시간이 지나도 그 웃음 뒤에는 항상 상처가 남기 마련이다. 어떤 상실은 완벽한 치유를 거부한다.

가끔 고통스러웠던 내 모습의 일부를 사람들에게 개방하기도 하는데, 그것은 그 상처들이 나에게 더 이상 고통이 아니라 흔적으로 남았기 때문이다. 그 흔적은 지나온 상처를 앞으로 의미 있게 만들어주는 자양분이 된다. 그럼에도 불구하고, 어떤 상실의 사건은 나 역시 가슴속의 독백처럼 남겨두어야만 한다. 어떤 상실은 완벽한 치유를 거부한 채로 여전히 아픔으로 내 가슴에 남아있기 때문이다.

어린 시절, 많은 것을 상실하며 깨닫게 된 것은 용서는 목적이 아닌 과정에 가까웠다는 것이다. 눈부시게 아름다운 미소는 그렁그렁 눈물이 고인 눈과 함께할 때 더 빛이 난다. 내 손을 꼭 잡고 인사를 남기고 돌아서시던 해민이 아버지의 뒷모습을 바라보면서 나지막이 혼잣말을 하며 돌아선 그날이 떠오른다.

별을 보면, 그래 저 별은 알겠지.
해가 뜨면, 그래 저 해가 녹여주겠지.
바람이 불면, 그래 저 바람이 다 가져가주겠지.
눈이 내리면, 그래 저 눈이 다 덮어줄 거야.

저 부모의 고통을,
고통받는 아이들의 아픔을,
정말 그랬으면 좋겠다.

- 사랑하는 사람의 부당한 죽음을 마주했을 때, 그의 존재의 의미와 존엄을 어떻게 지켜낼 수 있을까요?

- 당신이 잊지 않고 책임져야 하는 고통과 상실은 무엇인가요? 당신은 그것을 어떻게 기억하고 있나요?

죽음은

희망이
사라진 곳에서
시작된다

2월의 마지막 날 저녁, 봄이 오려는데 겨울이 끝자락을 붙잡고 놓아주지 않고 있었다. 을지로입구역에 내려 종로를 향해 걸어가는 길은 소용돌이 같은 바람과의 싸움이다. 횡단보도 앞에서 온몸을 바람에 저항하며 힘겹게 버티고 있을 때, 한 사람이 조용히, 그리고 천천히 곁으로 다가와 섰다. 휴대폰을 보던 내 눈길이 살짝 오른쪽을 향해 머물렀을 때 그 사람의 발이 보였다. 추운 2월의 마지막 저녁 길 한복판에 맨발에 검정 운동화만 신은 채, 누더기 같은 천을 걸치고 서 있던 그는 누구일까.

나는 살짝 뒤로 물러나 그를 보았다. 보따리를 짊어진 그는 노숙자 같아 보였다. 내 시선은 그의 느린 걸음에 이어, 그의 눈빛에 고정

되었다. 그는 고개를 들고 앞을 향해 있었다. 눈을 뜨고 있었지만 무언가를 보고 있다는 생각은 전혀 들지 않았다. 나와 공유할 수 있는 것이 하나도 없던 그에게서, 나는 한때 희망을 상실했던 예전의 내 눈빛을 보았다. 그와는 분명히 다른 모습과 상황이지만, 나 역시 한때 저런 눈빛으로 살던 시절이 있었다.

이내 정신을 차리고 횡단보도를 걷다가 멈추었다. 그는 여전히 그 자리에 서 있었다. 그에게 나란 존재는 자리하지 않았지만, 그의 존재는 이미 내 안에 들어와 있었다. 그를 위해 무엇이라도 주고 싶은 마음이었지만, 주머니에는 고작 현금 14,000원이 전부였다. 나는 그 돈을 주먹으로 쥐었다 놨다를 반복하면서 고민했다.

'이 돈을 주고 싶은데, 발이라도 좀 따뜻하게. 아니 이 돈으로 식사라도. 아니 모르겠어. 그런데 돕고 싶다.'

나는 그 사람을 돕고 싶었고, 아주 작은 희망이라도 전하고 싶었다. 14,000원으로 저 사람의 눈빛에 생기를 되찾게 할 수는 없겠지만, 조용히 접어둔 현금을 그의 손에 살짝 쥐어줘야 내 마음이 편할 것 같다는 게 솔직한 심정이었다. 결국 그에게 다가가 차디찬 그의 손에 돈을 쥐어주었다. 그는 여전히 나를 바라보지도, 자신의 손을 바라보지도 않았다.

마음이 죽어있는 사람의 눈빛이 이런 것일까. 조금 멀리 떨어져 그를 응시했을 때, 그는 천천히 자신의 손을 한참 동안 바라보았고,

나는 다시 돌아서 길을 걸었다.

─── 삶의 무게가
　　　남기는 흔적

언젠가 어느 기업의 팀장 교육을 들어갔을 때였다. 대기업의 팀장이면, 고학력자가 대부분이고 배우자와 자녀가 있는 경우가 많다. 연봉도 꽤 되기에 대개 삶의 질이 그리 떨어지진 않는다. 당시 교육에 참가한 두 팀장은 사뭇 분위기가 달랐다. 한 팀장은 명품 벨트와 구두를 갖추고 있었고, 한 팀장은 양복이 구겨지다 못해 등과 엉덩이가 반질거렸으며, 구두 뒤축도 닳고 닳아서 동그랗게 변할 지경이었다. 그도 그럴 것이 한 팀장은 상당한 재력가의 부모님을 두었고, 자신감이 몸에 스며들어 있었다. 그의 대화는 거침이 없었고 두려움 같은 건 전혀 느껴지지 않았다. 그에게 직장은 그야말로 사회적 정체성과 성장을 위한 자기계발의 장소였으며, 이 직장이 아니어도 자신의 삶이 충분히 영위될 것이라고 생각하는 사람에게서 나오는 당당함이 느껴졌다. 반면 다른 팀장은 집안의 유일한 가장이었다. 대학 때 아버지가 돌아가시고, 홀로 아들을 키워오신 어머니마저 치매로 요양시설에 계셨고, 면역 질환으로 사회생활이 어려운 배우자와 함께 거주하는 장모님마저 암 투병 중이었다. 이 모든 것을 그 팀장이 혼자서 책임졌기야 했기에, 업무에 집중하기 어려운 상황이었을 것이다. 그는 업무에서도 종종 실수를 했고, 주변으로부터 안 좋은 피드백을 받기도 했다. 자신감을 상실하여 리더십에서 위축되었던 그는, 이 직장이 양가 집안 어른들의 생계와 직결되어 있다는 사실에 더욱 절실해졌다. 나는 8주 내내 수심으로 가득한 그의 눈빛을 보았다. 그의 어깨에 걸린 책임감의 무게가 얼마나 무거웠을지. 인생이 이렇게 불공평할 수 있을까?

희망이 사라지면 삶의 무게는 어깨와 눈에 고스란히 드러난다. 쉬는 시간이었다. 축 쳐진 어깨와 여전히 반질반질해진 양복을 입은 그는 믹스 커피 한 잔을 타서 창문 앞에 서 있었다.
"선생님, 요즘 어머니 건강은 좀 어떠세요?"
"아, 네. 뭐 그렇죠. 좋아지실 건 없어요. 덜 나빠지기만을 바랄 뿐이죠. 그래도 저는 잘 기억하셔서. 자주 가봐야 하는데… 쉽지 않네요."
"어머니께서 아드님을 잘 기억하시는 걸 보면, 선생님이 얼마나 소중한 아들이면 그러실까 싶네요."
"네. 잘 해드리는 것도 없는 아들인데, 부끄럽죠."
그는 희미한 미소를 보였다. 아침에 눈을 뜨는 게 버겁다는 사람, 죽지 못해 산다는 사람의 눈빛을 보았는가. 그 눈빛 속에는 긴장감마저 사라진 슬픔의 강이 흐른다. 나는 감히 그 눈빛을 조금은 이해한다. 《죽음의 수용소에서》의 저자 빅터 프랭클은, 삶의 의미를 찾을 수 없을 때 우리가 생의 에너지를 상실하고 그것이 곧 죽음에 이르는 길이 된다고 강조했다. 희망을 잃는다는 것은 단순히 '슬픔'이 아니라 존재의 기반이 붕괴되는 "존재적 공허$^{existential\ vacuum}$" 상태가 된다. 희망을 상실한 눈빛은 곧 생기의 부재요, 죽음과 가까운 상태다. 빅터 프랭클이 겪었던 아우슈비츠 수용소에서도, 희망을 잃은 이들은 며칠을 넘기지 못했다.

── 잃어버린
희망의 징후

일하는 현장에서 미래가 아득하다고 말하는 많은 이들을 만난다. 죽고 싶지는 않지만 딱히 살고 싶지도 않다고 말하는 청년들, 아이들을 먹이고 입히며 혼자 견뎌내느라 지친 엄마, 현재 가진 것으로는 더 이상 어떤 기쁨도 느낄 수 없다는 사업가, 지금의 인기가 무너질까 봐 눈치보는 삶에 지친 방송인. 이들 중 어떤 이는 목구멍이 포도청이라면서 가족의 존재를 떠올리며 일터에 나가고, 어떤 이는 한강을 건널 때마다 고급 세단 뒷자리에 기대어 앉아 자신의 공허한 마음을 둘 곳을 찾지 못해 멍한 눈빛으로 강물을 하염없이 바라본다. 그들의 눈빛을 보면 연민의 마음이 앞선다. 이들이 잃어버린 것은 무엇일까. 저마다 처한 삶의 환경이 다르겠지만, 나는 감히 '희망'이라고 말하고 싶다. 희망은 살아있음을 증명하는 마지막 불빛이다. 그 불빛이 꺼져갈 때의 눈빛을 본 사람은 안다. 그 거대한 무서움을. 뺨을 후려갈기며 눈을 뜨라고 해도 떠지지 않는 눈, 그것이 바로 희망이 사라진 이들의 눈빛이다.

나는 무가치하다.
세상은 냉혹하다.
미래는 암울하다.

우울증을 연구했던 아론 벡$^{Aron\ T.\ Beck}$은 임상 연구를 통해 이런 부정적 사고에 대한 중요성을 언급했다. 그는 수많은 환자의 눈빛을 통해 희망을 잃는다는 것은 자기 자신과 세상, 미래에 대한 신념이 무너지는 일임을 알아차렸을 것이다. 죽음은 단지 숨이 멎는 일이 아니라, 희망이 꺼지는 것에서부터 시작된다는 것을 말이다.

삶의 고통은 누구에게나 존재한다. 유독 후텁지근했던 여름, 내 삶에도 깊은 고통이 찾아왔었다. 당시 거울을 통해 보던 내 눈빛은 온통 희망을 상실한 절망으로 가득 차 있었다. 그 눈동자는 죽음에 가까운 모습이었다. 그렇게 희망이 사라지는 순간, 그 고통은 감당할 수 없는 무게를 넘어선다. 희망이 있는 고통은 '견딜 수 있음'을 전제로 하지만, 희망이 없는 고통은 그 자체로 존재를 무너뜨리는 절망이 된다. 우리가 서로의 눈빛을 잘 보아야 하는 이유는 바로 여기에 있다.

- 당신은 언제 '살고 싶지 않다'거나 '살아있음이 무의미하다'라는 생각에 스며든 적이 있었나요? 그 순간, 당신의 몸과 마음, 눈빛은 어떤 상태였나요?

- 당신은 주변 사람의 눈빛 속에서 '삶의 불빛이 꺼져가고 있다'는 징후를 느꼈던 적이 있나요? 그때 당신은 그 사람에게 무엇을 해주었나요, 혹은 해주지 못했나요?

꺼져가는
눈빛을

살리는
힘

아이들이 좋아서 시작했던 여러 일들이 있다. 그중 하나는 컴패션이라는 기관과 함께한 '부모들을 위한 대화 강의'였다. 강의를 준비하고 진행하면서 한국전쟁 고아를 돕기 위해 설립된 이 단체가 단순히 가난한 아이들에게 도움을 주는 곳이 아니라, 아이 한 명 한 명의 가능성과 존엄을 진심으로 믿는다는 걸 느꼈다. '가난은 단순히 물질의 결핍이 아니라 관계의 결핍'이라는 말을 통해, 아이들과 마주하는 내 태도도 달라졌다. 강의는 단순한 정보 전달이 아니라, 부모와 아이 사이의 관계 회복을 돕는 시간이 되었고, 그 안에서 작지만 분명한 변화들이 일어났다.

── 눈빛으로 전해지는
   삶의 가능성

컴패션과 함께 오랜 기간 일을 하는 이유에는 여러 가지가 있지만, 가장 큰 이유는 스태프들의 눈빛이다. 이들의 눈빛은 우리 연구소 직원들에게도 귀감이 될 정도였으며, 이 단체와 함께한 여러 기업의 대표들에게서도 공통적으로 들어왔던 의견이었다.

왜 그들의 눈은 빛날까? 왜 그들의 눈에는 눈물이 맺힐까? 왜 그들의 미소는 마음을 끌어당길까? 나는 그 이유를 비전트립에서 찾을 수 있었다. 나와 연구소 직원들은 최근 3년 간 컴패션과 함께 비전트립을 떠났다. 매일 낮에는 교회를 방문해 아이들과 예배를 드리고, 대화를 나누며 그들의 삶을 공유했다. 오후에는 각 가정에 방문하여 아이들의 가정과 일상에 더 깊숙이 들어갔다. 발 디딜 틈도 없는 집 안, 흙과 먼지로 뒤덮인 주방, 구멍이 숭숭 뚫린 널빤지로 만든 문, 온갖 오물과 이름 모를 벌레들이 뒤섞인 곳에서 아이들은 먹고 자며 살아가고 있었다. 우리 연구소의 한 실장은, 그토록 자녀를 원했지만 허락되지 않았다. 2023년 처음 이곳을 방문했을 때 이곳에서 가장 어린아이가 그녀의 손을 잡았다. 이제 막 아장아장 걷는 그 아이는 실장의 손을 잡더니 그녀의 품으로 쏙 파고들었다. 그녀는 뜨거운 눈물을 소리 없이 흘리며 아이를 안았고, 나는 그 얼굴을 잊을 수가 없다. 아이들과의 마지막 밤, 그녀는 고백했다.

"저를 바라보는 아이들의 눈에서 느껴지는 해맑음과 행복한 빛을 잊을 수 없을 것 같습니다."

그뿐이었을까. 2023년도는 비전트립을 함께한 구성원들에게 특별한 해였다. 부모와 자녀가 함께했기 때문이다. 중3에서 고2 정도의 사춘기 아이들이었고, 대개 부모와의 관계가 소원해진 상태였다. 저마다 부모의 사정으로 또는 회유와 조건을 달고 와준 아이들이었다. 여차하면 다음날 비행기를 타고 돌아가겠다던 그 아이들은 마지막 날, 자신의 속마음을 털어놓기 시작했다.

"왜 저 아이들의 눈에는 강한 행복이 있는 거지요?"
"그 아이들과 함께한 시간을 통해 저도 행복해졌어요."
"엄마, 아빠와 함께해서 정말 감사했어요."
"저를 때렸던 아빠와 왔는데, 아빠를 용서하고 싶어요."
"가난한데도 저렇게 행복할 수 있는 저 친구들이 부러웠어요."

이런 고백들은 전혀 놀랍지 않았다. 며칠 밤마다 부모와 자녀간의 대화 훈련을 진행하며 나는 매일 그들의 눈빛을 보았고, 작지만 강한 변화를 느낄 수 있었다. 가장 감동적이었던 이유는, 우리 모두의 마음에 '쟤들에 비하면 우리는 가진 것이 많구나'라는 우월감은 전혀 없었다는 점이다. 오히려 그들의 존재에서 뿜어져 나오는 아름다운 에너지를 서로의 가슴으로 나누고 있었다. 사흘째 되던 날, 도시 빈민가의 골목을 지나는데, 그 지역의 사춘기 아이들이 낡은 농구공을 들고 맨발로 농구를 하고 있었다. 함께 간 사춘기 아이 중 한 명이 날아온 공을 받게 되었고, 조심스럽게 그 지역의 아이에게 건네주었다. 한 아이가 눈짓으로 '함께하겠냐'라는 사인을 보내자 누가 먼저랄 것도 없이 아이들은 함께 어울려 농구를 했다. 웃고 떠들며 농구에 열중하느라 아이들의 온몸이 땀과 행복감으로 흠뻑 젖어 있었다. 그 후 지역 아이들과 함께 찬양하고 저마다 자신이 다룰 수 있는 악기와 목소리를 담아 하나가 되었던 그 아이들은 정말이지 눈부시도록 근사했다.

한국에 돌아오는 비행기 안에서 나는 엄마에게 말 한마디 잘 건네지 않는다던 고등학생 아들이 엄마의 어깨에 기대어 자는 모습을 보았다. 인천공항에 내렸을 땐, 횡단보도에 서서 엄마의 이마에 뽀뽀를 해주던 중3 아들도 보았다. 건너편에서 기다리던 아빠가 그 모습을 보고 눈물을 훔치는 것도 보았다. 그토록 냉담했던 아이들이 단 며칠 만에 변할 수 있었던 이유는 무엇일까? 가난함에도 불구하고 이름 모를 후원자들로부터 도움을 받고, 지역의 교회 선생님들에게서 사랑받으며 물질적 도움을 넘어 관계적 연결을 통해 삶의 희망을 되찾은 현지 아이들의 눈빛 때문이었다. 이는 부인할 수 없는 사실이다.

2024년과 2025년에는 우리나라 여러 기업 대표들을 모아 비전트립을 떠났다. 그들이라고 달랐을까. 그들 역시 저마다 입을 모아 아이들의 '눈빛'에 대해 말했다. 눈은 마음의 거울이고, 희망이 깃든

곳은 언제나 빛난다. 삶이 참으로 놀라운 이유는 바로 여기에 있다. 절망의 끝에 서 있는 사람들 가운데, 희망의 한 존재를 바라보게 된 사람들은 무너짐 속에서 뜻밖의 힘을 발견하기도 한다. 그것은 단순한 회복이 아니라, 삶을 다시 내 것으로 만들려는 결단이 된다. 즉, 희망은 나를 완성하는 내부의 힘resource이 된다.

── 삶을 지탱하는
　　 원천

어깨에 무거운 짐을 지며 살아가고 있던 팀장님과는 그날 이후로도 종종 개인적인 대화를 나누곤 했다.
"팀장님, 아이들은 건강하게 잘 크고 있고요?"
"네. 첫째가 늘 고맙죠. 그 아이가 외할머니를 무척 사랑해서 잘 돌봐드려요."
"오, 아이에게도 힘든 일일 수 있는데, 너무 고마운 아이네요."
"네, 우리 첫째가 든든하고, 막내가 사랑스러워서 제가 삽니다."
잠시지만 나는 분명히 보았다. 말이 빨라지고 어깨가 올라가며 눈빛에 잠시 생기가 돌던 그 팀장님의 모습을. 그 전까지 그는 "나는 살고 있다. 하지만 살아만 있을 뿐이다"라고 말하고 있는 것 같았지만, 이 순간만큼은 "나는 살고 있다. 그리고 살아가고 싶다"라고 말하는 것만 같았다. 그 모습이 그토록 뭉클했던 이유는 무엇일까?

"아이들이 팀장님에게 자원이군요. 팀장님을 살게 하는 자원요."

"그렇네요. 선생님, 자원이라는 말이 좋네요. 하… 정말 좋아요."

나는 자녀들을 보며 힘을 내는 많은 부모들이 그저 부모로서 힘을 내는 것을 넘어서, 삶을 주체적으로 선택하고 개인적인 삶의 완성을 이루며 살아가는 모습을 보곤 했다. 그 놀라운 모습을 자주 보진 못했지만, 몇몇 사람의 삶을 관찰하는 것만으로도 인간 내면의 힘을 신뢰하기에 충분했다. 그들은 우리에게 보여주었다. 절망의 시간을 지나오는 동안 세상이 전혀 바뀌지 않더라도, 스스로가 고통을 어떻게 해석하고 받아들이며 살 것인가에 따라 삶이 완전히 달라질 수 있다는 사실을 말이다. 삶의 주인이 된다는 것은 에고^{ego}의 강화가 아니다. 그것은 죽음 앞의 절망까지 간 이들이 묻게 되는 실존적 질문 즉, '나는 왜 살아야 하는가'에 대한 답으로 얻어낸 '삶의 의미'인 것이다. 다시 말해, 죽음 앞에서 '나는 왜 살아야 할까'에 대한 질문을 던져본 이들만이 얻게 되는 선물은 바로 '삶의 본질을 붙드는 가장 근원적 의지'인 것이다. 삶을 내가 선택하고, 고통 역시 내가 다루며, 그 고통의 이름을 내가 부르겠다는 선택. 그것은 세상 속에서 아무런 힘을 쓸 수 없는 존재라고 믿었던 우리가 결코 '무너지지 않겠다는 존재의 선언'과 같은 것이다.

나를 비롯하여 내가 만나온 분들이 걸어온 길을 돌아보면, 사랑과 은혜의 손길이 우리를 붙잡고 있었음을 고백할 수밖에 없다. 그래서 나는 오늘도 나와 당신의 하루가 '살아내는 삶'을 넘어 '살고 싶은 삶', '죽어가는 삶'이 아니라 '죽음에 이르기까지 주체적으로 살아가는 삶'이 되기를 간절히 소망한다. 그리하여 절망의 그 눈빛이 다시 살아나, 빛을 머금는 바다의 물결처럼 반짝이기를 간절히 바란다.

- 지금 당신의 눈빛에 '희망'이 깃들어있다고 말할 수 있나요? 그렇지 않다면, 당신의 눈빛을 다시 빛나게 해줄 수 있는 '작은 희망의 불씨'는 무엇인가요?

- 당신이 만난 사람들 중 '희망의 눈빛'을 지녔던 사람은 누구였나요? 그 사람이 당신의 삶에 어떤 변화를 주었고, 당신도 누군가에게 그런 눈빛이 되어준 적이 있었나요?

누구에게나
소중한 이를

애도할
권리가 있다

가슴속에 묻어둔 사람 중 보고 싶은 이는 누구인가?
그 그리움을 어떻게 다루며 살고 있는가?

학교에 다녀와 책가방을 내려놓기도 전에, 살짝 열려있던 방문 틈으로 오빠가 책상에 엎드려 통곡을 하고 있는 모습이 보였다. 나는 놀라 오빠를 흔들어 깨웠고, 오빠는 화들짝 놀라며 눈물 범벅이 된 얼굴로 나를 보며 말했다.
"할머니가 돌아가셨어."
"무슨 말이야? 꿈에서?"
"응. 할머니가 꿈에 나왔어. 그러면서 말씀하셨어. 할머니 이세 간다고."

오빠는 그 말을 하면서도 흐르는 눈물과 진정되지 않은 감정 때문에 거친 숨을 고르며 껵껵 소리를 내며 어깨를 들썩였다. 할머니는 우리 남매가 고등학교에 재학 중이던 어느 날 밤, 주무시다가 편안하게 눈을 감으셨다. 어릴 때부터 유독 허약하고 말랐던 오빠를 할머니는 무척이나 애처로워하고 아끼셨다. 아무거나 잘 먹던 나는 입이 짧았던 오빠가 남겨둔 음식을 모조리 먹어 치웠고, 욕심없이 착했던 오빠는 언제나 나에게 자신의 것을 내어주었다. 할머니는 그런 내가 못내 얄미우셨는지 자주 때리셨고, 나는 할머니를 별로 좋아하지 않았다. 할머니의 부고 소식은 당일이 아닌 오빠의 시험이 끝나고 알게 되었다. 엄마는 오빠가 받을 충격을 헤아리신 것이다.

—— 닿을 수 없는
그리움에 가까이 가기

많은 경우 부모들은 저마다의 사연으로, 자녀들에게 가족 내의 죽음을 분명하게 말하기를 꺼린다. '죽음'이라는 것이 가져올 충격 때문일까. 아이들은 무언가 집안에 큰일이 생겼다는 것을 알면서도 그 사람이 어떤 사인으로 사망에 이르게 되었는지 잘 모른다. 죽음학에서는 아이들에게 '죽음'에 대해 아이들의 발달 단계에 걸맞은 언어로 정확하게 설명해주기를 권한다. 죽음은 인생에서 피할 수 없는 것이며, 삶의 단면이기 때문이다.

예전에 한 어른은 자신이 어릴 때 할머니가 돌아가셨는데, 부모님께서 자신이 충격을 받을까 봐 한참 지나서야 할머니의 죽음을 알려주셨다고 한다. 그 어른은 지독히도 말을 안 듣던 장난꾸러기였는데, 너무 말을 안 들어서 할머니가 종종 "할미 죽는다"라고 하셨던 말이 떠올랐다고 한다. 그리고 정말 자신 때문에 할머니가 돌아가셨다고 믿었고, 부모님이 이 사실을 숨겼다는 죄책감으로 고생했다고 털어놓았다. 무엇이 정답인지 모르고, 어쩌면 정답이 없는 질문일 수도 있지만, 우리는 '죽음'이라는 소식 앞에서 침묵하는 습성이 있다. 어쩌면 그 덕분에 고통으로부터 잠시 멀어져 우리 자신을 안전하게 보호할 수 있었는지도 모른다. 이와 관련하여 죽음학 연구자들은, 부모가 자녀에게 죽음을 알리지 않는 이유로 아이의 충격을 줄이기 위한 보호 본능, 죽음에 대한 사회적 금기, 아이가 죽음을 이해하지 못할 것이라는 오해 등을 들기도 한다. 그러나 이는 아이를 보호하는 것처럼 보이지만, 오히려 아이가 죽음에 대해 비현실적이고 왜곡된 해석을 하게 만들며, '내가 잘못했기 때문에' 죽음이 일어났다는 죄책감으로 연결될 수 있다는 것이 여러 연구를 통해 밝혀졌다.

심리학자 마리아 나지$^{Maria\ Nagy}$는 아이들이 죽음에 대해 어떻게 인식하는지를 최초로 연구했다. 다섯 살 이하 아이들은 죽음을 마법

적이고 일시적인 것으로 이해하여 자고 일어나면 죽은 할머니가 다시 자신의 곁으로 돌아올 거라 믿기도 하지만, 아홉 살 이후에는 죽음을 영구적이고 보편적인 것으로 이해하기 시작한다고 설명한다. '애들은 아무것도 모른다'라니, 얼마나 어리석은 어른들의 착각인가. 어른들의 걱정에도 불구하고 나는 여전히 그날 할머니의 죽음을 우리가 알아야 했다고 생각한다. 물론 그날 오빠가 할머니의 죽음을 알았다면, 시험 결과는 엉망이었을 것이다. 그러나 뒤늦게 할머니의 임종 소식을 들은 오빠는, 꿈을 꾸었던 그날이 할머니께서 실제로 임종하신 날이라는 사실을 알고 무척 괴로워했다.

까만 얼굴에 쌍꺼풀이 진 오빠의 깊은 눈에서 굵은 눈물 방울이 뚝뚝 떨어지던 모습을 나는 잊을 수가 없다. 오빠를 유독 예뻐하셨던 할머니의 모습은 내 기억에도 또렷이 남아있는데, 오빠라고 그 기억을 하지 못할까. 오빠는 그 촉감, 느낌, 기억이 사무쳐 울고 또 울었던 것 같다. 할머니의 죽음이라는 깊은 상실을 무미건조하게 받아들이던 나와 공유하기에는 우리 남매의 온도 차이가 꽤나 컸다. 오빠는 할머니를 잃은 상실을 자신과 같은 무게감으로 슬퍼할 사람이 없었던 것이다. 오빠는 성인이 되어서도 가끔 할머니를 떠올리며 이야기하고는 했다. 할머니가 해주었던 따뜻한 행동들과 보살핌은 아마도 나에게는 없는 오빠만이 경험한 사랑의 흔적이었을 테니까.

당신에게 가장 고마웠던 사람을 떠올려보자. 오늘이 인생의 마지막 날이라고 한다면, 그리고 딱 한 사람하고만 시간을 함께할 수 있다면, 당신은 누구와 함께이고 싶은가? 그 이유는 무엇인가? 교육생들은 질문에 저마다 다른 대답을 했다.

"평생 저로 인해 고생하신 엄마요. 꼭 안아드리고 싶어요."
"저는 아버지요. 엄마 없이 혼자서 저 키우시느라 손톱 밑이 늘 까맸어요."
"저는 동생이요. 어려서부터 제가 자식처럼 키웠거든요."
"저는 함께 사는 언니요. 친언니는 아니지만 우리 둘 다 서로에게 가족이에요."
"할머니요. 등이 휘어지게 일하시면서 엄마 아빠를 대신해 저를 업어 키우셨어요."
"제 아이요. 다시 못 볼 그 아이를 온몸으로 꼭 안아주고 사랑한다고 말해주고 싶어요."

할머니는 오빠에게는 그런 존재가 아니었을까. 고등학교 3학년의 덩치 큰 남학생인 오빠는, 어린 시절의 허약했던 소년이 아니었지만, 그날은 서럽게 울며 할머니에 대해 무척이나 오랫동안 이야기했다.

―― 각자의 언어로
　　마음껏 슬퍼하기

같은 집에 살았다고 해서 같은 기억을 품는 것은 아니다. 같은 말을 쓴다고 해서, 그 말로 인해 같은 감정을 느끼는 건 아니다. 할머니가 돌아가셨을 때 오빠는 마치 세상을 잃어버린 듯 절망했지만, 나는 '할머니가 돌아가셨다'라는 '사실'을 담담히 받아들였다. 그건 마치 신문에 실린 한 줄의 부고 기사처럼, 어떤 감정이 덧붙여지지 않은 단순한 문장이었다. 할머니의 죽음이 슬픔으로 느껴지기까지 나에게는 꽤 많은 시간이 필요했고, 나는 엄마로서의 삶을 살면서 비로소 할머니의 죽음에 대한 애도를 할 수 있었다.

어린 시절, 할머니의 품은 언제나 나보다는 오빠에게 열려있었고, 나는 조심스레 그 곁을 맴돌며 '왜 나는 덜 사랑받는가'를 불평하던 아이였다. 그러니 오빠는 같은 '할머니'라는 단어를 나와는 전혀 다른 빛깔로 품고 있을 만하다. 오빠에게 할머니는 보살핌과 따뜻함, 다정함을 느끼게 해주고, 가르쳐준 인생의 안내자였을 테니 말이다.

나와 오빠는 할머니의 죽음 앞에서 '할머니'라는 같은 단어를 말했지만, 전혀 다른 세계를 불러냈다. 언어는 단순한 의사소통 수단이 아니라, 기억을 불러오는 다층적 장치다. 그 단어 하나에 누군가는 울고, 누군가는 침묵하며, 누군가는 딱히 어떠한 감정도 느끼지 않는다. 그래서 '기억의 언어'는 누구에게나 다르게 들린다. 나는 오빠의 울음을 보며, '오빠의 할머니'가 오빠의 세상 안에서 얼마나 큰 존재였는지를 충분히 짐작할 수 있게 되었다. 동시에 그 당시 '나의 할머니'가 얼마나 작고 날카로웠는지도 인식하게 되었다.

── 그리움의 자리는 사라지지 않는다

오빠는 가끔 그런 말을 했다.
"할머니가 돌아가시고 나니 이상해. 할머니가 정말 보고 싶다. 그립고."
나는 그 말이 '많이 슬펐다'는 말보다 훨씬 더 깊은 슬픔의 언어로 들렸다. 나이 50을 바라보는 지금, 18세 남자아이의 그 표현을 떠올려보니, 그에게는 할머니가 '사람' 이상의 존재였음을 알게 되었다. 이는 누군가를 사랑하는 일이기도 했지만, 어린 시절 자신의 일부를 할머니에게 의탁하고 살아왔다는 의미이기도 했다. 할머니의 부재는 오빠에게 단순한 이별이 아니라, 어린아이가 자기 정체성의 일부를 잃어버리는 일과도 같았다. 그래서 정신분석가 볼비는 애착 대상의 상실이 단지 한 사람의 부재로 끝나는 것이 아니라, 자기 안에 자리 잡은 세계가 무너지는 경험이라고 한 것일지 모른다. 오빠는 며칠이 지난 후 더 이상 할머니를 잃은 슬픔을 말하지 않았다. 당시에는 그저 괜찮아지는 거라 생각했지만, 지금 돌이켜보면 그것은 더 깊은 의미가 담긴 침묵이었다. 그 침묵이야말로 자신의 무너진 세계의 일부를 조심스레 복원하려는 애도의 방식이었다.

애도에 관한 많은 연구를 보면 고인과의 관계가 깊거나 역할이 특별할수록, 애도의 강도와 기간이 달라진다는 점을 발견할 수 있다. 애도란 그런 것이다. 같은 사람을 두고도, 각자의 방식으로 슬퍼하고, 다른 언어로 그리워하고, 다른 무게로 이별하는 일. 슬픔은 언어만으로는 표현되지 않고, 그 깊이에 다다르지도 않는다. 그저 조용히, 각자의 의미 속에서 자신만의 방식으로 정리해내는 것일지도 모른다. 또한 애도는 '이제 괜찮아졌어'라는 말과 함께 끝나는 것이 아니다. 오빠는 이따금 할머니에 대한 자신만의 기억을 추억 삼아 말하고는 했다. 할머니가 떠난 자리를 다른 것으로 억지로 메우려 하지 않았다. 대신 그리움이 자연스레 흐르도록 두었고, 슬픔이 마르지 않도록 품고 있었다. 그것은 이별이 아니라, 새로운 방식의 동행이었다. 할머니가 살아계실 땐, 늘 곁에 있다는 이유로 감사함을 느끼지 못한 순간들이 있었을 것이다. 하지만 이제 오빠는, 할머니 없는 삶에서도 할머니가 자신을 얼마나 아끼고 사랑했는지 기억하며, 할머니와 함께 새롭게 살아가는 법을 배우고 있다.

- '○○○(사랑하는 사람의 이름)'라는 단어는 어떤 느낌, 이미지, 기억으로 남아있나요? 그 사람의 죽음 또는 부재를 떠올릴 때, 당신 안에서 일어나는 감정과 기억은 무엇인가요?

- 과거에 누군가의 죽음을 '정보'로만 받아들이고, 슬퍼하지 못한 적이 있었나요? 그렇다면 이제 와서 그 죽음에 대해 어떤 감정이 새롭게 떠오르나요?

심리적 공간을 품고 살아가기

아들을 학교에 내려주고 P턴을 하기 위해 주택가의 골목길에 들어섰을 때다. 흙길로 된 낯선 그 길은 너무 좁았다. 차량 두 대가 마주 보고 지나가려면, 서로 번갈아가며 아주 천천히 조금씩 움직여야만 가능한 정도의 길이었다. 다행히 앞에서 오는 차가 없어서 천천히 가고 있었는데, 맞은편 골목길에서 갑자기 회색 스포츠카가 나타났다. 그 차는 좁은 골목길에서 마치 트랙 위를 달리듯 빠르게 접근했고, 순간적으로 '죽는구나'라는 생각이 스쳐갔지만 아무 행동도 할 수 없었다. 차량은 급브레이크를 밟았고, 마른 먼지가 한순간 시야를 가려버렸다. 그 차는 흙에 미끄러지며 내 차와 충돌 직전, 가까스로 멈춰 섰다.

순간, 내 심장은 터질 듯이 뛰었고, 머리끝까지 화가 치밀어 올랐다.

'미친 거 아니야? 뭐, 저런 인간이 다 있어?'라는 생각과 함께 문을 열고 "뭐하는 거예요? 무슨 운전을 이 따위로 해요?"라고 말하고 싶었다. 그러나 문을 열려는 순간, 여러 개의 헤어롤을 머리에 말고 있다는 사실을 깨달았다. 일단 헤어롤을 풀어야겠다는 생각에 급히 떼려 하니 그만 머리카락과 헤어롤이 엉키고 말았다. 그런데 그 짧은 사이 마음이 살짝 누그러졌다. 결과적으로 헤어롤을 푸는 동안 내 감정을 조절할 심리적 공간의 시간을 얻은 것이다. 심리적 공간psychological space은 사람이 감정을 조절하고, 객관적으로 사고할 수 있도록 돕는 심리학적 개념이다. 어떤 감정이 즉시 행동으로 표출되지 않고, 그것을 해석하고 재구성할 수 있는 짧지만 소중한 여유를 말한다면, 나에게는 '헤어롤을 푸는 시간'이 그 공간을 마련해준 계기가 되었다.

헤어롤을 푸는 몇 초 동안, 나는 (본의 아니게) 내 상태를 돌아볼 기회를 가졌다.

- 1차 감정: 너무 놀랐고, 공포스러웠다.
- 2차 감정: 화가 난다. 나는 피해자고, 저 사람을 비난하고 싶다.

만약 내가 즉시 차에서 내려서 분노를 표출했다면, 상대방도 방어적으로 반응하며 언성을 높였을 것이다. 그러나 헤어롤을 푸는 작은 행동이 나에게는 강렬한 감정을 조절할 심리적 공간을 만들어주었고, 이로 인해 분명히 대화의 방향을 바꿀 수 있었다. 결과적으로 사고가 나지 않았으며, 무엇보다도 나는 살아있었다. 그러자 분노보다 안도감이 커졌고, 상대방에게 "괜찮으세요? 저도 너무 깜짝 놀랐어요."라는 말을 먼저 건넬 수 있었다. 상대방은 처음에는 이러 내 반응에 경계적 반응을 드러냈다.

"비켜주세요."

잠시 다시 화가 나려 했지만 이내 멈출 수 있었다. 중요한 건, 내가 조금도 다치지 않았고 살아있다는 사실이었기 때문이다. 그에게 "조금씩 서로 비켜볼까요? 여기 좁아서 서로 조금씩 양보해야 하는데"라고 말을 건넸다. 내 대답에 상대는 조금 미안했는지 그제야 "네. 제가 조금 빼 볼게요"라고 말했다. 내 반응이 공격적이지 않기도 했지만, 차를 빼기 위해 차를 멈추고 움직이는 행동을 반복하면서 그에게도 심리적 공간이 생긴 듯보였다. 서로가 골목길을 안전하게 빠져나가게 될 무렵, 그는 살짝 뒤돌아보면서 "아까 죄송합니다. 이 길이 이렇게 좁아지는지 몰랐어요"라고 말하며 사라졌다.

── 잠시 멈춤이 주는
   삶의 여백

심리학자 제임스 그로스James Gross는 "감정조절이론Emotion Regulation Theory"을 통해 적절한 감정조절은 사회적 관계에 중요한 영향을 미친다고 설명하면서 감정조절을 위해 5단계 방법을 제시했다.

1. **상황 선택**situation selection: 불편한 사람들을 만나는 모임은 아예 안 가기
2. **상황 수정**situation modification: 대화를 바꾸기 위해 농담하고 크게 웃기
3. **주의 분산**attentional deployment: 불편한 모임에서 휴대폰을 보거나 주변 음악 듣기
4. **인지적 재평가**cognitive reappraisal: 불편함도 '내 인내심의 발전'으로 생각하기
5. **반응 조절**response modulation: 잠시 화장실로 피하거나 먼저 가겠다고 말하기

이론에 따르면 나에게 헤어롤을 푸는 시간은 '주의 분산'과 '인지적 재평가'의 과정이었다. 즉, 나는 그 짧은 시간에 '저 사람은 미친 운전자인가?'에서 '그래도 내가 다치지 않았네. 저 사람도 놀랐을 거야'로 사고의 프레임을 전환할 수 있었다. 덕분에 나는 감정적으로 폭발

하지 않고, 상대방과 보다 이성적인 대화를 이어갈 수 있었다.

우리에게는 삶의 크고 작은 충돌 속에서 '헤어롤을 푸는 시간'이 필요할지도 모른다.

- 즉각 반응하기 전에, 몇 초간 멈추어 심호흡하기
- 내가 정말로 원하는 반응이 무엇인지 스스로에게 묻기
- 내 감정을 조절하고, 상대방과 건강한 대화를 이어가는 법 배우기

부모님을 대상으로 교육할 때, 이 능력을 지닌 부모들을 많이 만났다. 자녀들에게 말실수를 하는 경우는 그들이 대화의 능력이 없어서라기보다는 '시간적 여유'가 없을 때가 더 많았다. 그들은 시간에 쫓기거나 마음에 여유가 없어서 '말실수'를 하고는 이내 후회하고 가슴 아파했다. 이것은 비단 부모의 성격에서만 원인을 찾을 수 있는 것은 아니다. 우리가 사는 현대사회는 그 잠시의 '헤어롤을 푸는 시간'을 허락하지 않기 때문이다.

"잠시 멈추고, 여유를 가지세요."

명상 앱에서 흔히 들을 수 있는 문구지만, 우리는 그 '여유'를 가질 틈이 없다. 점심 시간에도 업무 메신저가 울리고, 저녁 약속 중에도 시계를 보며 다음 스케줄을 고민한다. 시간은 늘 부족하고, 해야 할 일은 끝없이 쌓여만 간다. 잠시 휴대폰을 내려두고 조용히 눈을 감고 호흡에 주의를 기울이면서, 자신의 몸과 마음을 살펴볼 그 5분

을 만들지 못한다. 설령 그런 여유가 생긴다고 해도, 우리는 그것을 채워야만 한다는 강박 속에서 살아간다. 그렇게 현대인의 삶은 '쉼'을 잃어버린 채 끊임없이 달리는 삶이 되어버렸다. 잠시의 고요함, 여유를 잃어버리면 우리는 어떻게 될까. 특히 부모들은 퇴근과 동시에 집에 가서 해야 하는 일을 생각한다. 집에 들어서자마자 환하게 웃으며 달려오는 아이의 미소를 제대로 보지 못하고, 아이의 따뜻한 온기를 느끼지 못한다.

'숙제는 했는지, 내일 준비물은 챙겼는지, 왜 아직까지 잘 준비를 하지 않았는지, 저녁을 왜 아직도 먹고 있는지, 거실은 왜 이렇게 엉망인지, 내일 옷은 뭘 준비할지' 등으로 머릿속이 바빠지기 시작한다. 이렇게 머리에 과부하가 오게 되면 역설적이게도 주의력이 오히려 저하된다. 또한 감정조절이 어려워지고, 스트레스의 증가로 이어지는 인지과부하(사람이 감당할 수 있는 정보량을 초과하면 뇌가 피로해지고 판단력이 흐려지는 현상) 상태가 되는 것이다. 경제학자 센딜 멀레이너선Sendhil Mullainathan은 "시간희소성이론Time Scarcity Theory"을 들어, 시간이 부족하다고 느낄수록 더 비효율적으로 행동한다는 사실을 밝혔다. 즉, 시간이 부족하다는 압박이 커질수록 실수를 하고, 중요한 것을 놓치고, 불안 속에서 살아가게 된다는 말이다. 그 결과, 진짜 중요한 것(나의 행복, 인간관계, 건강 등)은 점점 뒤로 밀려나고 만다. 이런 의미에서 '헤어롤을 푸는 시간'은 나에게 큰 성장 모멘텀이 되었다. 그것은 단순히 '화내지 않고 좋은 대화로 문제를 해결'한 것이 아니다. 현대인이 경험하는 '여유의 상실'이라는 사회적 상실을 이해하게 된 것이다.

우리는 과거보다 덜 웃고, 덜 쉬고, 덜 대화하며 살고 있다. 하루를 마치고 집으로 돌아와도, '충만함'보다 '지침'이 더 남는다. 삶의 중요한 가치들을 하나둘 잃어가면서도, 그 상실을 자각하지 못한 채 달려간다. 과거에는 잠시 차를 멈추고 주변 풍경을 감상할 수 있었지만, 이제는 신호가 바뀌기를 초조하게 기다리며 휴대폰을 들여다본다. 과거에는 대화의 순간을 음미할 수 있었지만, 지금은 상대방의 말을 들으면서도 머릿속으로 다음 할 일을 떠올린다. 여유를 잃어버린 삶은, 결국 자기 자신을 잃어가는 과정일지도 모른다.

그러나 우리는 다시 돌아갈 수 있다. 잠시 멈춰 심호흡을 하고, 차 한 잔을 천천히 음미하고, 휴대폰을 내려놓고, 대화의 순간을 온전히 경험하는 것. 이 모든 것이 '여유'를 되찾는 작은 시작이 될 것이다. 우리가 상실한 것이 단순한 시간의 여유가 아니라, '삶의 본질적인 충만함'이었다는 사실을 기억하면서.

생각 나누기
- 당신에게는 당신만의 '헤어롤 푸는 시간'이 존재하나요?
- 당신은 감정 조절을 위해서 어떤 노력을 하고 있나요?

죽음 후에도 남는 이름, 엄마

~~~~~

4월 16일 오후 1시 25분.

다음 강의를 위해 이동 중이던 차 안, 라디오에서 잔잔한 음악이 흐르던 도중 앵커의 목소리가 전해졌다.

"세월호 김○○ 어머니 연결합니다. 안녕하세요, 김○○ 어머니."

잠시 정적이 흐르고 대답이 흘러나왔다.

"네, 안녕하세요. 김○○ 엄마입니다."

차창으로 봄이 흠뻑 묻은 빛이 깊게 스며들었다. 이름은 분명 존재했고, 목소리는 또렷했다. 그러나 세상에 아이는 없다. 그날, 나는 라디오의 음성보다 더 오래 머물던 단어 하나에 가슴이 조여왔다.

"엄마입니다."

그 말은 슬픔이라는 한 단어보다는 존재의 진동이라는 표현이 더 적절하겠다는 생각이 든다. 나 역시 내 목숨보다 소중한 아들이 있는 엄마이기에, '감히' 경험해보지 못한 일 앞에서 또다시 '감히' 그 마음을 상상해볼 수 있다고 말하고 싶다. 이 물리적 세계에서 실체가 사라진 이름. 그러나 여전히 불리고, 여전히 응답되어야만 하는 그 호칭. 그 말 한마디가 나의 하루를 뚝 끊어놓았다.

심리학자 폴린 보스Pauline Boss는 자신의 저서 《모호한 상실》에서 모호한 상실은 완결되지 못한 비탄이라고 설명하면서, 상대의 몸은 곁에 없는데 마음은 연결되어 있는 것 같고, 몸은 곁에 있는데도 마음은 단절되어 있는 것으로 묘사한다. 세월호 사건 이후, 304명의 생명이 물 아래로 사라졌다. 그리고 지금도 여전히 다섯 명은 돌아오지 않았다. 다섯 명은 여전히 죽은 것도, 살아있는 것도 아니다. 폴린 보스의 말처럼, 이제 그 부모에게는 자녀가 하나일까, 둘일까. 죽었다고 믿으면 죄책감이 밀려오고, 살아있다고 믿기엔 현실은 너무 잔혹하다. 이것이 바로 우리가 겪어내야 하는 모호한 상실의 단면이다. 죽음학의 시선으로 바라볼 때, 세월호 사건 앞에 이름 붙는 모호한 상실이란, 사랑을 끝내지 못하게 만드는 구조이자, 슬픔을 멈추지 못하게 만드는 상실의 미로다. 아이의 부재는 날마다 확인되지만, 죽음을 부정하지 않으면 살아갈 수 없는 것이 남겨진 사람들의 삶이었을 것이다.

이미 10년이 지난 세월호를 떠올리는 데는 분명한 이유가 있다. 그리고 그 이유는 10년이 더 지나도 여전히 우리가 이 사건을 말해야 하는 이유가 되기도 한다. 아직 종결되지 않은 상실이기 때문이다. 그것이 바로 모호한 상실을 분명히 드러내는 사례이기도 하니 말이다.

그날 라디오 방송을 들으며, 철학적인 질문 하나를 떠올렸다.
"한 사람의 삶에 타자의 존재는 과연 언제 끝나는가?"
철학자 에마뉘엘 레비나스Emmanuel Levinas는 시간이라는 것은, 타자와의 관계 안에서 작동되는 의미를 지니고 있다고 보았다. 엄마로서의 내 인생의 시간 또한 단순히 24년이라는 시계의 흐름이 아니라 아들과 맺는 관계 속에서 비로소 드러나는 것이라는 생각이 들었다. 그런 의미에서 세월호의 부모님들은 아직 그 자녀들과의 관계가 멈추지 않았고, 아이들과의 시간 역시 끝나지 않은 것이다. 그렇게 아이들 또한 죽음의 완료조차 부여받지 못했다. 즉, 존재의 끝은 가족의 품으로 오지 않았고, 이름은 여전히 현재형으로 불린다.
"엄마입니다."
그 대답은 존재의 흔적을 현실 속에 붙잡아두려는, 마지막 언어적 의지처럼 들렸기에 타자인 내 눈에도 눈물을 고이게 하기에 충분했다. 아이는 죽음 이후에도 여전히 '그 엄마의 아이'이고, 이 세상에 더 이상 발을 딛고 있지 않아도, 부모의 자아와 삶의 일부로 내면화된 대상이다. 대상관계이론에서는 사랑하는 사람은 실재가 사라져도, 내면의 세계에서 "심리적 실재$^{psychic\ reality}$"로 살아간다는 점을 강조한다. 즉, 그 아이는 이제 외부 세계에는 더 이상 존재하지 않지만, 그 아이의 존재는 엄마라는 사람의 내부(마음)에 영구히 남는다는 눈물 그렁한 진실이다. 내면화된 그 아이는 엄마에게 '여전히' 소중한 존재이며, 엄마의 언어, 일상의 방식, 매일의 감정에 배어있을 것이다. 그것이 곧 대상관계의 핵심이다. 그래서 모호한 상실은 단순한 부재가 아니라, 관계의 미완성, 애도의 미완성, 그리고 정체성의 미완성을 가져오기에, 그때도, 지금도, 앞으로도 이어지는 것이다.

── 모호한 상실의 다양한 얼굴들

이렇듯 모호한 상실은 사람이 '있으면서도 없는' 상태, 혹은 '없어졌지만 여전히 마음속에 존재하는' 상태를 말한다. 이 상실은 죽음처럼 뚜렷한 경계선이 없기에, 슬퍼해야 할지 기다려야 할지, 보내야 할지 붙잡아야 할지조차 알 수 없게 만든다. 또한 누군가를 완전히 잃지 않았음에도 그 관계가 더 이상 예전과 같지 않거나 그 사람이 있어도 더 이상 '그 사람'이 아닐 때 혹은 누군가를 끝없이 기다릴 때도 일어난다. 이처럼 모호한 상실은 여러 얼굴로 우리에게 나타나

가슴에 파고든다.

    30대 중반의 교육생으로 만난 한 분은 치매에 걸린 어머니를 모시고 있었다. 어머니는 살아있다. 숨을 쉬고, 식사를 하고, 때로는 웃기도 한다. 그러나 이제는 딸의 이름도, 과거의 기억도 말하지 못한다. 딸은 직장생활을 하면서도 헌신적이고 고마웠던 어머니를 돌보았다. 아무것도 기억하지 못하는 엄마, 거대한 사랑이었던 엄마와 마주하는 시간은 과거의 엄마와 지금의 엄마 사이를 오가는 고통의 시간이다. 살아있지만 심리적으로 사라진 존재를 매일 마주하는 딸은, 끝없는 이별의 과정을 언제까지 혼자 감내해야 할까? 이 고통을 애도할 수 있는 날은 언제 올까?

    40대 여성 한 분이 자신의 경험을 이야기해주었다. 사랑했던 연인이 어느 날 갑자기 사라졌다. 이별을 통보한 것도, 명확히 관계를 끝낸 것도 아니었다. 그는 SNS 계정에 여전히 존재하지만 메시지에는 답이 없으며, 전화번호는 바뀌었고, 마지막 인사조차 없이 떠났다. 아니 사라졌다. 그 사람은 내 근방에 분명 존재하지만 나와 그의 관계는 사라졌다. 그렇게 사랑은 부재하지만 미완으로 남아, 슬퍼할 자격조차 모호하게 만든다. 그녀는 한동안 상대를 찾아 헤맸고, 나타나지 않는 그를 미워했다. 그러다 결국 자신의 내면에서 잘못을 찾으며, 이별이라는 모호한 상실의 원인을 밝혀내려고 애썼다.

한 남자의 사연이다. 그와 아내는 같은 집에서 살고, 같은 식탁에 앉아 있지만 더 이상 서로를 바라보지 않았다. 함께 꿈을 꾸었고 앞을 향해 서로 노력했지만, 어느 정도 함께 꾸던 목표에 다다르게 되었을 때 대화는 끊어졌고, 감정은 얼어붙었다. 더 이상 아무 말도 하지 않고, 그 침묵 속에서 서로 아끼고 사랑했던 관계는 사라졌다. 육체는 있으나 정서가 부재한 관계. 이별조차 되지 않는 그 관계에서는 '너 변했구나'라는 말조차 무색해지고, 결국 사람은 외롭게 고립되는 상실을 경험한다.

엄마는 여전히 "엄마입니다"라고 말한다. 그 말은 사라진 이름을 붙잡으려는 애질함이자, 여전히 사랑하고 있다는 조용한 선언이다. 우리는 그 목소리를 외면하지 않고 곁에 머물러야 한다. 모두의 슬픔을 나눌 순 없어도, 혼자 감당하지 않도록 함께 있어줄 수는 있다.

나는 바란다.

"엄마입니다"라는 고백이 언젠가는 상처가 아닌, 사랑의 흔적으로 들리기를. 그 말이 외롭지 않게 우리 곁에서 오래 기억되기를.

- 여전히 '살아있는 이름'으로 기억되는 사람이 있나요? 그 사람의 부재가 당신의 삶에 남긴 모호한 상실은 어떤 모습으로 내 하루에 스며들어 있나요?

- 누군가의 부재가 끝났다고 생각했지만, 여전히 당신의 마음과 일상 속에 살아있는 관계가 있나요? 그 존재는 나의 오늘의 선택과 삶의 태도에 어떤 영향을 주고 있나요?

누군가를
살고 싶게 하는

세상

 우울증 약을 복용하고 수면제의 도움 없이는 잠을 이루지 못하는 한 방송인은 대중으로부터 많은 사랑을 받던 사람이었다. 유독 혼자 남겨지는 것에 대한 두려움과 외로움을 버거워했던 그는 아이러니하게도 많은 이의 사랑을 받는 직업 덕에 그 고통에서 벗어나는 기회를 상실했다.

 부모 중 한 분은 집을 떠났고, 정서적으로 냉담했던 다른 부모와 함께 살던 어린 시절, 그의 마음에는 사랑받고자 하는 욕구가 강하게 자리 잡게 되었다. 그것은 마치 생명수와 같아서 사랑받지 못하면 곧 죽을 것만 같은 신체 증상을 겪어야 했다. 치열하게 살아온 덕에 어릴 때부터 많은 이의 관심을 받아왔지만, 일을 마치고 오면 지독한 외로움과 혼자 남겨지는 것에 대한 두려움으로 불안해했다. 애착이론과 사회적 고립 연구에 따르면, 애착 대상의 부재나 애정 결핍은 성인이 된 후에도 정서적 안정의 기반을 무너뜨려 외로움과 두려움에 대한 과도한 민감성을 유발한다고 한다. 이는 우울과 자살 사고의 주요 요인이 되며, 대인관계의 실패가 곧 생존의 위협으로 느껴지면서 세상과의 깊은 단절, 존재 자체의 공허함, 의미 상실 및 지속적인 불안감이 느껴지는 '생존적 외로움survival loneliness'으로 이어질 수 있다.

모든 이들로부터 인정을 받던 축제의 날조차 버거워하는 자신을 보며, 누군가에게 자신의 아픔을 털어놓아야겠다고 결심을 했다고 한다. 그 말을 하며 그는 애써 거친 숨을 몰아쉬었다. 과도한 도덕성을 요구받고, 한 번의 낙인으로도 나락에 빠져버리는 요즘 시대에 대중의 인기를 얻으며 사는 이들의 불안을 우리가 이해할 수 있을까? 그러한 직업을 가진 이들을 적지 않게 만나온 나는 그들을 조금은 다른 시선으로 바라볼 수 있게 되었다.

── 실수할 기회를 허락받지 못하는 사람들

"살면서 실수할 수도 있지요."

이 말이 허락되지 않는 이들이 있다. 공적 인정을 받지만, 사적으로는 깊이 고립된 사람일수록 자살 위험이 커진다는 연구들이 이를 말해준다. 우리는 타인의 행동을 평가할 때, 그가 처한 상황보다는 성격 탓으로 돌리는 "기본적인 귀인 오류$^{FAE, fundamental\ attribution\ error}$"에 쉽게 빠진다. 그러나 누구나 극한의 공포 앞에서 무너질 수 있다. 그건 성격의 결함이 아니라, 인간의 조건이다. 영화 〈하얼빈〉에서 안중근 의사는 일본군 장교에게 잡혀 고문당한 뒤, 밀정이 된 김상현을 죽여야 한다는 우덕순에게 이렇게 말한다.

"김상현, 그가 자신의 두려움을 이겨낼 수 있도록 한 번의 기회를 더 줍시다."

이 말이 가슴을 쳤다. 그 말은 난순한 용서가 아니었다. 인간의 두려움과 선택을 이해하고, 그에게 다시 한 번 제대로 살 기회를 주는 일이었다. 누구나 실수를 한다. 중요한 건 그 실수를 직면하고 책임을 다한 뒤, 다시 시작할 기회를 얻는 일이다.

── 서로에게 한 번 더 기회를 주는 사회

안타깝게도 우리 사회는 회복보다는 처벌에 익숙하다. 잘못을 저지른 사람은 법적 책임 외에도 끝없는 낙인과 사회적 추락을 감당해야 한다. 실수는 곧 자격 박탈이 되고, 다시 일어설 기회는 요원해진다. 모두가 자신에게는 관대하면서 타인에게는 냉혹하다. 그 이중성 속에서 사람들은 점점 더 숨 쉴 틈을 잃는다.

안중근 의사의 태도는 단순한 용서가 아니라, 두려움을 극복할 수 있는 기회를 주려는 회복적 정의의 실천이었다. 단죄보다는 성찰의 가능성을 열어둔다. 안중근 의사가 사형당한 후, 김상현은 자신을 고문했던 일본 장교 앞에서 무너졌던 자신을 넘어서 다시 칼을 들었다. 수치심과 책임, 그리고 동료들에 대한 마음을 담아 다시 '자기 자리'로 돌아갔다. 그것이 진정한 회복이고, 인간다움이다.

── 거듭남은 기회가 되어야 한다

삭개오는 성경에 나오는 세금을 걷는 관리였다. 도덕적으로 지탄받던 그는 예수님을 보기 위해 뽕나무 위에 올라가 숨어있었고, 수많은 군중 속에서 예수님은 그를 보며 말했다.

"삭개오야, 내려오너라. 오늘 내가 네 집에 머물겠다."

사람들은 의아했지만 예수님은 그를 비난보다 회복의 대상으로 바라보았다. 삭개오는 말한다.

"제가 잘못했습니다. 제 잘못으로 얻은 이익의 네 배를 돌려드리겠습니다."

이 장면에서 중요한 건, 누구나 실수할 수 있지만 그 실수를 직면하고 책임지는 태도가 우리를 다시 살게 한다는 점이다. 그리고 사회는 그런 이들에게 다시 설 수 있는 자리를 마련해주는 공동체여야 한다.

삶은 완전하지 않다. 도돌이표처럼 말하지만 누구나 실수할 수 있다. 중요한 건 그 실수를 직면하고 책임을 다한 뒤, 다시 살아갈 기회를 얻는 일이다. 실수 이후 다시 설 수 있는 기회를 받을 때, 비로소 성숙한 공동체가 된다. 그 기회는 단지 개인만을 위한 것이 아니라, 이 사회가 '죽음으로 몰아가는 사회'가 아닌, '삶으로 이끄는 사회'가 되기 위한 최소한의 책임이다.

누군가가 '살 이유가 없다'고 느끼는 순간, 사회는 "괜찮아, 다시 시작해도 돼"라고 말할 수 있어야 한다. 그 말이 들려오면, 죽음은 삶으로 바뀐다. 우리가 살아가는 이 사회의 문화가, 누군가의 헛된 죽음을 막기 위한 문화인가, 죽음을 촉진하는 문화인가에 대해 깊이 있는 탐색이 필요하다.

"죽으면 불안이 사라지고 편안해질까요?"

나지막하게 읊조리듯 말했던 내담자의 말과 표정이 가슴에 아프게 남아있다.

생각 나누기

- 당신은 누군가의 실수를 보았을 때, 그 사람의 상황과 두려움을 이해하려 노력한 적이 있었나요? 아니면 단번에 '낙인'찍으며 그 사람의 삶을 정의해버렸나요?

- '죽음으로 몰아가는 사회'가 아니라 '삶으로 이끄는 사회'를 만들기 위해, 주변의 고통받는 사람에게 '다시 시작해도 괜찮다'는 말을 건네본 적이 있나요?

늘 말없이 곁을 지켜주는 나의 반려동물

드라마 〈천국보다 아름다운〉에는 주인보다 먼저 무지개 다리를 건넌 반려동물들이 천국에서 주인을 기다리는 장면이 나온다. 반려동물은 천국으로 오는 주인만 만날 수 있다. 주인들이 천국의 문을 열고 들어올 때, 눈부시게 환한 공간에서 주인을 향해 돌진하는 반려동물들과 그 동물들을 얼싸안고 우는 주인들을 보면서 콧등이 시큰거려 결국 울고 말았다. 키울 수 없는 사정이 생겨 아이 아빠에게 보냈던 반려견 이쁜이도 생각났고, 더 어린 시절 키우다가 집을 나가서 생사를 알 수 없었던 반려견 땡삐도 생각났다.

내가 죽으면 과연 천국에 갈 수 있을까? 그곳에서 저 드라마처럼 이쁜이와 땡삐를 만날 수 있을까?

"이 아이가 없으면 내 삶이 이어질 수 있을까요? 동물들의 짧은 생이 너무 슬퍼요."

초등학교 교사인 희영 씨는, 대학 시절부터 교사 임용고시를 준비하던 힘든 기간을 거쳐 지금에 오기까지 12년째 반려견과 함께 살고 있었다. 희영 씨에게 반려견은 가장 소중한 가족이었다. 반려견의 신장에 문제가 생긴 후부터는 큰 슬픔이 찾아왔다. 지난 12년간 함께 살면서 서로가 서로에게 준 사랑의 깊이도 무척 깊어졌기 때문이다.

"정말 고민이 많았어요. 밍키를 입양하기까지. 왜냐하면 저는 매일 일을 해야 하는 직장인이고, 밍키는 아침부터 제가 올 때까지 혼자 있어야만 하니까요. 처음에는 그 죄책감 때문에 키울지 말지 무척 고민했지만, 함께 있는 시간 동안 최선을 다해보자는 결심으로 시작했던 동거였지요."

"밍키를 키우면서 어땠나요?"

"처음에는 제 일상이 방해받는다는 생각도 했어요. 그러나 차차 적응해갔어요. 밍키와 함께 보낼 수 있는 주말 계획도 세우고, 평일 저녁에는 약속도 잡지 않고, 집에 와서 밍키를 안고 맥주를 마시는 기쁨도 새로웠고요. 제가 영화를 보면서 엄청 운 적이 있었는데, 그때 제게 다가와 소리를 내면서 몸을 비빌 땐 정말이지 너무 고마웠어요. 그뿐이 아니에요. 우리 밍키는 저를 졸졸 따라다녀요. 화장실에 들어갔다 나오면, 문 앞에서 저를 기다리고 있지요. 세상에서 이런 존재는 저에게 처음이에요."

"희생이라 생각했던 처음의 노력이 사랑이라는 대가로 돌아왔을 때, 더 이상 희생이라는 단어는 필요치 않았을 것 같네요."

"맞아요. 저의 일방적 희생과 돌봄이 아니에요. 화장실 문을 열고 반신욕을 하면, 밍키는 열린 화장실 문 앞에 턱을 괴고 저를 쳐다보며 기다려줘요. 저는 이렇게 밍키로부터 돌봄과 사랑을 받고 있거든요. 밍키를 키우기 전에는 방학이 되면 여름과 겨울이 정말 길게 느껴졌어요. 그러나 이제는 밍키를 데리고 이곳저곳을 다니며 여행도 다니고, 부모님 계시는 곳에 가서 한 달씩 머물다 오기도 해요. 운전하고 가는 그 몇 시간도 진짜 행복하더라고요."

희영 씨는 점차 하루하루를 조심스럽게 살아가고 있었다. 밍키의 줄어든 움직임과 식사량, 깊은 잠, 천천히 흐르는 시간. 그 모든 변화는 희영 씨의 반려견 밍키가 더 이상 예전의 밍키가 아니라는 사실을 조용히, 그러나 선명하게 알려주고 있었다.

밍키는 희영 씨에게 단순한 반려견이 아니었다. 외롭고 힘겨울 때마다 그녀의 무릎을 지켜주던 존재, 혼자 밥을 먹던 밤에도 발 밑을 따뜻하게 지켜주던 가족. 어떤 날은 누구보다 먼저 그녀의 울음을 알아차리고 곁으로 다가왔고, 어떤 날은 아무 말없이 그저 곁에 머물러주는 친구이기도 했다. 희영 씨는 밍키의 죽음을 준비하고 있었다. 그러나 그것은 단순히 다가올 상실을 견디기 위한 대비가 아니라, 지금 이 순간 살아있는 밍키를 더 깊이 사랑하기 위한 준비였다.

"하루하루 이렇게 살다가 밍키가 떠나면, 제가 어떻게 살아갈 수 있을지 막막해졌어요. 그러니까 제 삶도 점점 불안해졌고요. 그런데 그렇게 생각하기보다는, 살아있는 지금 이 순간을 더 많이 사랑하자고 다짐했어요. 오늘 하루가 우리에게는 분명한 선물이니까요."

희영 씨의 말은 슬픔을 피하지 않겠다는 다짐이자, 슬픔을 핑계로 현재를 놓치지 않겠다는 선언처럼 들렸다. 죽음학에서는 이와 같이 떠날 것이 정해져 있는 관계에서 느끼는 슬픔을 '예측된 비탄 anticipatory grief'이라고 부른다. 아직 정확한 이별의 사건이 오지 않았지만, 그 그림자가 서서히 드리워진 사람은 이미 상실을 경험한다. 그러나 그 감정은 단지 불안과 슬픔이 아니라 삶 속에 여전히 존재하는 '관계'를 더 귀하게 바라보게 만드는 투명한 렌즈가 되기도 한다.

실제로 희영 씨는 밍키를 떠올리며 자주 눈시울을 붉혔지만, 그 감정에 압도되기보다 그 감정 덕분에 하루를 더 따뜻하게 살고 있었다. 그녀는 밍키와의 남은 시간을 불안과 회피로 채우는 대신, 그 안에 더 많은 애정과 따뜻함을 쏟기로 했다. 희영 씨의 눈빛, 손길, 대화, 그 모든 일상이 밍키에게는 사랑의 증표였고, 그녀에게는 두려움을 품은 감정의 용기였다. 나는 희영 씨의 그런 모습이 실로 멋지다고 생각했다.

"가끔 밍키의 눈을 보면요, 마치 제 마음을 다 알고 있는 것 같아요. 그렇게 바라보는 순간이 너무 벅차요. 그저 숨 쉬고, 서로 바라보는 일만으로도요."

　반려동물은 사람보다 더 짧은 생을 살지만, 그 시간이 주는 의미를 생각해보면 그 시간은 결코 짧다고 할 수 없다. 사랑은 '얼마나 오래'가 아니라 '어떻게 깊이 연결되었는가'에서 비롯되기 때문이 아닐까. 그녀는 밍키와 연결된 방식대로 살아가고 있었다. 눈물을 숨기지 않으면서도 그 감정에 짓눌리지 않고, 하루하루의 존재를 더 애틋하게 마주하며 용기를 내어 나아가고 있었다. 희영 씨는 밍키와 함께 경험하고 있다. 사랑은 때때로 고통을 수반하지만 그 고통이 지금 이 순간을 선명하게 만들고, 그 고통이 있기에 우리는 더 따뜻한 존재로 살아가게 된다는 사실을. 그녀는 알고 있다. 밍키가 언젠가 자신의 곁을 떠나겠지만, 밍키가 남기고 갈 사랑은 결코 사라지지 않는다는 것을. 희영 씨는 오늘도 밍키의 숨결을 가슴 깊이 새기며, 지금 이 순간을 가장 진실하게 살아가고 있을 것이다.

생각 나누기

- 지금 당신 곁에 있는 소중한 존재와의 이별이 언젠가 찾아온다는 사실을 알고 있을 때, 당신은 그와의 '오늘'을 어떻게 더 진실하게 살아갈 수 있을까요?

- 당신이 경험했던 혹은 앞으로 마주할 '예측된 비탄'의 감정을 회피하거나 억누르기보다, 그것을 삶의 따뜻함과 연결의 기회로 바꾸기 위해 어떤 마음의 준비를 할 수 있을까요?

언젠가
나를 떠날

소중한
사람에게

엄마를 모시고 내한공연 뮤지컬을 보러 갔을 때다. 잔뜩 기대하며 자리에 앉았지만, 〈노트르담 드 파리〉의 시대적 배경을 몰랐던 엄마는 뮤지컬을 관람하면서 몇몇 질문을 하셨다. 나는 집중하고 싶은 마음에 귀찮고 성가셔서 건성으로 대답했다. 엄마는 영화나 뮤지컬을 좋아하시지 않는다고 하여 몇 년간 함께 공연을 본 적이 없었다. 익숙하지 않은 공간에서 낯선 공연을 접하는 엄마의 모습이 왜 그때는 그저 귀찮게만 느껴졌을까? 뮤지컬이 시작되고 5분 동안 나는 무대가 아닌 엄마를 바라보았다. 엄마는 고개를 숙인 채 머뭇거리다가 곧 이해하려는 듯 긴장감을 품고 공연에 집중하려 애썼다.

문득 이런 생각이 들었다. 언젠가 엄마가 떠나고 난 후, 나는 이 순간을 어떻게 기억하게 될까? 그건 분명 후회일 것이다. 삶은 유한하기에, 우리는 결국 떠날 수밖에 없는 존재다. 심리학자 어니스트 베커$^{Ernest\ Becker}$는《죽음의 부정》에서 "인간은 죽음을 피할 수 없다는 것을 알기에 불안 속에 살지만, 동시에 그 죽음을 회피하며 살아간다"고 했다. 죽음의 불가피성은 우리 모두의 삶에 깃들어 있다. 그런데 우리는 이를 보지 않기 위해 애써 바쁘게 살아간다. 그러다 사랑하는 이가 갑작스럽게 떠나면, 그제야 깨닫게 된다. 우리에게는 더 이상 '다음'이라는 시간이 없을 수도 있음을 말이다. 바쁘다는 핑계로, 쉬고 싶다는 이유로, 말해봐야 모르겠지 하는 편견으로. 나는 엄마와 함께하는 순간을 흘려보내고 있었다. 관계가 소홀한 상태에서 상실이 찾아오면, 우리는 슬픔이라는 감정에 회복하기 어려운 '후회'라는 고통까지 안게 된다. 연구에서도 관계에서의 해결되지 않은 문제와 표현하지 못한 감사와 사랑의 마음은 상실 이후 "복합 애도$^{complicated\ grief}$"로 이어질 가능성이 크다고 했다$^{Kersting\ et\ al.,\ 2011}$. 후회는 '그때 왜 표현하지 못했을까?'라는 질문으로 이어지며, 상실의 고통을 몇 배로 증폭시킨다.

나는 엄마의 어깨를 톡톡 두드렸다. 그러고는 살짝 감싸안으며 말했다.

"엄마, 좀 궁금하지?"

작은 목소리로 시대적 배경과 주인공들의 성격을 설명해주고, 이해외 배우들이 우리나라에서 공연하는 일이 드물다고 말하며 이 말을 덧붙였다.

"엄마랑 같이 와서 참 좋아. 우리 종종 오자."

그제야 엄마의 어깨가 스르륵 내려앉는 걸 보았다. 안도하는 듯한 모습이었다. 그 후로 엄마는 공연이 끝날 때까지 아무런 질문도 하지 않았다. 궁금하지 않아서가 아니라, 이제는 편안하게 공연을 즐길 수 있었기 때문이리라.

우리는 서로 연결되어 있다. 그 의식을 놓치면 우리는 자신밖에 보지 못하고, 결국 타인에게 폭력적이 된다.

"엄마가 자꾸 말을 거니까. 엄마 때문에 집중할 수가 없잖아."

하지만 의식을 바꾸면 세상이 달라진다.

"나처럼 엄마도 재미있게 감상하고 싶구나."

그렇게 함께하는 순간이 풍요로워진다.

─── **떠나기 전에
　　　꼭 전해야 할 사랑**

누군가를 사랑한다는 마음은, 때때로 너무 늦게야 표현된다.

어느 새벽 다섯 시, 아빠가 의식이 없고 숨을 쉬지 않는다는 전화를 받았다. 오빠 부부와 함께 급히 응급실로 향했다. 응급실 문을 열고 들어갔을 때, 너무도 건강했던 아빠가 초점을 잃어가는 눈으로 우리를 바라보고 있었다. 급히 막힌 혈관을 뚫기 위해 진정제와 마취제를 투여하는 순간, 나는 아빠의 손을 잡고 머리를 쓰다듬으며 말했다.

"아빠, 일단 막힌 혈관을 뚫어봐야 한대. 잘될 거야. 두렵더라도 잘하고 나와. 아빠, 사랑해. 들리지? 아빠 사랑해."

'사랑해.'

늘 메시지로는 많이 보냈던 단어. 하지만 정작 아빠가 아무런 말을 할 수 없는 그날, 그 순간에야 아빠의 귀에 대고 또렷이 고백했다. 아빠는 말할 수 없었지만, 내 손을 꼭 잡고 힘을 주려 애썼다. 그리고 나는 참았던 눈물을 주체할 수 없이 쏟아냈다.

아빠는 결국 평생 장애를 안고 살아가야 하는 삶을 맞게 되었다. 어려서부터 온갖 고생을 하며 부모의 따뜻한 사랑도 받지 못하고, 사랑받을 기회가 적어 사랑을 주는 법도 잘 몰랐던 우리 아빠. 그 지난 70년의 안타까운 삶이 떠올라 가슴이 미어졌다.

사랑하면서도 고백하지 못하는 수많은 가족들이 있다. 우리는 그 고백을 한다고 믿고 산다. 그러나 외상적 죽음을 당하는 가족들은 안다. 오늘 아침 "학교 다녀오겠습니다"라고 말하고 집을 나선 자녀의 그 말이 마지막 말이었음을. 그때 꼭 한 번 안아주지 못해서, 그때 눈을 보고 "좋은 하루 보내라"라고 말해주지 못해서 가슴을 치며 후회하게 됨을. 가족은 늘 당연히 존재하는 이들이라 뒤로 미루어두곤 한다. 그리고 사랑한다는 이유로, 잘하는 것보다 잘 못하는 것에 더 주목하면서 "바로잡는 대화"를 더 많이 한다. 그러다 갑작스럽게 가족을 잃은 사람들을 통해, 삶에서 가장 중요한 것을 알아가기도 한다. 따뜻한 말 한마디, 다정한 한 번의 시선과 스킨십이 얼마나 깊은 의미를 지닌 소통 방식인지에 대해서 말이다.

관계심리학 연구에 따르면, 만족스럽고 깊은 관계를 유지하기 위해서는 의식적인 노력이 필요하다. 존 가트맨John M. Gottman의 연구에서도 관계의 만족도는 갈등의 유무가 아니라 일상 속에서 '긍정적 상호작용'을 얼마나 자주 시도하느냐에 의해 결정된다고 밝혀졌다.

상대가 충분히 내 마음을 알 거라고 생각해서, 또는 그런 고백들이 쑥스럽고 부끄러워서 '다음에', '나중에'로 미루다 보면, 우리는 결국 소중한 사람과의 시간을 놓치게 되고, 그 빈자리는 후회로 남는다. 관계는 '나도, 상대도 소중하게 대하겠다는 작은 의지의 반복' 속에서 성장한다는 사실을 기억해야 한다.

── 지금 내 옆에 있는
    사람의 소중함

우리에게 가장 중요한 사람은 지금 내 곁에 있는 사람이다. 사회 뉴스를 보면 어쩌다 갑작스럽게 호흡이 멈추는 이들을 살리는 시민 영웅들을 볼 수 있다. 바로 그 사람의 곁에 있던 한 사람이다. 무심히 지나치는 그 존재가 누군가의 인생에 가장 중요한 사람이라는 것을 여실히 볼 수 있는 사례다. 예전에 한 교육생은 공황증상이 심해서 지하철을 잘 타지 못했다. 그가 치료과정에서 일상을 회복하기 위한 시도로 지하철을 타기 시작했을 때 잠시 호흡이 힘들었던 적이 있었다. 그가 고백하기를, 자신이 호흡이 힘들어서 헐떡거리는 것을 알아차린 옆 사람이 물 한 병을 건네주면서 괜찮은지 물어봐주었을 때 큰 도움을 받았다고 했다.

그렇다. 우리는 매일 매일 우리 주변의 관계 속에서 "지금 내게 가장 중요한 사람"을 만나고 있다. 예측할 수 없는 미래와 언제일지 모르는 인생의 마지막 순간을 잘 대비하는 가장 지혜로운 방법 중 하나는 지금 내 곁에 있는 사람과의 관계에 집중하고, 충분한 감사를 표현하고, 그와 풍요로운 관계를 경험하는 것일 테다. 의도치 않는 만남이나 예상하지 못한 관계 속에서 우리는 마음을 다치기도 하지만 동시에 무너진 마음을 일으키기도 한다. 사람이 상처의 원인이면서도 상처의 치유이기도 한 것이다.

지금 당신은 누구와 함께 있는가.

그리고 그 관계는 진심이며 충만한가.

- 삶이 유한하다는 것을 알면서도, '다음에, 나중에'로 미뤄온 사랑의 표현은 무엇이었나요? 만약 오늘이 그 사람과 보낼 수 있는 마지막 날이라면, 어떤 말을 가장 먼저 하고 싶나요?

- 당신의 관계 중 지금 '노력'하지 않으면 언젠가 깊은 후회로 남을 수 있는 관계가 있나요? 누구와의 관계인가요? 그 관계를 지키기 위해 실천해볼 수 있는 것이 있나요?

Epilogue

상처받은 마음도
다시 살아간다

~~~~~~

조심스레 문을 열고 들어온 사람
변화를 말하지만 변화를 거부하고
웃음과 울음을 번갈아 보여주고 간 사람

어제보다 오늘, 자신을 더 사랑하기를 바라고
오늘의 당신이 내일의 당신을 더 기대하게 되길 바랍니다.
내가 하고 싶던 이 말들은
당신에 대한 호기심 안으로 천연덕스럽게 감추어둡니다.

당신을 따라 당신의 기억으로 들어가고

당신을 따라 당신의 모습을 그려보고
당신을 따라 당신의 소망을 새기면서
당신을 알아가던 날들이 있었습니다.
"그때 거기"와 "지금 여기"를 오가면서
되찾은 당신의 미소는 눈물과 함께 빛납니다.
우리가 서로에게 이별을 고하던 날
내 마음은 반가움과 아쉬움이 교차합니다.

반가움은 축하의 마음으로
아쉬움은 우정의 증거로 남기며.

많은 이들의 상처를 공유하고 애도의 과정을 함께 보내는 나는 우리가 관계에서 경험하는 상처가 얼마나 의미 있게 사용되는지를 보게 되었다. 아동기에 힘든 시기를 보낸 이들은 모르는 아이들의 눈물에도 민감하게 반응했고, 사랑하는 조부모를 잃은 사람은 길거리에서 폐지를 줍는 노인을 그냥 지나치지 못했다. 부모로부터 학대받은 남성은 어느 누구보다 따뜻한 아빠가 되기 위해 노력했고, 여러 번의 취업에 실패했던 한 청년은 진로전문가가 되어 희망 없는 청소년 아이들을 만나고 있었다.

상처에 대해 다시 생각해본다. 상처는 아픔임에 분명하지만 농시에 더 큰 의미로 다가온다. 그것은 한때 우리를 죽음으로까지 몰아넣으려 했던 상처가 앞으로의 삶에 엄청난 동력이자 자원이 된다는 사실이었다. 그것은 상처에 대한 우리의 생각을 바꿔주기에 충분한 것이다.

상처가 자원이 되기 위해서는, 우선 그 상처를 있는 그대로 잘 보아야 한다. 상처를 가볍게 여겨선 결코 안 되며 서둘러 상처를 덮어버리고 회피하려고 해서도 안 된다. 그 상처가 자신에게 얼마나 큰 아픔이었는지 받아들이고, 그것을 충분히 느끼고 슬퍼할 수 있는 시간을 확보해야 한다. 어느 누구도 자신의 상실의 사건을 부끄럽게 여기지 않기를 소망한다. 인간이기에 상실을 경험하는 것이며, 살아 있기에 아픔을 느끼는 것이니 말이다.

충분한 시간과 함께할 한 사람이 있다면, 우리는 상실을 받아들이고 충분히 슬퍼하면서 애도의 과정을 걸어나갈 수 있다. 애도는 그 상처를 고스란히 꺼내어놓고 바라보게 해주는 작업이다. 그 상처가 얼마나 아픈 것이었는지 뿐만 아니라, 우리가 그 상처에서 무엇을 잃었는지를 보여준다. 우리가 잃어버린 것을 바라보게 되면 다시금 깊은 절망과 아픔이 찾아온다. 그러나 그때 찾아오는 아픔은 우리가 삶에서 진정으로 소망했던 것이 무엇이었는지를 알려준다.

상실은 실존적인 질문을 우리에게 던진다.
당신은 어떻게 살고 싶었던 겁니까.
당신은 무엇을 소망하고 있습니까.

충분한 시간과 눈물 끝에 우리는 주저앉았던 바로 그 장소에서 드디어 일어날 수 있다. 넘어진 자리에는 여전히 상처의 흔적이 있다. 우리 몸에 생채기가 남아있어도 우리는 그 상처와 함께 살아갈 수 있는 존재다. 더 나아가 우리와 같은 상처를 입은 사람들을 더 깊이, 더 잘 이해할 수 있는 능력도 얻게 된다. 이 책은 그런 삶을 살아낸 이들의 이야기이기도 하다.

이 책이 나오기까지, 자신의 이야기를 담을 수 있도록 허락해주신 분들께 깊은 감사의 마음을 건네고, 그럼에도 불구하고 보호를 위해 다양한 방식으로 정보를 각색하였음을 밝힌다. 하여 나는 당신이 상처를 극복해야 하는 무언가로 인식하지 않기를 바란다. 그 상처를 외면하거나 가볍게 여기지 않으면서도 여전히 삶의 소망을 붙잡을 수 있기를 바란다. 진실로 당신의 삶을 응원한다.

마음이 무너져내린 곳에도 꽃은 피고 햇살은 내려앉으니 말이다.

참고 문헌

일러두기

모든 문헌은 가능한 한 최신 개정, 출판본으로 기입하였습니다. 관련 내용이 나온 부분은 '부(Part)'와 '장(Chapter)'으로 기입하였습니다. 부나 장이 기입되지 않은 것은 책에 언급된 내용이 책 전체의 내용을 요약하는 경우입니다.

Chapter 1. 가족이 그리울 때, 가족이 힘들 때

- Ainsworth, M. Blehar, M. Waters, E. Wall, S. Patterns of Attachment: A Psychological Study of the Strange Situation, New York: Psychology Press, 2015. - "Part II. Result"
- Bandura, A., Ross, D., & Ross, S. A. (1961). "Transmission of aggression through imitation of aggressive models" Journal of Abnormal and Social Psychology, 63(3), 575 - 582
- Fonagy, P., Gergely, G., Jurist, E. L., & Target, M. (2002). Affect Regulation, Mentalization, and the Development of the Self. New York: Other Press
- Golds, L., et al. (2022). "What factors influence dyadic synchrony?", Developmental Science, 25(6)
- Haidt, J. (2001). "The emotional dog and its rational tail: A social intuitionist approach to moral judgment", Psychological Review, 108(4), 814 - 834
- Hoffman, M. L. (1977). "Moral internalization: Current theory and research", In: L. Berkowitz (Ed.), Advances in Experimental Social Psychology Vol. 10, 85 - 133, New York: Academic Press
- Jongsma, A. E. (2018). "Narcissistic disturbances as the bedrock of difficulties in emotional regulation and mourning", Journal of Personality and Clinical Psychology, 7(2), 134 - 147
- Kashtan, M. (2010). "Nonviolent Communication: Gandhian Principles for Everyday Living." Center for Nonviolent Communication (2023). "What is NVC?"

- Kernberg, O. F. (1975). Borderline conditions and pathological narcissism. New York: Jason Aronson
- Kohlberg, L. (1968), "The child as a moral philosopher", Psychology Today 2(4), 25 – 30
- Li, X., Xu, F., Zhao, Z., & Qiao, D. (2021). "Pathways from family violence to adolescent violence: The role of social learning", Children and Youth Services Review, 127
- Murray Bowen. (1978), Family Therapy in Clinical Practice, New York: Jason Aronson. – "Chapter 5: Family Psychotherapy"
- Overall, N. C., & McNulty, J. K. (2015). "Attachment and Dyadic Regulation Processes", Current Opinion in Psychology 1, 61 – 66
- Rosenberg, M. B. (2015). Nonviolent Communication: A Language of Life. PuddleDancer Press
- Segal, H. (1988). Introduction to the Work of Melanie Klein, London: Karnac Books
- Sharp, H., Vitoratou, S., O'Mahen, H., et al. (2024). "Identifying vulnerable mother-infant dyads: a psychometric evaluation", Frontiers in Psychology, 15
- Winnicott, D. W. (1945), "Primitive emotional development", International Journal of Psycho-Analysis 26, 137 – 143
- Wood, R. E. (1969). Martin Buber's ontology; an analysis of I and thou, Northwestern University Press

- 마르틴 부버, 『나와 너』, 김천배 옮김, 대한기독교서회, 2020
- 멜라니 클라인, 『아동 정신분석』, 이만우 옮김, 새물결, 2011 – 제2부 「초기 불안상황과 그것이 아동에게 미치는 영향」, 8~10장
- 멜라니 클라인, 『클라인의 정신분석 테크닉 강의』, 존 스타이너 엮음, 홍준기 옮김, NUN, 2019 – 제2부 「테크닉에 관한 강의 – 1936년」, "강의 5: 경험과 환상"
- 엘리자베스 퀴블러 로스, 데이비드 케슬러, 『상실 수업』, 김소향 옮김, 인빅투스, 2014 – 「눈물의 샘이 마를 때까지 울라」
- 앨버트 반두라, 『사회적 학습 이론』, 변창진 옮김, 한국학술정보, 2003
- 지그문트 프로이트, 『프로이트 전집4』, 홍준기 옮김, 세창출판사, 2025 – 「애도와 멜랑콜리」

- 조너선 하이트, 『바른 마음』, 왕수민 옮김, 웅진지식하우스, 2014 - 제1부 제1원칙 「바른 마음은 철저히 이기적이고 전략적이다_직관이 먼저이고 전략적 추론은 그다음이다」
- 존 볼비, 『애착』, 김창대 옮김, 연암서가, 2019 - 제3부 「애착행동」, 제4부 「인간애착의 개체발생」
- 제프리 영, 『삶의 덫에서 벗어나 새로운 나를 열기』, 최영희 옮김, 메타미디어, 2020 - 제6장 「제발 나를 떠나지 마세요. 버림받음의 덫」
- 칼 로저스, 『진정한 사람되기』, 주은선 옮김, 학지사, 2009 - 제2부 2장 「인간 성장을 촉진하는 것과 관련된 몇몇 가설들」
- 콜버그, 『콜버그의 도덕성 발달 이론』, 문용린 옮김, 아카넷, 2000

Chapter 2. 주기만 해도 행복하다 생각했는데, 사랑이 고플 때

- Balint, M. (1968). The Basic Fault: Therapeutic Aspects of Regression. London: Tavistock
- Brown, B. (2006). "Shame resilience theory: A grounded theory study on women and shame". Families in Society, 87(1), 43 - 52
- Brown, B. (2012). Daring Greatly: How the Courage to Be Vulnerable Transforms the Way We Live, Love, Parent, and Lead. Gotham Books
- Cassepp-Borges, V., et al. (2012). "Sternberg's Triangular Love Scale national study of construct validity". Paideia, 22(51), 61 - 70
- Chodorow, N. (1978). The Reproduction of Mothering: Psychoanalysis and the Sociology of Gender. University of California Press
- Corr, C. A. (2014). "The death system according to Robert Kastenbaum". Omega 70(1), 13-25
- Dinnerstein, D. (1976). The Mermaid and the Minotaur: Sexual Arrangements and Human Malaise. Harper & Row
- Dores Cruz, T. D., Balliet, D., et al. (2020). "Why People Gossip and What It Brings About: Motives for Gossip". Frontiers in Psychology 11, 24
- Donaldson, S. I. (2022). "PERMA+4: A Framework for Work-Related Wellbeing". Frontiers in Psychology 12

- Dores Cruz, T. D., Balliet, D., et al. (2020). "Editorial: Why People Gossip and What It Brings About: Motives for Gossip". Frontiers in Psychology 11, 24
- Erik Erikson, Childhood and Society, New York: Norton, 1963. – Part III Chapter 7 "Eight Ages of Man", pp.263-266
- Gilbert, P. (2009). The compassionate mind: A new approach to life's challenges. London: Constable & Robinson
- Gilbert, P., & Choden, C. (2013). Mindful Compassion. London: Robinson
- Grollman, E. A. (1993). Straight Talk About Death for Teenagers. Boston: Beacon Press
- Grollman, E. A. (1995). Living When a Loved One Has Died. Boston: Beacon Press
- Haidt, J., & Joseph, C. (2004). "Intuitive ethics: How innately prepared intuitions generate culturally variable virtues". Daedalus, 133(4), 55 – 66
- Harry Stack Sullivan, The Interpersonal Theory of Psychiatry, New York: Tavistock, 2001, Part II Chapter 17 "Early Adolecence", pp.263-296
- Kastenbaum, R., Moreman, C. (2018). Death, Society, and Human Experience, NewYork: Routledge, 2018
- Kohut, H. (1977). The Restoration of the Self. New York: International Universities Press
- Kohut, H. (1984). How Does Analysis Cure?, Chicago: University of Chicago Press
- Klein, M., & Riviere, J. (1937). Love, Hate and Reparation. London: Hogarth Press
- Neff, K. D. (2003). "Self-Compassion: An Alternative Conceptualization of a Healthy Attitude Toward Oneself". Self and Identity, 2(2), 85 – 101
- Neff, K. D. (2011). "Self-compassion, self-esteem, and well-being". Social and Personality Psychology Compass, 5(1), 1 – 12
- Martinescu, E., Janssen, O., & Nijstad, B. A. (2019). "Self-evaluative and other-directed emotional and behavioral responses to gossip about the self". Frontiers in Psychology 9, 2603
- Meltzer, D. (2018). The Claustrum: An Investigation of Claustrophobic Phenomena. London: Karnac Books
- Ogden, T. H. (2004). "This art of psychoanalysis". International Journal of Psychoanalysis, 85, 857 – 877

- Ogden, T. H. (2016). "On language and truth in psychoanalysis", Psychoanalysis and Contemporary Thought, 39(2), 289 – 305
- ovich, M. K., et al. (2022). "Application of the PERMA Model of Well-being in Undergraduate Education". Frontiers in Psychology, 13
- Sebastian, B. C. M. F. (n.d.). "The tragic man of Heinz Kohut. In The Tragic Man of Heinz Kohut". International Society for the Formation of the Self-Object
- Sternberg, R. J. (1986). A triangular theory of love. Psychological Review, 93, 119 – 135
- Spacks, P. M. (1985). Gossip: A Celebration and Defense of the Art of "Idle Talk". New York: Knopf
- Tappin, B. M., & McKay, R. (2017). "The Illusion of Moral Superiority". Social Psychological and Personality Science, 8(6), 623 – 631

- 로버트 스턴버그, 『사랑은 어떻게 시작하여 사라지는가』, 이상원, 류소 옮김, 2002 - 제1장 「사랑의 세 가지 요소」
- 레슬리 그린버그, 산드라 파이비오, 『심리치료에서 정서를 어떻게 다룰 것인가』, 이흥표 옮김, 학지사, 2008 - 제2장 「정서란 무엇인가」
- 마이클 발린트, 『기본적 오류』, 이귀행, 전현태 옮김, 하나의학사, 2011 - 제2부 12장 「일차 사랑」
- 마틴 셀리그먼, 『마틴 셀리그먼의 긍정심리학』, 김인자, 우문식 옮김, 물푸레, 2014 - 제1부 「행복을 만들 수 있을까?」
- 맹자, 『맹자』, 김원중 옮김, 휴머니스트, 2021 -「공손추 상6」
- 배리 쏘온, 『페미니즘의 시각에서 본 가족』, 권오주 옮김, 한울, 2017 - 제5장 「완벽한 어머니의 환상」
- 브레네 브라운, 『나는 왜 내 편이 아닌가』, 서현정 옮김, 북하이브, 2012 - 제1장 「'마음의 수렁, 관계의 비수', 나를 갉아먹는 감정 이해하기」
- 브레네 브라운, 『진정한 나로 살아갈 용기』, 이은경 옮김, 북라이프, 2018 - 제3장 「무엇이 나를 외롭게 만드는가」, 제6장, 「혼자이지만 혼자가 아니다」
- 브레네 브라운, 『수치심 권하는 사회』, 서현정 옮김, 가나출판사, 2019 - 제1장 「소리없이 나를 공격하는 감정, 수치심」

- 샤를 피에르 보들레르, 『악의 꽃』, 황현산 옮김, 난다, 2023 - 「지나가는 여인에게」
- 스티븐 포지스, 『여러미주신경이론』, 강철민 옮김, 하나의학사, 2022 - 제1부 「이론적인 원칙들」
- 이영의(2006), 「측은지심(惻隱之心)의 도덕교육적 함의」 도덕교육연구, 15(1), 1-26
- 얼 그롤먼, 『당신은 가고 나는 남았다』, 현인세 옮김, 마음산책, 2000
- 에리카 종, 『비행공포』, 이진 옮김, 비채, 2017
- 에리히 프롬, 『사랑의 기술』, 황문수 옮김, 문예출판사, 2019 - 제4장 「사랑의 실천」
- 조지프 버고, 『마음의 문을 닫고 숨어버린 나에게』, 이영아 옮김, 더퀘스트, 2019. - 제1부 「방어기제란 무엇인가」, 제2부 「나의 방어기제 알아보기」
- 최경봉(2008), 「맹자의 사단론과 현대 사회정서발달 연구의 대화」, 『유교사상문화연구』 제30집, 89-120
- 카렌 웨이스 엮음, 『심리학, 사랑을 말하다』, 김소희 옮김, 21세기북스, 2010 - 제2부 8장 (로버트 스턴버그)「사랑의 삼각형을 그리다」
- 크리스틴 네프, 『나를 사랑하기로 했습니다』, 서광 등 4명 옮김, 이너북스, 2020
- 크리스틴 네프, 『러브 유어셀프』, 서광, 이경욱 옮김, 이너북스, 2019
- 피터 레빈, 『내 안의 트라우마 치유하기』, 양희아 옮김, 소울메이트, 2016 - 제1부 7장 「야생의 동물에게 배운다」, 8장 「얼음 반응: 생리작용이 병리적으로 변하는 이유」, 제2부 12장 「외상 환자가 경험하는 현실」
- 프란츠 카프카, 『변신』, 최성욱 옮김, 아로파, 2016
- 프란츠 카프카, 『아버지께 드리는 편지』, 정초일 옮김, 은행나무, 2024
- 폴 길버트, 『자비중심치료』, 조현주, 박성현 옮김, 학지사, 2014
- 편영수, 『프란츠 카프카』, 살림, 2004 - 제2장 「고독한 원의 고독한 중심」
- 토마스 오그던, 『정신분석, 생생한 존재로의 여정』, 김성욱 옮김, 학지사, 2025
- 토머스 조이너, 『왜 아버지는 자살하셨을까?』, 김재성 옮김, 황소자리, 2025
- 한나 시걸, 『클라인 정신분석 입문』, 홍준기 옮김, NUN, 2020 - 제3장 「망상-분열적 위치」, 제5장 「망상-분열적 위치의 정신병리」

Chapter 3. 일도 삶도 어긋났다 느낄 때
- Alieh Shahi, Mohsen Amiri, Logman Ebrahimi,(2024), "The Effectiveness of Teaching

Self-Regulatory Strategies on Attention Deficit, Social Adjustment, and Self-Efficacy in Children With Attention – Deficit/Hyperactivity Disorder", Scientific Journal of Rehabilitation Medicine, Vol.13. 106-119

- Barkley, R. A. (1997). "Behavioral inhibition, sustained attention, and executive functions: constructing a unifying theory of ADHD". Psychological Bulletin, 121(1), 65 – 94
- Barkley, R. A. (2012). Executive Functions: What They Are, How They Work, and Why They Evolved. New York: Guilford Press
- Bollaert, H. et al. (2020). "Two selves and two minds in a longitudinal survey of risk attitudes". Journal of Behavioral and Experimental Economics 89, 101601
- Campbell, J. (2004). Pathways to Bliss: Mythology and Personal Transformation. Novato, CA: New World Library
- Donald Super, Douglas Hall, (1978). "Career development: Exploration and planning", Annual Review of Psychology 29, 333 – 372
- Edmondson, A. C., & Kerrissey, M. (2025,). What People Get Wrong About Psychological Safety. Harvard Business Review
- Emmons, R. A., & McCullough, M. E. (2003). "Counting blessings versus burdens: an experimental investigation of gratitude and subjective well-being in daily life". Journal of Personality and Social Psychology, 84(2), 377 – 389
- Fanon, F. (1961). The Wretched of the Earth. New York: Grove Press
- Frank White. (1987), The Overview effect: Space Exploration and Human Evolution, Boston : Houghton Mifflin
- Grant, A. M., & Gino, F. (2010). "Explaining why gratitude expressions motivate prosocial behavior". Journal of Personality and Social Psychology, 98(6), 946 – 955
- Heaney, J. G. (2019). "Emotion as Power: Capital and Strategy in the Field of Power". Journal of Political Power 12(2), 224-244
- Jung, C. G. (1953). Two Essays on Analytical Psychology. transrated by Gerhard Adler& R.F.C. Hull, Princeton University Press
- Jung, C. G. (1969). The Archetypes and the Collective Unconscious. Princeton University Press

- Neff, K. D. (2011). Self-Compassion: The Proven Power of Being Kind to Yourself. HarperCollins
- Neff, K. D. (2023). "Self-Compassion: Theory, Method, Research, and Intervention". Annual Review of Psychology, 74, 193–218
- Neff, K. D., & Germer, C. K. (2013). "A pilot study and randomized controlled trial of the mindful self-compassion program". Journal of Clinical Psychology, 69(1), 28–44
- Mayer, Claude-Hélène, Nataliya Krasovska, and Paul J. P. Fouché "The Meaning of Life and Death in the Eyes of Frankl: Archetypal and Terror Management Perspectives." Europe's journal of psychology 17.3 (2021): 164–175
- Peterson, C., & Seligman, M. E. P. (2004). Character Strengths and Virtues: A Handbook and Classification. New York: Oxford University Press
- Porath, C. L., & Pearson, C. M. (2013). The Price of Incivility. Harvard Business Review, Jan-Feb, 114-121
- Robert A. Emmons (ed.), Michael E. McCullough (ed.), (2004), The Psychology of Gratitude. Oxford: Oxford University Press
- The overview effect: Awe and self-transcendent experience in space flight. By Yaden, David B.,Iwry, Jonathan,Slack, Kelley J.,Eichstaedt, Johannes C.,Zhao, Yukun,Vaillant, George E.,Newberg, Andrew B,Psychology of Consciousness: Theory, Research, and Practice, Vol 3(1), Mar 2016, 1-11
- Kahneman, D. (2003). Living, and thinking about it: two perspectives on life. In : Well-being: The foundations of hedonic psychology, 285–304. Russell Sage Foundation
- Kohut, H. (1971). The Analysis of the Self: A Systematic Approach to the Psychoanalytic Treatment of Narcissistic Personality Disorders. New York: International Universities Press
- Krumboltz, J. D., Mitchell, K. E., & Levin, A. S. (1999). "Planned happenstance: Constructing unexpected career opportunities". Journal of Counseling & Development, 77(2), 115–124
- Krumboltz, J. D., & Levin, A. S. (2004). Luck is No Accident: Making the Most of Happenstance in Your Life and Career. Impact Publishers

- Sallaz, Jeffrey J. Lopez, Steven Henry. (2010), "Service Labor and Symbolic Power: On Putting Bourdieu to Work", Work and occupations ,37 (3), 295-319
- Schein, E. H., & Schein, P. A. (2021). Humble Inquiry: The Gentle Art of Asking Instead of Telling (2nd ed.). Oakland, CA: Berrett-Koehler Publishers

- 대니얼 골먼, 리처드 보이애치스, 애니 맥키, 『감성의 리더십』, 장석훈 옮김, 청림출판, 2003
- 대니얼 카너먼, 『생각에 관한 생각』, 이창신 옮김, 김영사, 2018 - 제5부 35장 「두 자아」
- 뎁 다나, 『다미주신경 이론: 내 삶에 유연하게 대처하는 법』, 박도현 옮김, 불광출판사, 2023
- 로먼 크르즈나릭, 『공감하는 능력』, 김병화 옮김, 더퀘스트, 2018
- 마사 누스바움, 『타인에 대한 연민』, 임현경 옮김, 알에이치코리아, 2020 - 제2장 「생애 최초로 마주한 두려움」
- 마셜 로젠버그, 『비폭력 대화』, 캐서린 한 옮김, 한국NVC출판사, 2024
- 마틴 셀리그먼, 『마틴 셀리그만의 긍정심리학』, 김인자, 우문식 옮김, 물푸레, 2014, - 제3부 「만족에 이르는 길_강점과 미덕」
- 미셸 푸코, 『담론과 진실』, 오트르망 옮김, 동녘, 2017
- 미셸 푸코, 『자기 자신에 대한 진실 말하기』, 오트르망, 심세광, 전혜리 옮김, 동녘, 2024
- 미셸 푸코, 『자기해석학의 기원』, 오트르망, 심세광, 전혜리 옮김, 동녘, 2022
- 박관수, 「빅터 프랭클의 삶의 의미론과 도덕교육적 함의」, 『도덕윤리과교육』 제46집, 2015, 257 – 280
- 빅터 프랭클, 『죽음의 수용소에서』, 이서형 옮김, 청아출판사, 2020 - 「미래에 대한 기대가 삶의 의지를 불러일으킨다」
- 신경희, 강기수, 「빅터 프랭클의 삶의 의미론에서의 고통의 의미와 교육적 시사」, 『교육사상연구』, 제34집, 2020, 71 – 91
- 알랭 드 보통, 『철학의 위안』, 정명진 옮김, 청미래, 2023 - 제5장 「상심한 존재들을 위하여」
- 어니스트 헤밍웨이, 『태양은 다시 떠오른다』, 김욱동 옮김, 민음사, 2012
- 애덤 그랜트, 『기브앤테이크』, 윤태준 옮김, 생각연구소, 2024

- 에드거 샤인, 피터 샤인, 『리더의 질문법』, 노승영 옮김, 심심, 2022
- 에리히 프롬, 『소유냐 존재냐』, 차경아 옮김, 까치, 2020 - 제2부 5장 「존재적 실존양식」
- 에리히 프롬, 『존재의 기술』, 최승자 옮김, 까치, 2024 - 제6부 17장 「소유에서 행복으로」
- 에이미 에드먼슨, 『두려움 없는 조직』, 최윤영 옮김, 다산북스, 2019
- 지두 크리슈나무르티, 『내면 혁명』, 정채현 옮김, 고요아침, 2017
- 존 크럼볼츠, 앨 레빈, 『굿럭』, 이수경 옮김, 새움, 2012 - 제10장 「행운은 우연이 아니라는 점을 기억하라」
- 칼 구스타프 융, 『영웅과 어머니 원형』, 한국융연구원 C.G 융 저작번역위원회 옮김, 솔출판사, 2024 - 「이중의 어머니」
- 칼 구스타프 융, 『카를 융, 기억 꿈 사상』, 조성기 옮김, 김영사, 2007 - 「두 인격의 어머니」pp.95-110
- 칼 로저스, 『칼 로저스의 사람-중심 상담』, 오제은 옮김, 학지사, 2007 - 제2부 「사람-중심 접근법에 대한 고찰」
- 크리스틴 네프, 『나를 사랑하기로 했습니다』, 서광 등 4명 옮김, 이너북스, 2020
- 크리스틴 네프, 『러브 유어셀프』, 서광, 이경욱 옮김, 이너북스, 2019
- 크리스틴 포래스, 『무례함의 비용』, 정태영 옮김, 흐름출판, 2018 - 제1부 「무례함의 비용 VS. 정중함의 효용」
- 크리스토퍼 피터슨, 『긍정심리학 프라이머』, 문용린, 김인자, 백수현 옮김, 물푸레, 2010 - 제6장 「성격 강점」
- 피에르 부르디외, 『구별짓기 -하-』, 최종철 옮김, 새물결, 2005 - 제1부 3장 「아비투스와 생활양식 공간」
- 프란츠 파농, 『검은 피부, 하얀 가면』, 노서경 옮김, 문학동네, 2022 - 제4장 「이른바 식민지인의 종속 콤플렉스」
- 폴 블룸, 『공감의 배신』, 이은진 옮김, 시공사, 2019 - 제6장 「폭력과 잔인함」
- 하인츠 코헛, 『코헛의 프로이트 강의』, 이천영 옮김, 한국심리치료연구소, 2018 - 제26강 「공격성(I)」 제27강 「공격성(II)」
- 한나 아렌트, 『예루살렘의 아이히만』, 김선욱 옮김, 한길사, 2006

Chapter 4. 삶의 유한함을 깨닫게 될 때

- Boss, P. (1999). Ambiguous Loss: Learning to Live with Unresolved Grief. Harvard University Press
- Boss, P. (2006). Loss, trauma, and resilience: Therapeutic work with ambiguous loss. W. W. Norton & Company
- Boss, P. (2002). "Ambiguous loss: Working with families of the missing". Family Process, 41(1), 14-17
- Brewin, C. R., Dalgleish, T., & Joseph, S. (1996). "A dual representation theory of posttraumatic stress disorder". Psychological Review 103*(4), 670 – 686
- Chochinov, H. M. (2002). Dignity-conserving care—A new model for palliative care: Helping the patient feel valued. JAMA, 287(17), 2253 – 2260
- Chochinov, H. M., et al. (2005). Dignity therapy: A novel psychotherapeutic intervention for patients near the end of life. Journal of Clinical Oncology, 23(24), 5520 – 5525
- Davoodvandi M, Navabi Nejad S, Farzad V. (2018). "Examining the Effectiveness of Gottman Couple Therapy on Improving Marital Adjustment and Couples' Intimacy". Iran J Psychiatry. Apr;13(2):135-141
- Gottman, J. M., Coan, J., Carrère, S., & Swanson, C. (1998). "Predicting marital happiness and stability from newlywed interactions". Journal of Marriage and the Family, 60(1), 5 – 22
- Gross, J. J. (2002). "Emotion regulation: Affective, cognitive, and social consequences". Psychophysiology 39, 281 – 291
- Hilberdink, Charlotte E. et al. "Bereavement Issues and Prolonged Grief Disorder: A Global Perspective." Global mental health 10 (2023): 1 – 37
- Kerr, C. & Mardorossian, C. (2020). Death Is but a Dream: Finding Hope and Meaning at Life's End. Penguin
- Kersting A, Brähler E, Glaesmer H, Wagner B. (2011), "Prevalence of complicated grief in a representative population-based sample". Journal of affective disorders. Jun;131(1-3):339-43
- Lewis. Michael, Haviland-Jones, Jeannette M.,Barrett, Lisa Feldman, HANDBOOK OF

EMOTIONS New York: London, The Guliford Press, 2008. - CHAPTER 31 "Emotion Regulation"(JAMES J. GROSS), p.499, 501

- Nagy, Maria "The child's theories concerning death". Pedagogical Seminary and Journal of Genetic Psychology. Vol. 73, (1948)
- Mani, A., Mullainathan, S., Shafir, E., & Zhao, J. (2013). "Poverty impedes cognitive function". Science, 341(6149), 976-980
- McKenna-Plumley, Phoebe E. et al. "'It's a Feeling of Complete Disconnection": Experiences of Existential Loneliness from Youth to Older Adulthood." BMC Psychology 11.1 (2023): 408-14
- Mullainathan, S. & Shafir, E. (2013). Scarcity: Why Having Too Little Means So Much. Times Books
- Rando, T. A. (1986). Parental Loss of a Child. Champaign, IL: Research Press
- Rando, T. A. (1993). Treatment of Complicated Mourning. Champaign, IL: Research Press
- Rando, T. A. (2000). Clinical Dimensions of Anticipatory Mourning. Research Press
- Prigerson, H. et al. (2025). Prolonged grief disorder. The Lancet
- Shear, M. K. et al. (2010). Complicated grief treatment: the theory, practice and outcomes. Dialogues in Clinical Neuroscience
- Stroebe, M., Schut, H., & Boerner, K. (2017). "Cautioning health-care professionals: Bereaved persons are misguided through the stages of grief". Omega: Journal of Death & Dying, 74(4), 455-473
- Yalom, I. D. (2008). Staring at the Sun: Overcoming the Terror of Death. Jossey-Bass
- Yalom, I. D., & Yalom, M. (2021). A Matter of Death and Life. Bloomsbury
- van der Kolk, B. A. (2014). The Body Keeps the Score: Brain, Mind, and Body in the Healing of Trauma. Viking Press
- van Tilburg, T. G. (2021). "Social, Emotional, and Existential Loneliness: A Test of the Multidimensional Concept". Gerontologist, 61(7), e335-e343
- Worden, J. (2009). Grief Counseling and Grief Therapy: A Handbook for the Mental Health Practitioner (4th ed.), New York: Springer Publishing

- Worden, J. W. (2018). Grief Counseling and Grief Therapy (5th Edition). Springer Publishing
- Ziedonis, Douglas, Celine Larkin, and Raghu Appasani. "Dignity in Mental Health Practice & Research: Time to Unite on Innovation, Outreach & Education". Indian journal of medical research, New Delhi, India : 1994)144.4 (2016): 491 - 495

- 김혜진 등 4명. "사별 경험자의 복합비애에 영향을 미치는 요인" 보건사회연구 41.3 (2021): 75 - 91
- 권석만, 『삶을 위한 죽음의 심리학』, 학지사, 2019 - 제5부 17장 「애도과정: 사별의 상처를 이겨 내는 과정」
- 로버트 네이마이어, 『애도와 상실』, 육성필, 조윤정 옮김, 박영스토리, 2023 - 제1부 4장 「애도 작업」, 6장 「의식과 회복」
- 반신환(2023), 병리적 애도에 관한 기독교 상담의 원리. 신학과 실천, 87, 337 - 357
- 빅터 프랭클, 『죽음의 수용소에서』, 이시형 옮김, 청아출판사, 2020 - 「미래에 대한 믿음의 상실은 죽음을 부른다」
- 센딜 멀레이너선, 엘다 샤퍼, 『결핍의 경제학』, 이경식 옮김, 알에이치코리아, 2014 - 제2부 3장 「여유 있는 사람과 여유 없는 사람 - 짐 꾸리기와 느슨함」
- 아론 벡, 『우울증의 인지치료』, 원호택 옮김, 학지사, 2005 - 제11장 「자살하고자 하는 우울증 환자와의 면담」
- 어니스트 베커, 『죽음의 부정』, 노승영 옮김, 한빛비즈, 2019
- 에마누엘 레비나스, 『시간과 타자』, 강영안, 강지하 옮김, 문예출판사, 2024
- 에마누엘 레비나스, 『전체성과 무한』, 김도형, 문성원, 송영창 옮김, 그린비, 2018
- 전세일, 김근하, 임병식, 『품위 있는 마무리』, 가리온, 2014 - 제4장 「상실과 비탄 그리고 애도」
- 존 가트맨, 『사랑의 과학』, 서영조 옮김, 해냄, 2018 - 제7장 「유형으로 살펴보는 행복한 커플 vs 불행한 커플」
- 폴린 보스, 『모호한 상실』, 임재희 옮김, 작가정신, 2023